사람은
　　무엇으로
성장하는가

The 15 Invaluable Laws of Growth;
Live Them and Reach Your Potential
by John C. Maxwell
First published by Center Street,
a division of Hachette Book Group, Inc., New York

Copyright ⓒ 2012 by John C. Maxwell
All rights reserved.

Korean Translation Copyright ⓒ 2012 by The Business Books Publishing
This translation is published by arrangement with
Center Street, a division of Hachette Book Group, Inc., New York
through Imprima Korea Agency, Seoul.

이 책의 한국어판 저작권은 임프리마 코리아를 통해
저작권자와 독점 계약을 맺은 비즈니스북스에게 있습니다.
저작권법에 의해 국내에서 보호를 받는 저작물이므로 무단 전재와 복제를 금합니다.

사람은 무엇으로 성장하는가

존 맥스웰 지음 · 김고명 옮김 · 전옥표 감수

30년간 500만 리더의 삶을 바꾼 기적의 성장 프로젝트

비즈니스북스

옮긴이_ 김고명

성균관대학교에서 영문학과 경영학을, 동대학원에서 번역을 전공하고 지금은 출판번역가 모임 바른번역의 회원으로 번역 활동을 하고 있다. 옮긴 책으로는 《더 리치: 부자의 탄생》(공역), 《부의 대물림》, 《마케팅》, 《기업전략》 등이 있다.

사람은 무엇으로 성장하는가

1판 1쇄 발행 2012년 10월 5일
1판 64쇄 발행 2025년 2월 19일

지은이 | 존 맥스웰
옮긴이 | 김고명
발행인 | 홍영태
편집인 | 김미란
발행처 | (주)비즈니스북스
등 록 | 제2000-000225호(2000년 2월 28일)
주 소 | 03991 서울시 마포구 월드컵북로6길 3 이노베이스빌딩 7층
전 화 | (02)338-9449
팩 스 | (02)338-6543
대표메일 | bb@businessbooks.co.kr
홈페이지 | http://www.businessbooks.co.kr
블로그 | http://blog.naver.com/biz_books
페이스북 | thebizbooks
인스타그램 | bizbooks_kr
ISBN 978-89-97575-08-4 13190

* 잘못된 책은 구입하신 서점에서 바꾸어 드립니다.
* 책값은 뒤표지에 있습니다.
* 비즈니스북스에 대한 더 많은 정보가 필요하신 분은 홈페이지를 방문해 주시기 바랍니다.

비즈니스북스는 독자 여러분의 소중한 아이디어와 원고 투고를 기다리고 있습니다.
원고가 있으신 분은 ms1@businessbooks.co.kr로 간단한 개요와 취지, 연락처 등을 보내 주세요.

우리는 모두
인생이라는 경기를 뛰는 선수다.

돈을 많이 벌었다는 것이
명예를 높이 쌓았다는 것이
공부를 많이 했다는 것이
인생에서의 승리를 의미하지는 않는다.

중요한 것은
내 안의 가능성과 잠재력으로

인생이라는 경기에 성실히 임했다는 자부심이다.

아직 원하는 곳에 도달하지 못했더라도
아직 되고자 하는 사람이 되지 못했더라도
계속 걸어가는 법만은 잊지 말아라.

아직 그대 안에
꽃피지 못한 가능성이 남아 있다.
천천히, 그대 안의 가능성을 펼쳐라.

:: 프롤로그

내일이 더 멋진 삶을 위해

어떤 언어에서건 상관없이 '잠재력'이란 참 매력적인 단어다. 잠재력은 희망으로 가득 차 있고 앞날을 낙관적으로 보게 한다. 또한 성공을 약속하고 성취를 암시하며 위대함을 내비친다.

당신은 당신 안의 잠재력에 대해 생각해본 적이 있는가? 눈에 보이진 않지만 당신 안에 분명히 존재하는 것, 당신과 함께 태어나 조금씩 자라는 바로 그것을 느껴본 적이 있는가?

나도 안다. 잠재력을 발현하는 건 쉬운 일이 아니다.

그러나 30년 동안 수많은 사람들을 만나고 교육을 진행하면서 사람들이 자신만의 강점을 깨달아 본연의 모습을 찾는다면 잠재력 발현이 그리 어려운 일만은 아니라는 사실을 깨달았다. 이 책은 자신의 가능성을 아직 발견하지 못해 괴로워하는 사람들에게 성장의 원리를 알리고 능력을 갈고닦아 인생의 목표에 좀 더 가까이 다가서는데 도움이 되는 내용을 담고 있다.

 자신의 가능성을 세상에 펼치기 위해서는 성장이 필요하다. 성장은 그냥 시간이 지나면 되는 것이 아니다. 삶의 목적을 발견해야 하고, 자기인식을 높여야 하며, 더 좋은 사람들을 만나기 위해 몸을 움직여야 한다. 또 경제적 목표를 달성하기 위해 노력해야 하며, 영혼도 살찌우기 위해 고심해야 한다.

 성장은 가능성과 잠재력이 들어있는 비밀상자 속을 여는 열쇠다. 그 열쇠는 당연히 거저 얻을 수 없다. 돈이 많이 있다고 살 수 있는 것도 아니다. 그것은 일상적인 습성을 바꾸고 자기변화를 통해서만 얻을 수 있다. 나는 이 책을 읽는 모든 독자들이 그 열쇠를 손에 얻었으면 좋겠다. 어제보다 오늘이 조금 더, 오늘보다는 내일이 조금 더 나아지는 그런 삶을 살기를 바란다. 그리고 세월이 흐른 뒤 자신이 걸어온 길을 되돌아보면서 스스로 이뤄낸 삶의 성과에 무한한 경외감을 느낄 수 있기를 소망한다.

차 례

프롤로그_ 내일이 더 멋진 삶을 위해 • 14

제1장
당신은 당신의 인생을 좀 더 멋지게 만들 의무가 있다 _의도성의 법칙
성장을 가로막는 장벽 • 22 | 변화를 일으키는 방법 • 31 | '의도성의 법칙' 적용하기 • 36

제2장
좋아하는 것보다는 잘하는 것을 찾아야 행복해질 수 있다 _인지의 법칙
기억 상실 • 40 | 인생의 방향성 • 42 | 원하는 것을 발견하는 방법 • 45 | '인지의 법칙' 적용하기 • 62

제3장
자신의 가치를 들여다보는 사람은 무너지지 않는다 _거울의 법칙
지우고 싶은 과거 • 65 | 거울에 비친 모습 • 66 | 긍정적 자존감의 힘 • 68 | 더 멋진 인생을 만드는 열 가지 지혜 • 71 | '거울의 법칙' 적용하기 • 82

제4장
지금 잠시 멈춰도 인생이 더디 가는 것은 아니다 _되돌아보기의 법칙
멈추면 보이는 것들 • 86 | 잠시 멈춤의 힘 • 89 | 인생에 질문하는 습관 • 96 | 나에게 묻는다 • 96 | 생각하는 여유 • 104 | '되돌아보기의 법칙' 적용하기 • 106

제5장
성공하는 모든 사람의 공통점은 1만 시간의 성실함이다 _끈기의 법칙

성장에 관한 네 가지 질문 • 111 | 잠재력의 한계 • 123 | 하루하루 꾸준한 노력 • 124 | '끈기의 법칙' 적용하기 • 128

제6장
당신 자신을 좋은 사람들 속에 놓아두어라 _환경의 법칙

변화의 순간 • 130 | 선택이 변화를 만든다 • 132 | 리더를 위한 조언 • 146 | '환경의 법칙' 적용하기 • 149

제7장
오늘의 행동이 미래의 비전이 된다 _계획의 법칙

매해의 마지막에 하는 일 • 154 | 인생 수업 • 156 | 체계가 인생을 바꾼다 • 162 | 효과적인 체계의 조건 • 165 | 어느 골퍼의 전략 • 174 | '계획의 법칙' 적용하기 • 177

제8장
아프다, 아프다, 아프다. 그러니 나는 더 성장할 것이다 _고통의 법칙

인생 최악의 사건 • 181 | 나쁜 경험에 관한 진실 • 184 | 고통의 보따리 • 186 | 시련 속에서 교훈을 얻는 방법 • 189 | '고통의 법칙' 적용하기 • 199

제9장
결국 사람들은 성품이 좋은 사람을 찾아가게 되어 있다 _사다리의 법칙

길잡이 없는 야심가 • 202 | 성공하려면 성공한 사람처럼 생각해야 한다 • 204 | 좋은 사람이 성공한다 • 205 | 성품의 가치 • 208 | 인생의 안전장치 • 210 | 영혼의 성숙 • 220 | '사다리의 법칙' 적용하기 • 222

제10장
인생의 스트레칭을 잘하고 있는가 _고무줄의 법칙

인생의 유연성 • 227 | 발전을 위한 마음가짐 • 231 | 사소한 차이 • 244 | '고무줄의 법칙' 적용하기 • 246

제11장
당신은 오늘 하루 동안 무엇을 포기했는가 _내려놓음의 법칙

아메리칸 드림을 이루다 • 251 | 부사장에서 버거킹 직원으로 • 252 | 새로운 성장의 기회 • 254 | 내려놓기의 다섯 가지 원칙 • 266 | '내려놓음의 법칙' 적용하기 • 273

제12장
인생을 신기한 것이 가득한 곳으로 만들어라 _호기심의 법칙

호기심과 상상력 • 277 | 호기심을 기르는 방법 • 279 | 리처드 파인만이 지닌 가장 큰 능력 • 290 | 마음 가는 대로 • 291 | '호기심의 법칙' 적용하기 • 295

제13장
닮고 싶은 사람, 닮고 싶은 인생을 찾았는가 _본보기의 법칙

누구를 따라야 하는가 • 299 | 내 인생의 멘토들 • 312 | '본보기의 법칙' 적용하기 • 314

제14장
당신 안에 감춰 둔 가능성의 끝은 대체 어디인가 _확장의 법칙

사고 역량을 키우는 방법 • 319 | 행동 역량을 키우는 방법 • 325 | 위대한 영향력 • 331 | '확장의 법칙' 적용하기 • 336

제15장
더 많은 사람들과 함께 만드는 더 행복한 세상 _공헌의 법칙

인생의 흔적 남기기 • 341 | 좋은 본보기 • 343 | 저수지가 아닌 강물이 되자 • 344 | 더 나은 세상을 위해 • 346 | 전설적인 공헌자 • 356 | '공헌의 법칙' 적용하기 • 360

에필로그 • 362
감수 및 해설_ 가능성, 당신이 지닌 가장 위대한 힘(전옥표 위닝경영연구소 대표) • 364
주석 • 379

THE LAW OF INTENTIONALITY

| 제 1 장 |

의도성의 법칙

당신은 당신의 인생을 좀 더 멋지게 만들 의무가 있다

인간은 스스로 믿는 대로 된다.
- 안톤 체호프

"당신에게는 지금 성장 계획이 있습니까?"

커트 캠프마이어Curt Kampmeier는 그렇게 묻고 나서 참을성 있게 내 대답을 기다렸다. 내 인생을 바꿔놓은 그 질문 앞에서 나는 답을 찾아 머릿속을 휘저었다. 지난 3년간 얼마나 많은 성과를 거뒀던가.

이런저런 목표를 늘어놓으며 내가 얼마나 열심히 일하고 있는지 설명했다. 좀 더 많은 사람에게 다가가기 위해 어떻게 노력하고 있는지도 털어놨다.

그런데 한참 얘기를 하다 보니 문득 내가 무엇을 했거나 하고 있는지에 대해서만 말할 뿐, 어떻게 개선하고 있는지는 전혀 생각하고 있지 않다는 것을 깨달았다. 마침내 나는 '더 나아지기 위한 계획은 없다'고 인정할 수밖에 없었다.

이전까지는 한 번도 생각해본 적 없는 문제였다. 사회에 첫발을 내디뎠을 때 나는 열심히 일해서 목표를 달성하겠다는 결심을 했다. 내 전략은 한마디로 '열심히 일하기'였다. 열심히 일하면 원하는 것을 얻을 수 있을거라 믿었다. 그러나 열심히 일한다고 해서 반드시 성공한다는 보장은 없다. 만사가 원하는 대로 술술 풀리는 것도 아니다.

능력을 키우려면, 관계를 개선하려면, 더 깊이 있고 지혜로운 사람이 되려면, 혜안을 기르려면, 난관을 극복하려면 어떻게 해야 할까? 더 열심히 일하면 그것이 가능할까? 더 오래 일하면 될까? 상황이 나아지길 마냥 기다리는 것은 또 어떨까?

내가 커트와 대화를 나눈 것은 1972년 홀리데이인 호텔 식당에서였다. 당시 나는 경력을 한 단계 올릴 기회를 막 잡은 상태였다. 내가 속한 교단에서 가장 좋은 교회의 목회자 자리를 제안받은 것이다. 기업으로 치면 고위 임원진 자리를 제안받은 것이나 다름없었다. 문제는 그 자리가 아직 스물네 살밖에 안 된 내가 감당하기 벅찬 자리인데다 까딱하다가는 보란 듯이 추락할 게 뻔하다는 점이었다.

커트는 개인의 성장을 돕는 자기계발 컨설턴트였다. 그가 식탁 건너편에 있는 내게 교육과정 안내책자를 내밀었다. 이런, 가격이 799달러나 되다니! 당시 내 한달 월급과 맞먹는 금액이었다.

차를 몰고 집으로 돌아오는데 머릿속이 뒤죽박죽 엉망이었다. 그때까지만 해도 나는 온 힘을 다해 노력하면 성공이 따라온다고 믿었다. 하지만 커트의 의견은 달랐다. 그에 따르면 성공은 성장에 달린 일이었다. 불현듯 목표에 집중하면 목표 자체는 달성할 수 있을지 몰라도 꼭 성장하는 것은 아니라는 생각이 들었다. 성장하고 목표도 달성하려면 성장에 집중해야 하는 것이 아닐까?

운전 중에 문득 제임스 앨런James Allen의 《위대한 생각의 힘》As a Man Thinketh에 나오는 한 구절이 떠올랐다. 이 책은 열네 살 때 처음 읽은 후 열 번쯤 더 읽은 것 같다.

"사람들은 상황을 개선하는 데 급급해 자기 자신을 개선할 생각은 별로 하지 않는다. 그래서 언제나 발이 묶여 있다."

형편상 나는 커트의 제안을 받아들일 수 없었지만, 다른 한편으로는 커트 덕분에 앞으로 닥쳐올 난관을 해결해 좀 더 나은 리더로 발돋움할 실마리를 찾았다는 생각이 들었다. 그러자 내가 지금 있는 곳과 도달하고 싶어 하는 곳, 아니 내가 있어야만 하는 곳을 가로막는 장벽gap이 보였다! 그것은 바로 '성장의 장벽'이었다. 나는 그 장벽을 넘어설 방법을 찾아야 했다.

❦ 성장을 가로막는 장벽

꿈, 목표, 포부를 실현하려면 반드시 성장해야 한다. 그런데 나와 마찬가지로 누구에게나 성장과 잠재력 발현을 가로막는 잘못된 신념이 한두 개쯤 있게 마련이다. 그러면 성장 의도를 가로막는 여덟 가지의 그릇된 생각을 살펴보자.

1. 추측의 장벽 – 성장은 저절로 이뤄지는 거야

어릴 때는 몸이 쑥쑥 성장한다. 나이를 먹을 수록 키가 자라고 힘이 세지며 새로운 것을 더 잘하게 되는 것은 물론 난관도 잘 이겨낸다. 아마 정신적·영적·정서적 성장도 이와 같을 거라고 생각하는 사람들이 꽤 있을 것이다. 세월이 가면 저절로 더 나은 사람이 될 거라고 믿는 것이다. 그러고 보니 만화 《피너츠》Peanuts에서 찰리 브라운이 했던 말이 떠오른다.

"인생의 비밀을 알아낸 것 같아. 그냥 지내다 보면 익숙해진다는 거야."

하지만 그냥 지내면 더 나아지지 않는다. 성장하려면 의도적으로 노력해야 한다. 가수 브루스 스프링스턴Bruce Springsteen은 "살다 보면 되고 싶은 사람이 되기를 기다리지 말고, 바로 그 사람이 되어야 하는 때가 온다."고 말했다. 우연히 성장하는 사람은 아무도 없다. 성장은 결코 저절로 이뤄지지 않는다.

정규교육 과정을 마치면 우리는 자신의 성장을 전적으로 책임져야 한다. 그것은 다른 사람이 대신 해주지 않는다. 몽테뉴의 말을 빌리자면 "바람은 목적지가 없는 배를 밀어주지 않는다." 삶이 좀 더 나아지기를 바란다면 스스로 좀 더 나은 사람이 되어야 한다. 물론 이를 위해서는 목표를 구체적으로 세워야 한다.

2. 지식의 장벽 – 어떻게 성장해야 하는지 모르겠어

커트와의 대화 이후 나는 사람들을 만날 때마다 같은 질문을 던졌다.

"당신에게는 지금 성장 계획이 있습니까?"

그 답을 구한 사람에게 배우면 된다고 생각했기 때문이다. 그런데 성장 계획이 있다고 대답하는 사람이 단 한 명도 없었다. 하나같이 성장 계획이 없었다. 성장 방법을 모르기는 그들이나 나나 매한가지였다. 디자이너이자 예술가, 컨설턴트로 일하는 로레타 스테이플스Loretta Staples가 즐겨 하는 말이 있다.

"자신이 원하는 것을 명확히 알면 세상도 명확하게 응답한다."

나는 내가 원하는 것을 잘 알았다. 나는 새로 제안받은 자리에 꼭 맞는 사람, 내가 세운 원대한 목표를 이루는 사람이 되고 싶었다. 다만 그 방법을 모를 뿐이었다.

많은 사람이 실패와 좌절을 경험하고 나서야 무언가를 깨닫는다. 역경을 겪으며 혼쭐이 나야만 교훈을 얻고 변화하는 것이다. 이때 변화는 좋은 쪽으로 일어나기도 하고 나쁜 쪽으로 일어나기도 한다. 문제는 이런 식으로 얻은 교훈은 집중하거나 소화하기가 어렵다는 데 있다. 차라리 의도적으로 성장을 위한 '계획'을 세우는 게 훨씬 낫다. 자신이 도달해야 하거나 도달하고 싶은 성장 지점을 정하고 무엇을 배울지 선택한 다음, 스스로 정한 속도와 원칙에 맞춰 끝까지 나아가는 것이다.

커트를 만난 뒤 달리 도움받을 사람이 없다는 것을 깨달은 나는 아내 마거릿과 함께 허리띠를 졸라매서라도 799달러를 마련할 궁리를 했다(당시에는 아직 신용카드가 없었다!). 나는 점심을 걸렀고 휴가도 취소했다. 그럭저럭 견디면서 여섯 달이 지나자 목표로 했던 금액이 모였다. 드디어 성장 교재를 사고 앞쪽부터 자세, 목표, 원칙, 평가, 일관성을 훑어본 나는 마치 하늘을 훨훨 날아가는 듯한 기분을 맛보았다.

지금에 와서 생각해 보면 그 교재의 내용은 그저 기초적인 수준에 불과했다. 하지만 당시에는 내게 꼭 필요한 내용이었다. 그 책에 담긴 교훈 덕분에 내게 성장의 문이 살짝 열렸고, 나는 그 틈으로 곳곳에 있는 성장의 기회를 잡을 수 있었다.

내 앞에 새로운 세상이 열리기 시작했다. 나는 더 많은 것을 이루고 더 많은 것을 배웠으며, 더 많은 사람을 이끄는 동시에 도울 수 있게 되었다. 나아가 내 앞에 다른 기회, 즉 보다 넓은 세상이 펼쳐졌다. 신앙을 제외하면 성장하겠다는 결단만큼 내 인생에 큰 영향을 끼친 것도 없었다.

3. 시간의 장벽 - 아직은 때가 아니야

어린 시절 아버지께 자주 들은 수수께끼가 하나 있다.

"통나무 위에 개구리 다섯 마리가 앉아 있었어. 그중 네 마리가 뛰어내리기로 마음먹었어. 그러면 남은 개구리는 몇 마리일까?"

처음 그 질문을 받았을 때 나는 "한 마리!"라고 큰소리로 대답했다. 아버지는 빙긋이 웃으며 말했다.

"아니, 다섯 마리야. 왜냐고? 마음먹는 것과 행동하는 것은 다르기 때문이지!"

아버지는 그 점을 자주 일깨워주었다. 미국의 정치인 프랭크 클라크 Frank Clark 는 "모든 사람이 마음먹은 대로 실천했다면 세상에는 상상을 초월하는 업적들이 남았을 것"이라고 했다. 사람들은 대부분 늑장을 부리는 바람에 '의도성 체감의 법칙' The Law of Diminishing Intent 에 걸려들고 만다. 의도성 체감의 법칙이란 지금 해야 할 일을 미룰수록 실천하지 않을 가능성이 커지는 것을 말한다.

난생처음 성장 프로그램을 접한 나는 어찌 보면 운이 좋았다고 할 수 있다. 당시에 내게 주어진 일이 벅찼기 때문이다. 그것은 내 인생에서 가장 넘기 힘든 고비가 될 게 뻔했다. 나를 아는 모든 사람이 나를 도마 위에 올려놓고 높은 기대에 부응하는지 평가하려 했으니 말이다(내가 기대에 부응하기를 바라는 사람도 있었고 그 반대를 바라는 사람도 있었다). 좀 더 나은 리더가 되지 못하면 내가 얻을 것은 실패밖에 없었다. 따라서 나는 최대한 빨리 행동을 해야만 했다.

어쩌면 당신도 지금 생활이나 일에서 비슷한 압박을 받고 있을지 모른다. 하루빨리 성장 혹은 발전했으면 하는 마음이 간절할 수도 있다. 그렇다면 바로 지금이 성장을 시작해야 할 때다.

교육학자인 레오 버스카글리아Leo Buscaglia 는 "내일을 위한 삶은 언제나 실현에서 하루 먼 삶이다."라고 잘라 말했다. 준비되지 않았어도 일단 움직여야지 가만히 있으면 절대 앞으로 나아갈 수 없다.

아직도 성장 의도가 없다면 오늘 그런 의도를 가지고 첫발을 내딛자. 반드시 그렇게 하지 않아도 몇 개의 목표는 달성할 수 있겠지만 기쁨은 딱 거기까지다. 성장 의도가 없을 경우에는 결국 제자리걸음만 하게 된다. 반대로 의도를 가지고 나아가면 성장을 지속하면서 끊임없이 "다음은 뭐지?" 하고 물을 수 있다.

4. 실수의 장벽 – 실수하면 어쩌지

성장은 혼란스러운 일일 수도 있다. 자신에게 답이 없음을 인정해야 할 때나 실수하지 않으려 했음에도 실수했을 때 스스로가 한심해 보이기 때문이다. 세상에 그런 상황을 반길 사람이 어디 있으랴.

하지만 성장의 길에 들어서려면 그 정도 인생 수업료는 내야 하는 법이다. 예전에 로버트 슐러Robert Schuller의 문장을 읽은 적이 있다.

"만일 실패하지 않는다는 것을 안다면 무엇을 시도해보겠는가?"

나는 이 말에서 무리일 듯한 일에 도전할 힘을 얻었고, 또한 거기에서 영감을 받아《실패를 딛고 전진하라》Failing Forward라는 책을 썼다. 출판사에서 첫 증정본을 받자마자 속지에 슐러 박사에게 전하는 말을 쓰고, 그를 직접 찾아가 내 인생에 긍정적인 영향을 준 것에 감사했다. 그날 함께 찍은 사진이 지금도 내 사무실 책상 위에 놓여 있다. 나는 그 사진을 볼 때마다 그의 말을 떠올린다.

성장하고 싶다면 실수할지도 모른다는 두려움을 극복해야 한다. 저술가 워런 베니스Warren Bennis 교수는 "실수는 실천의 또 다른 방법일 뿐"이라고 못 박았다. 의도를 가지고 성장하려면 하루가 멀다 하고 실수하는 것을 당연하게 여기고, 실수할 때마다 그것을 자신이 올바른 방향으로 나아가고 있음을 알려주는 신호로 기쁘게 받아들여야 한다.

5. 완벽의 장벽 – 시작하기 전에 최상의 방법을 찾아야 해

'완벽의 장벽'은 실수의 장벽과 비슷하다. 이는 계획을 시행하기 전에 일단 최상의 방법부터 찾으려는 자세다. 커트를 통해 성장 계획의 개념을 알게 된 나는 최상의 방법을 찾기 시작했다. 그런데 곰곰이 생각해보니 앞뒤가 바뀌어 있었다. 최상의 방법은 일단 시작해야 발견할 수 있는 것이 아닌가. 이는 밤에 자동차를 타고 낯선 도로를 달리는 것과 비슷한 이치다. 운전하기 전에 전체 경로를 볼 수 있다면 더 바랄 게 없지만 현실적으로는 운전을 하면서 차츰 길을 알아가는 수밖에 없다. 앞으로 나아가야만 길이 조금씩 드러나기 때문이다. 즉 길을 더 보고 싶으면 계속 움직여야 한다.

6. 영감의 장벽 – 그럴 기분이 아니야

몇 년 전 병원에서 진료를 받기 위해 한참 동안 기다린 적이 있다. 대기 환자가 어찌나 많은지 기다리는 동안 하려고 가져간 일을 끝내고 나서도 한참이나 시간이 남았다. 그러면서 의학지를 뒤적이다 다음의 글을 발견했다. 동기의 관성慣性에 대한 좋은 사례였다(참고로 이 글은 나이키가 똑같은 말을 광고에 사용하기 전에 썼다).

일단 한번 해봐! Just Do It

휴~. 우리는 거의 날마다 한숨소리를 듣는다. 나 역시 스스로 동기(체중감량, 혈당검사 등을 위한)를 부여하기가 여간 어려운 게 아니다. 당뇨병 교육가들도 자신의 부모님에게 건강에 도움이 될 바른 습관을 기르도록 동기를 부여하지 못해 한숨을 쉰다.

동기란 번개처럼 번쩍 하고 일어나는 게 아니다. 다른 사람(간호사, 의사, 가족)이 부여하거나 억지로 주입할 수 있는 것도 아니다. 사실 동기는 함정이다. 아예 동기를 생각하지 말자. 일단 한번 해보는 거다.

운동, 체중감량, 혈당검사 등 뭐든 시작 해보자. 일단 시작하고 나면 비로소 동기가 생기면서 지속하기가 쉬워진다. 동기는 사랑과 행복 같은 부산물로 무언가를 적극적으로 하고 있으면 슬그머니 다가와 예상치도 못한 순간에 한 방을 날린다.

심리학자 제롬 브루너 Jerome Bruner는 "기분이 행동을 일으키는 게 아니라 행동이 기분을 일으키는 것"이라고 말했다. 행동하자! 무엇이든 해야 할 일이 있으면 '지금 당장' 하자.

커트가 성장 의도의 필요성을 강조할 때 나에게는 그걸 하지 못할 이유가 수두룩했다. 시간도 돈도 경험도 다른 그 무엇도 없었던 것이다. 그럼에도 내가 성장 의도에 관심을 기울인 이유는 딱 하나였다. 나에게는 변화가 일어날 것이라는 기대가 있었다. 그것 하나에 매달려 나는 반드시 성장을 해야 한다고 굳게 믿었다.

어떤 영감을 받았던 것은 아니다. 아무튼 나는 시작했다. 놀랍게도 성장에 매진한 지 1년이 지나자 내가 영웅처럼 여기던 사람들 중 몇 명을 뛰어넘게 되었다. 처음에는 그냥 한번 해보자는 심정으로 성장에 집중했지만 언제부터인가 그 의도가 내면 깊숙이 들어왔다. 정말로 변화가 일어났기 때문이다. 이후로 나는 단 하루도 헛되이 보내고 싶지 않았다!

아직 시작하지 않았다면 당신은 어쩌면 기운차게 성장 계획에 달려들 기분이 아닐 수도 있다. 그래도 내 말을 믿었으면 좋겠다. 일단 성장하기 시작하면 계속 성장하도록 이끄는 중요한 이유가 생긴다.

성장하기로 마음먹고 최소한 1년 정도만 성장에 매달려보자. 그러면 성장 과정 자체를 즐기게 되고 한 해가 지날 무렵이면 자신이 얼마나 먼 길을 달려왔는지 깨닫게 될 것이다.

7. 비교의 장벽 – 나보다 다른 사람들이 더 낫잖아

일을 시작하고 나서 얼마 지나지 않았을 때, 하루는 다른 리더 세 명을 만나 아이디어를 나누게 되었다. 나는 훌륭한 리더들을 만나 대인관계를 넓히면 좋을 거라고 생각했다. 물론 처음에는 기가 팍 죽었다. 서로 생각을 나누다 보니 누가 봐도 내가 끼어들 만한 수준이 아니었던 까닭이다. 그들은 나보다 여섯 배쯤 큰 조직을 운영했고 아이디어도 양과 질 모두 나와는 비교가 되지 않았다. 나는 뱁새가 황새를 따라가는 심정으로 안간힘을 썼다. 그러나 다른 한편으로는 용기도 얻었다. 위대한 사람들은 자기 생각을 나누고 싶어 한다는 사실을 알게 되었던 것이다. 나는 그 모임에서 아주 많은 것을 배웠다. 자신보다 뛰어난 사람을 만나면 무언가 배울 게 생긴다.

8. 기대의 장벽 – 이것보다 쉬울 줄 알았는데

내가 아는 한, 성공한 사람들은 어느 누구도 순식간에 성장해서 힘들이지 않고 정상에 오를 수 있다고 생각하지 않는다. 성장은 저절로 이뤄지지 않는다. 다음은 스스로 운을 만들어내는 공식이다.

$$준비(성장) + 자세 + 기회 + 행동 = 운$$

언제나 처음 단계는 준비다. 유감스럽게도 준비에는 시간이 걸린다. 그렇다고 낙심하지 말자. 짐 론 Jim Rohn의 말처럼 "하룻밤에 목적지를 바꿀 수는 없어도 방향은 바꿀 수 있다." 목표에 도달해 잠재력을 발현하고 싶다면 성장하고자 하는 의도가 있어야 한다.

❖ 변화를 일으키는 방법

성장 의도를 갖는 것은 빠르면 빠를수록 좋다. 의도를 가지면 더 빨리 성장할 수 있기 때문이다. 변화를 일으키는 방법은 다음과 같다.

1. 지금 중대한 질문을 던진다

의도적 성장의 첫걸음을 뗀 해에 나는 이것이 평생 지속해야 할 일임을 깨달았다. 그해에 내 마음속 질문은 '얼마나 오래 걸릴까?'에서 '얼마나 멀리 갈 수 있을까?'로 바뀌었다. 당신도 지금 똑같은 질문을 하기 바란다. 물론 질문에 답할 수는 없을 것이다. 나는 40년 전에 성장 여행을 시작했지만 여전히 답을 찾지 못했다. 그러나 얼마나 멀리 갈지는 몰라도 '방향'을 정하는 데는 분명 도움이 된다.

　　인생에서 어디로 가고 싶은가?
　　어느 방향으로 가고 싶은가?
　　갈 수 있는 가장 먼 곳은 어디라고 보는가?

이 물음에 답하면 성장 여행이 시작된다. 우리가 인생에서 바랄 수 있는 최상의 것은 자신이 받은 것을 최대한 활용하는 것이다. 그러기 위해서는 자신에게 투자해서 가능한 최고의 인간이 되어야 한다. 부릴 게 많을수록 가능성도 크다. 물론 그만큼 더 멀리 가기 위해 힘써야 한다. 어린 시절에 아버지는 늘 이 말을 강조했다.

　　"많이 받은 사람은 많은 것을 요구받는다."

최상의 모습을 실현하기 위해 성장에 온 힘을 기울이자.

2. 바로 지금 한다

1974년, 나는 데이턴 대학교에서 열린 세미나에 참석해 위기의식을 주제로 한 사업가 클레멘트 스톤Clement Sonte의 강연을 들었다. '바로 지금 하기'라는 제목의 강연에서 이렇게 말했다.

"아침마다 침대에서 나오기 전에 '바로 지금 하자Do it Now'라고 50번 말하십시오. 하루를 마무리하고 잠자리에 들기 전에 마지막으로 할 일도 '바로 지금 하자'라고 50번 말하는 겁니다."

그날 세미나에 참석한 청중은 약 8,000명 정도 되었지만 나는 스톤이 나를 위해 말하는 듯한 느낌이 들었다. 집으로 돌아온 나는 여섯 달 동안 그의 조언을 충실히 따랐다. 매일 아침 일어나자마자 그리고 밤에 잠들기 전에 '바로 지금 하자'라고 말한 것이다. 그러자 강한 위기의식이 느껴졌다.

현재 당신이 직면한 가장 큰 위험요인은 지금이 아니라 '나중에' 의도적 성장을 최우선순위로 삼겠다는 생각이다. 그런 함정에 빠지면 안 된다! 얼마 전에 내가 읽은 제니퍼 리드Jeniffer Reed의 글 중 일부를 소개하겠다.

'나중에'보다 더 고약한 말이 있을까?
"나중에 할게.", "5년 동안 구상한 책이 있는데 나중에 시간이 나면 쓸 거야.", "저축해야 하는 건 아는데 나중에 해야지"
'나중에'는 우리가 스스로 꿈을 깨려고 휘두르는 망치, 스스로 성공 기회를 가로막으려고 세우는 수많은 장벽 중 하나다. '내일' 시작하는 다이어트, '다음에' 하게 될 구직 활동, '언젠가' 좇을 인생의 꿈은 우리 손으로 만든 다른 걸림돌과 결합해 그냥 되는대로 살아가게 만든다.

왜 그런 식으로 자기 무덤을 파는가? 왜 지금 바로 행동하면 안 되는가? 현실을 직시하자. 익숙한 길은 걷기 쉽지만 미지의 길에 서는 언제, 어디서, 무엇이 튀어나올지 모르는 법이다.[1]

이 책을 읽기 시작한 당신은 이미 첫발을 내디딘 셈이다. 이제 멈추지 말자! 계속해서 걸음을 옮기자. 내일이 아닌 바로 오늘, 당장 말이다.

3. 두려움의 요인을 직시한다

얼마 전에 나는 성공을 가로막는 두려움에 관한 글을 읽었다. 그 글에서 말하는 두려움의 요인은 다음과 같다.

실패할지도 모른다는 두려움
새로운 것을 위해 안정을 포기해야 할지도 모른다는 두려움
재정적으로 불안해질지도 모른다는 두려움
다른 사람들이 좋지 않게 생각할지도 모른다는 두려움
성공하면 주변 사람들과 멀어질지도 모른다는 두려움

이 중 당신에게 가장 큰 영향을 미치는 두려움은 무엇인가? 내가

가장 두려워한 것은 '주변 사람들과 멀어질지도 모른다'는 것이었다. 성격상 모든 사람에게 호감을 주고 모두의 사랑을 받고 싶어 했기 때문이다.

사실 무엇을 가장 두려워하는가는 그리 중요하지 않다. 두려움은 누구에게나 있다. 그리고 '믿음'이라는 것도 누구에게나 있다. 당신 자신에게 해야 할 질문은 "두려움과 믿음 중 어느 쪽을 더 강하게 할 것인가?"이다. 이 질문이 중요한 이유는 더 강한 쪽이 이기게 마련이기 때문이다. 믿음은 키우고 두려움은 떨쳐버리길 권한다.

4. 우연한 성장에서 의도적 성장으로 전환한다

사람들은 살아가면서 쉽게 타성에 젖는다. 편한 습관에 빠져 벗어나려 하지 않는다. 그것은 인생이 잘못된 방향으로 나아갈 때도 마찬가지다. 우리는 익숙한 것에 그럭저럭 맞춰서 살 수 있기 때문이다. 그런 삶에서 용케 무언가를 배운다면 그것은 순전히 요행일 뿐이다. 인생이 그렇게 굴러가도록 내버려두지 말자! 혹시라도 지금까지 그런 습관에 젖어 있었다면 타성은 인생의 무덤이라는 사실을 명심하고 빠져 나오기 바란다.

어떻게 하면 자신이 타성에 젖어 있는지 알 수 있을까? 우연한 성장과 의도적 성장의 차이를 살펴보면 된다.

우연한 성장	의도적 성장
내일 시작하기로 한다.	무조건 오늘 시작한다.
성장이 일어나기를 기다린다.	성장을 전적으로 책임진다.

실수하고 나서야 배운다.	실수하기 전에 배운다.
행운에 의지한다.	노력에 의지한다.
금방 포기하기 일쑤다.	오랫동안 끈기 있게 버틴다.
나쁜 습관에 빠진다.	좋은 습관을 기르기 위해 힘쓴다.
허풍을 떤다.	끝까지 해낸다.
안전을 제일로 여긴다.	위험을 감수한다.
피해자처럼 생각한다.	배우는 사람처럼 생각한다.
재능에 의지한다.	성품에 의지한다.
졸업 후에 배움을 멈춘다.	절대로 성장을 멈추지 않는다.

엘리노어 루스벨트 Eleanor Roosevelt는 이렇게 말했다.

"한 사람의 철학은 말뿐 아니라 그 사람이 하는 선택에도 잘 드러난다. 우리는 오랜 세월에 걸쳐 자기 자신과 인생을 만들어간다. 이 과정은 죽을 때까지 끝나지 않는다. 그리고 우리가 하는 선택은 우리 자신에게 책임이 있다."

자신의 잠재력을 발현하고 타고난 참모습에 이르려면 그럭저럭 살면서 교훈이 제 발로 찾아오길 기다려서는 안 된다. 성장하느냐 못하느냐에 미래가 걸렸다는 심정으로 어떻게든 성장 기회를 잡으려고 노력해야 한다. 왜냐하면 정말로 미래는 성장에 달려 있기 때문이다. 가만히 있으면 성장은 일어나지 않는다. 나와 당신, 그밖에 누구든 마찬가지다. 성장하려면 성장을 추구해야 한다.

The Law of Intentionality

'의도성의 법칙' 적용하기

---

1. 당신의 성장을 가로막는 장벽은 무엇이라고 생각하는가?

    추측의 장벽 – '성장은 저절로 이뤄지는 거야'
    지식의 장벽 – '어떻게 성장해야 하는지 모르겠어'
    시간의 장벽 – '아직은 때가 아니야'
    실수의 장벽 – '실수하면 어쩌지'
    완벽의 장벽 – '시작하기 전에 최상의 방법을 찾아야 해'
    영감의 장벽 – '그럴 기분이 아니야'
    비교의 장벽 – '나보다 다른 사람들이 더 낫잖아'
    기대의 장벽 – '이것보다 쉬울 줄 알았는데'

이제 장벽의 정체를 알게 되었는가? 어떤 전략을 세워 실행하면 장벽을 무너뜨릴 수 있을까? 자신에게 영향을 미치는 각각의 장벽을 없앨 구체적인 계획을 적고 지금 바로 실행에 들어가자.

2. 당신의 향후 12개월 일정을 살펴보자. 성장을 위한 시간이 얼마나 되는가? 대부분의 사람에게는 그런 시간이 거의 없다. 잘해야 1년에 한두 번의 이벤트에 참여하는 정도다. 그런 식으로는 어림도 없다.
일정을 다시 짜서 성장을 위한 자기만의 시간을 1년 동안 주5일씩, 하루 60분으로 잡아보자. '아니, 그럴 시간이 어딨어' 하는 생각을 할지도 모른다. 시간이 정말 없을 수도 있다. 그래도 시간을 내보라. 한 시간 일찍 일어나는 것은 어떤가? 한 시간 늦게 잠드는 것은 어떤가? 점심시간을 포기하는 것은 어떤가? 주말에 시간을 내보자. 그렇게 할 수 없다면 꿈을 이루고 잠재력을 발현하리라는 기대는 접는 게 좋다.

3. 바로 지금 시작하자. 이 글을 읽는 순간이 몇 시든 오늘의 성장에 몸을 던지기 바란다. 오늘밤 잠자기 전에 한 시간을 내보자. 오늘부터 닷새 동안 매일 한 시간씩 투자하자. 시작하는 그 순간부터 당신은 어제의 당신보다 더 '성장'하고 있는 것이다.

The 15 INVALUABLE LAWS OF GROWTH

THE LAW OF AWARENESS

| 제 2 장 |
인지의 법칙

좋아하는 것보다는
잘하는 것을 찾아야 행복해질 수 있다

가장 중요한 사실은 당신이 할 수 있다는 것을 아는 것이다.
- 로버트 엘런

《첫 키스만 50번째》50 First Dates라는 영화는 특이한 상황을 설정해 주목을 받았다. 영화에서 한 남자가 한 여자를 사랑하게 되는데, 알고 보니 그녀는 이튿날이 되면 그를 기억하지 못한다. 사실 그녀는 1년 전 자동차 사고를 당한 후에 일어나는 모든 일을 다 기억하지 못한다. 하루하루를 사고 전날까지만 기억하며 살아야 하는 운명인 셈이다. 발상이 좀 독특한 이 영화는 아기자기한 맛으로 인기를 끌었다. 그런데 실제로 이와 유사한 일이 있었다는 사실을 알고 있는가?

⚜ 기억 상실

신경심리학계에는 영화 속 주인공과 비슷한 증상을 보인 환자가 널리 알려져 있다. 1957년 이 사례가 학계에 처음 보고된 이후 지금까지 수많은 의사와 학자가 관련 연구를 진행했다. 편의상 그 환자를 헨리 엠Henry M이라고 하자.

그는 1926년 코네티컷 주 하트퍼드에서 태어났고, 극심한 간질로 심신이 허약해 일상생활에조차 어려움을 겪었다. 그러다가 스물일곱 살 때 간질을 치료하기 위해 뇌의 일부를 절제하는 실험적인 수술을 받게 되었다. 간질 치료만 놓고 보면 수술은 성공적이었다. 발작 증세가 감쪽같이 사라졌고 지능·성격·사고 능력은 나빠지지 않고 그대로 유지되었다. 그런데 끔찍한 부작용이 하나 발생했다. 수술 후에 단기 기억력을 상실하고 만 것이다.

헨리 엠은 수술 이후에 일어나는 일을 하나도 기억하지 못했다. 의사도 알아보지 못했고 화장실도 찾아가지 못했다. 퇴원 후에는 날마다 똑같은 퍼즐을 맞추고 똑같은 잡지를 읽으면서도 그것을 반복하고 있음을 알지 못했다. 가족이 새집으로 이사한 후 이사한 사실을 기억하지 못했고 이전 집은 생생하게 기억했지만 새집은 찾아가지 못했다. 점심식사를 마치고 30분 후에 물어보면 무엇을 먹었는지 기억나지 않는다고 했다. 아니, 식사를 했다는 사실 자체를 까맣게 잊어버렸다.[1] 그는 과거에 갇혀 배울 수도 성장할 수도 변화할 수도 없었다. 그야말로 가슴 아픈 비극이었다.

❦ 인생의 방향성

성장하고 싶지만 자기 자신을 모르는 사람은 여러 면에서 헨리 엠과 같은 처지라고 할 수 있다. 성장하려면 자신이 누구인지, 강점과 약점이 무엇인지, 무엇에 관심이 있고 어떤 기회에 직면해 있는지 알아야 한다. 또한 자신이 지금까지 어떤 길을 걸어왔는지, 현재 어디에 있는지도 알아야 한다. 그렇지 않으면 도달하고 싶은 곳에 이르는 경로를 정할 수 없다. 무언가를 배울 때는 어제 배운 것에 오늘 배운 것을 더해가며 꾸준히 성장해야 한다. 그래야 자기계발을 위해 계속 노력할 힘이 생긴다.

잠재력을 발현하기 위해 알아야 할 것은 도달하고 싶은 곳과 지금 있는 곳의 위치다. 둘 중 하나라도 모르면 길을 잃기 십상이다. 자신을 아는 것은 목적지로 가는 길을 찾고자 지도에서 '현 위치'를 확인하는 것과 같다.

인생의 방향성에 대해 고민하는 사람들은 다음의 세 부류로 나눌 수 있다.

자신이 하고 싶은 것이 무엇인지 모르는 사람
이들은 대부분 '혼란'에 빠져 있고 목적의식이 약하며 삶에 방향성이 없다. 설령 성장하고 있을지라도 거기에는 구심점이 없다. 그저 이것저것 조금씩 건드려볼 뿐이다. 노력해서 얻어야 할 대상을 모르기 때문에 잠재력을 발휘하기가 대단히 어렵다.

자신이 하고 싶은 것이 무엇인지 알지만 하지 않는 사람
이들은 대개 '좌절' 속에서 살아가며 날마다 자신이 있는 곳과 도달하고 싶은 곳 사이에서 괴리감을 느낀다. 왜 하고 싶은 일을 하지 않는 걸까? 가족 부양 등의 문제가 있을 수 있고, 배우고 성장해서 자신이 원하는 곳에 더 가까이 가기 위해 치러야 할 대가를 치르고 싶지 않을 수도 있다. 새로운 시도를 두려워하는 사람도 있다. 이유가 무엇이든 이들 역시 잠재력을 발현하지 못한다.

자신이 하고 싶은 것을 알고 있고 실제로 행하는 사람
이들은 자기 자신을 알고 열정이 넘치며 목표에 초점을 두고 있다. 따라서 목표에 더 가까이 다가가는 데 도움이 되는 영역에서 성장하고 자신의 사명을 다한다. 이들을 가장 잘 표현하는 말은 '성취'다.

안타깝게도 많은 사람이 첫 번째 부류에 속한다. 그들은 자신이 하고 싶은 것이 무엇인지 모른다. 자신을 제대로 알지 못하는 탓에 성장에 초점을 맞추기 어렵다. 물론 자신을 아는 것이 그리 쉬운 일은 아니다. 프린스턴 대학교 학위 수여식에서 훗날 미국 대통령이 된 우드로 윌슨은 다음과 같이 연설했다.

우리가 살아가는 이 시대는 불안하고 어지럽고 혼란스러우며 진로는커녕 방향조차 확실치 않습니다. 조언하는 목소리는 많지만 미래를 예견하는 목소리는 드뭅니다. 흥분과 들썩임은 난무하지만 사려 깊은 뜻으로 협력하는 움직임은 거의 보이지 않습니다.

우리는 주체할 수 없는 기운 때문에 괴로워하며 온갖 일을 벌이지만, 무엇 하나 오래가지 않습니다. 이러한 상황 속에서 지금 우리가 해야 할 일은 자기 자신을 찾는 것입니다.

윌슨이 이 연설을 한 시기는 1907년이다! 만일 그가 지금 살아 있다면 뭐라고 말할까?

사람들이 자기 자신을 찾고 성장하면서 잠재력을 발현하는 것이 어렵다고 느끼는 까닭은 무엇부터 해야 할지 모르기 때문이다. 성장하려면 자신이 누구인지 알아야 한다. 그런데 자신이 누구인지 알려면 성장해야만 한다. 그러면 어떻게 해야 할까? 자신을 탐색하면서 성장의 길을 걸어가는 수밖에 없다.

시작 단계에서는 자신의 열정에 주의를 기울여야 한다. 나는 처음에 열정의 대상이던 목회직에 도움이 될 만한 영역에서 성장하는 것을 목표로 삼았다. 그 영역은 관계relationship, 훈육equipping, 태도attitude, 리더십leadership으로, 나는 이것을 '리얼'REAL이라고 부른다.

처음에는 열정이 성장을 불러왔다. 그러나 이후에는 성장이 열정을 불러일으켰다. 내가 리더십을 사랑하고 그 방면에 자질이 있음을 알게 된 것이다. 지금까지 거의 40년간 내 성장의 초점은 리더십에 맞춰져 있다. 그밖에 열정과 목적이 보여준 다른 영역은 종교, 가족, 의사소통, 창의성이다. 이것은 모두 내 인생의 중요한 부분으로 나는 그 영역에서 배우고 성장하며 행복을 느낀다.

⚜ 원하는 것을 발견하는 방법

심리치료사 너대니얼 브랜든Nathaniel Branden의 말을 빌리자면 "변화의 1단계는 인지, 2단계는 수용"이다. 변화와 성장을 원한다면 자기계발 이전에 자신을 알고 현재의 모습을 수용해야 한다. 여기에 그 과정을 시작하는 데 도움이 되는 열 가지 질문을 정리했다.

1. 지금 하고 있는 일을 좋아하는가?

밥벌이 때문에 싫어도 억지로 일하는 사람을 하루에도 수없이 만난다. 왜 그 일을 할까? 물론 생계유지의 중요성은 나도 잘 알고 있다. 누구에게나 좋아하지 않는 일을 해본 경험이 있을 것이다. 나는 대학에 다닐 때 육류 공장에서 일한 적이 있다. 그것은 좋아서 한 일이 아니었고 당연히 보람을 느끼지 못했다. 만약 그 일이 내 열정과 목적에 맞았다면 나는 그곳을 떠나지 않았을 것이다. 하지만 그것은 내가 하고 싶은 일이 아니었다.

철학자 에이브러햄 캐플런Abraham Kaplan은 "소크라테스의 말처럼 탐구하지 않는 삶이 살 가치가 없다면 살아본 적 없는 삶은 탐구할 만한 가치가 있다."고 했다. 지금 생계를 위해 하는 일이 즐겁지 않다면 시간을 내서 그 이유를 따져봐야 한다.

물론 지금 하는 일을 그만두고 무작정 하고 싶은 일을 하는 것은 위험한 결정이다. 변화에는 실패가 따를 수 있다. 또 막상 해보면 원하던 일이 기대만큼 즐겁지 않을 수도 있다. 벌이가 시원찮을지도 모른다.

그러나 현재에 머무는 것 역시 큰 위험이 따른다. 해고당하거나 임금이 삭감될 수도 있다. 무엇보다 생을 마감할 때 평생 가진 능력을 제대로 발휘하지도, 원하는 일을 해보지 못했다는 회한 속에서 눈을 감을지도 모른다. 둘 중 어느 쪽을 감수하고 싶은가?

2. 진짜로 하고 싶은 일을 알고 있는가?

열정과 잠재력은 떼려야 뗄 수 없는 관계에 있다. 방송인 마리아 바티로모 Maria Bartiromo는 이렇게 말했다.

"내가 만나 보니 성공한 사람들에게는 자신의 특기와 포부를 확실히 안다는 공통점이 있었다. 그들은 자기 삶의 리더로서 위험을 무릅쓰고 자기만의 방식으로 꿈을 좇는다."

당신의 열정을 확실히 발휘하고 있는가? 당신이 하고 싶은 것이 무엇인지 알고 있는가? 이 질문에 대한 대답이 긍정적이라면 상황은 달라진다. 왜냐하면 열정을 발휘할 경우 '활력'과 '탁월함'이 생기기 때문이다.

- 자신이 '경멸'하는 일로는 결코 성공하거나 만족할 수 없다.
- 열정이 있으면 다른 사람보다 나은 '강점'이 생긴다. 열정을 품은 1명이 관심만 있는 99명보다 위대한 법이다!
- 열정이 있으면 '활력'이 솟는다.

어린 시절에 나는 항상 놀 궁리만 했다. 공부나 일은 몹시 싫어했다. 그러나 고등학교를 졸업하고 대학에 진학하면서 열정의 힘을 알게 되었다. 고등학교 시절만 해도 그럭저럭 시간을 때웠지만 대학에 들어간 뒤에는 내 목적과 연관된 부분을 찾아 공부하고 일했다. 내 열정을 좇기 시작하자 그렇게 신이 날 수가 없었다!

나는 지금도 신나게 일한다. 내가 60대 중반이 되자 주위에서 언제 은퇴하느냐는 말을 많이 하지만 솔직히 아직 은퇴할 생각은 없다. 좋아하는 일을 하는데 어찌 그만둘 수 있겠는가. 다른 일을 하고 싶다면 몰라도 현재 하는 일이 즐겁다면 고된 줄도 모르는 법이다. 언제 은퇴하느냐고? 이 세상을 떠날 때 할 것이다! 그때까지 나는 강연과 저술 활동을 계속할 작정이다.

자신이 하고 싶은 일이 무엇인지 알려면 어떻게 해야 할까? 열정을 발휘하려면 어떻게 해야 할까? 무엇보다 마음의 소리에 귀를 기울여 자신이 즐겁게 하는 일이 무엇인지 살펴봐야 한다. 퓰리처상을 받은 언론인이자 저술가인 토머스 프리드먼 Thomas Friedman 은 다음과 같이 권고했다.

세계 여행, 대학원 진학, 취직, 생각할 여유 등 무엇을 계획하든 머리의 소리를 듣지 마라. 마음의 소리에 귀를 기울여라. 마음은 최고의 경력 상담가다. 자신이 정말로 사랑하는 일이 무엇인지 아직 정확히 모른다면 계속 탐색하라. 일단 그것을 찾으면 설령 자동화 기기가 등장하더라도 아웃소싱이 밀고 들어와도 결코 무너지지 않을 무언가가 생긴다. 즉, 당신이 방사선 전문의든 엔지니어든 교사든 당신은 결코 남이 대체할 수 없는 사람이 된다.

자신이 하고 싶은 일을 찾아내지 못하면 평생 좌절 속에서 살게 된다. 스티븐 코비 Stephen Covey는 "자신에게 정말로 중요한 것이 무엇인지 알게 되면 인생이 완전히 바뀌고, 그 꿈을 항상 마음속에 간직할 경우 날마다 가장 중요한 존재로서 가장 중요한 것이 무엇인지 알고 살아가게 된다."고 했다. 자기 자신을 알고 자기가 하고 싶은 것이 무엇인지 아는 것은 인생에서 절대 놓쳐서는 안 될 중대한 일이다.

3. 당신이 하고 싶은 일은 얼마나 현실성이 있는가?

목회자 시절에 나를 도와주던 바비라는 청년이 있었다. 그는 우리 교회의 찬양 리더로 예배 음악을 준비하고 예배 시간에 노래와 연주를 하는 사람들을 이끌어 회중이 함께 노래할 수 있게 했다. 그런데 어찌된 노릇인지 바비는 그리 행복해 보이지 않았고 아무래도 다른 일을 해야 할 것 같았다.

하루는 그와 마주앉아 허심탄회하게 이야기를 나눴다. 그는 솔직히 말하자면 그리 행복하지 않다고 털어놨다. 나는 조용히 물었다.

"바비, 하고 싶은 일이 뭔가?"

"시카고컵스 야구팀의 아나운서가 되고 싶습니다."

그 말을 듣는 순간 '그러면 자네는 오랫동안 불행할 텐데' 하는 생각이 들었다. 그에게는 그 일을 할 능력이 없었다. 설사 그런 능력이 있을지라도 시카고컵스는 아나운서를 모집하지 않았다. 나는 그에게 자신의 재능과 기회에 어울리는 좀 더 현실적인 일을 찾아보라고 조언했다.

성취로 이끄는 꿈은 현재 자신의 모습이나 능력과 전혀 상관없는 공상이 아니다. 우리에게는 자신의 바람과 능력이 서로 어울리는지 판단할 기준이 필요하다.

워런 베니스도 그러한 상황에 놓여 있는 사람들을 도와줄 길을 찾았다. 그는 자신이 하고 싶은 일을 해낼 가능성이 있는지 알아보는 세 가지 질문을 제시한다. 당신 자신에게 다음의 질문을 해보자.

- 내가 하고 싶은 일과 잘하는 일의 차이를 아는가? 이 두 가지가 항상 일치하는 것은 아니다. 내가 볼 때 바비가 그랬다. 그는 하고 싶은 일과 잘하는 일이 전혀 달랐다. 성공하려면 자신이 잘하는 일을 해야 한다.
- 내가 의욕을 보이는 일과 보람을 느끼는 일이 무엇인지 아는가? 때로 사람들은 잘못된 이유를 들어 어떤 일을 시도해보려고 한다. 이를테면 자신이 원하는 일이 실제로는 어려운데도 그렇지 않다고 착각한다. 아니면 일 자체가 아니라 일에서 오는 보상에 욕심을 낸다. 그러나 강력한 상승효과를 얻으려면 의욕과 보람이 어우러지는 일을 해야 한다.
- 내 가치관과 우선순위 그리고 내가 속한 조직의 가치관과 우선순위를 아는가? 양쪽이 조화를 이룰수록 성공 가능성도 커진다. 자신과 고용주의 목적이 서로 어긋날 경우에는 성공하기 어렵다.

자신이 하고 싶은 일과 잘할 수 있는 일, 의욕을 보이는 일과 보람을 느끼는 일, 자신의 가치관과 조직의 가치관이 어떻게 다른지 파악하면 하고 싶은 일을 못하도록 가로막는 많은 장애물이 드러난다. 그 상황에서 자신에게 물어봐야 할 질문은 그런 차이를 극복할 수 있느냐는 것이다.

성공을 이루고 잠재력을 발현하려면 반드시 자신의 특기를 알고 그것을 발휘하기에 알맞은 분야를 찾아야 한다. 몇몇 사람들은 태어날 때부터 자기 자신을 파악할 줄 안다. 그러나 대부분의 사람들은 자신의 본질을 알기 위해 열심히 노력해야 한다. 시인이자 비평가인 새뮤얼 존슨Samuel Johnson은 "거의 모든 사람이 자신에게 없는 재능을 드러내 보이고자 인생을 허비한다."고 말했다.

그렇다면 우리의 목표는 인생을 허비하는 일은 최소한으로 하고 자신이 잘할 수 있는 일을 찾는데 두어야 한다. 자신의 고유한 특질을 찾아 부단히 계발해야 하는 것이다.

4. 당신이 원하는 그 일을 왜 하고 싶은지 알고 있는가?

나는 하고 싶은 것이 무엇인지 아는 것뿐 아니라, 왜 하고 싶은지 아는 것도 굉장히 중요하다고 본다. 동기의 영향력을 무시할 수 없기 때문이다. 무언가를 할 때 그 이유가 올바르면 상황이 나빠져도 이겨낼 내면의 힘이 생긴다. 꿍꿍이셈을 하지 않고 자신의 잇속보다 다른 사람을 우선시하기 때문에 관계도 긍정적으로 맺게 된다. 비전도 선명해지고 올바른 길로 간다는 만족감도 생긴다.

내가 하는 일은 내 삶의 소명이다. 정말 자신에게 잘 맞고 원하는 일을 할 때는 '나는 이 일을 위해 태어났어' 하는 생각이 든다.

내가 하는 일은 내 강점에 토대를 두고 있다. 내 일은 기운을 북돋우며 다른 사람의 삶을 변화시킨다. 더불어 내가 잠재력을 발현하고 행복한 삶을 살 수 있게 한다.

당신 자신의 의도와 태도를 살펴보자. 정신의학자 카를 융은 다음과 같이 권고했다.

"마음을 들여다봐야 비전이 더욱 선명해진다. 바깥을 보는 사람은 꿈을 꾸고, 안을 보는 사람은 깨어난다."

내가 자기 자신에게 물어보라고 권하는 질문 중 처음 네 가지는 원하는 '대상'과 관련이 있다. 이 장의 첫머리에서 말했듯 성장하려면 자신을 알아야 한다. 이것이 인지의 법칙이다. 그러나 하고 싶은 일을 알게 되었다고 해서 그것이 끝이라고 생각하면 곤란하다. 그쪽으로 방향을 트는 '방법'도 알아야 한다. 그러면 성장을 목표로 삼고 결국 그 길을 섬세하게 다져나갈 수 있다. 이 점을 마음에 새기고 나머지 질문을 살펴보면 전략을 세우는 데 도움이 될 것이다.

5. 하고 싶은 일을 위해 무엇을 해야 하는지 알고 있는가?

지금 하는 일을 그만둔다고 해서 곧바로 하고 싶은 일을 할 수 있는 것은 아니다. 하고 싶은 일을 하려면 무엇이 필요한지 알고 있는가? 다음의 요소에 주목해보자.

인지 Awareness

월간 《성공》의 발행인 대런 하디 Darren Hardy의 말을 살펴보자.

"지금 당장 어떤 영역에서 자신의 위치를 그려보라. 그리고 더 부유해지는 것, 날씬해지는 것, 행복해지는 것 등 자신이 가고자 하는 위치를 그려보라. 변화의 첫 단계는 인지다. 지금 위치에서 가고자 하는 곳으로 가려면 먼저 어떤 선택이 자신을 희망 목적지에서 가까워지게 하거나 멀어지게 하는지 알아야 한다. 오늘 당신이 어떤 선택을 하는지 유심히 살펴보라. 그래야 좀 더 현명한 선택을 해서 앞으로 나아갈 수 있다."

지금 자신이 엉뚱한 곳으로 가고 있다는 것을 모르면 절대로 방향을 바꿀 수 없다. 현재 당신의 선택과 활동이 당신을 어디로 이끄는지 생각해본 적 있는가? 만약 생각해본 적이 없다면 시간을 내서 지금 당신이 어디를 향해 가고 있는지 진지하게 고민해보자. 원하는 방향이 아닐 경우 어떤 절차를 밟아야 희망하는 곳에 이르고 원하는 일을 할 수 있을지 적어보자. 가능한 구체적으로 적어야 한다. 그렇게 적은 절차는 '올바른' 것일까? 그럴 수도 있고 아닐 수도 있다. 일단 움직여봐야 확실히 알 수 있기 때문에 다음 단계가 필요하다.

실천 Action

실천하지 않으면 성취는 없다! 앞서가는 사람들은 하나같이 자신이 원하는 상황을 찾으려 애쓰며, 그것이 여의치 않으면 직접 그 상황을 만들기 위해 노력했다. 끌려가지 않고 이끌어간다는 말이다. 이를 위해서는 날마다 목표에 한 걸음 더 가까이 다가가기 위한 구체적인 행동을 해야 한다. 단 하루도 쉬면 안 된다. 열 가지 성공이 있다면 그중 아홉은 실천의 결과다.

책임 Accountability

사람이 시작한 일을 끝까지 해내도록 하는 데 책임만 한 것이 없다. 책임감을 키우는 방법 중 하나는 목표를 드러내는 것이다. 다른 사람에게 결심을 알리면 부담감 때문에라도 일을 지속하게 된다. 몇 사람을 콕 집어 틈틈이 진척 상황을 물어봐달라고 부탁해도 좋다. 이는 마감 일정이 잡혀 있을 경우 일을 더 잘 끝낼 수 있는 것과 같은 이치다.

아니면 기록을 통해 책임감을 기를 수도 있다. 이것은 대런 하디가 제안한 방법이다. 그는 재정, 건강, 경력, 관계 등 개선하고 싶은 분야와 관련된 행동을 할 때마다 빠짐없이 기록하라고 권한다.

"호주머니나 핸드백에 작은 수첩과 필기도구를 항상 갖고 다니면서 모두 적어보라. 하루도 빠짐없이 날마다 적어야 한다. 어떠한 변명이나 예외도 허용되지 않는다. 빅 브라더가 당신을 주시하고 있다고 생각하라. 시도 때도 없이 종이에 기록하는 것은 귀찮긴 하지만 아주 효과적인 일이다. 나는 발전과 실수를 기록하면서 성공의 길로 나아갈 수 있었다. 계속 기록을 하면 자신의 결심을 의식하지 않을 수 없다."

유인 Attraction

원하는 일을 하기 위해 필요한 과정을 파악하고 실천하자. 책임감을 갖고 계속 밀고 나가면 원하는 일에 점점 더 가까이 다가서게 된다. 이 경우 예상외의 부수적인 효과도 생긴다. 뜻이 맞는 사람들을 끌어당기는 것이다. 자신이 어떤 사람을 끌어당기는지 보면 자신이 누구인지 더 분명히 알 수 있다.

리더십뿐 아니라 인생의 모든 부분이 그렇다. 내 어머니가 즐겨 하던 말을 빌리자면 '끼리끼리 모이는 법'이다. 성장하는 사람들과 어울리고 싶다면 성장하는 사람이 되어야 한다. 열정적인 사람은 열정적인 사람을 끌어당긴다. 성장하는 사람은 성장하는 사람을 끌어당긴다. 뜻이 맞는 사람들이 모여 서로 성장을 돕는 공동체의 출발은 바로 자기 자신이다.

6. 하고 싶은 일을 하는 사람들을 아는가?

나는 나보다 앞서간 사람들을 찾을 때마다 눈부시게 성장했다. 그 중에는 직접 만난 사람들도 있지만 대개는 책을 통해 도움을 받았다. 나는 궁금한 게 있으면 그들의 지혜에서 답을 얻었다. 사람과 조직을 더 훌륭하게 이끄는 방법을 배우고 싶을 때는 예수 그리스도, 멜빈 맥스웰Melvin Maxwell, 빌 하이벨스Bill Hybels, 존 우든John Wooden, 오스왈드 샌더스Oswald Sanders 등 수백 명에게서 길을 찾았다. 의사소통 능력이 향상된 것은 앤디 스탠리Andy Stanley, 조니 카슨Johnny Carson, 하워드 헨드릭스Howard Hendricks, 로널드 레이건, 빌리 그레이엄Billy Graham 등 수백 명의 도움 덕분이다. 만약 내 창작과 저술 활동이 다른 사람에게 도움이 된다면 레스 스토비Les Stobbe, 맥스 루케이도Max Lucado, 찰리 웨젤Charlie Wetzel, 레스 패로트Les Parrott, 밥 버포드Bob Buford 등이 나와 함께했기 때문이다.

하고 싶은 일이 무엇인지 알아냈다면 그 일을 훌륭하게 해내고 있는 사람들을 찾아보자. 그들에게서 무언가를 배우려면 다음의 자세가 필요하다.

- 자원을 아끼지 않는다 — 필요하면 그들이 내주는 시간에 대한 대가를 지불하라.
- 일관성을 유지한다 — 매달 자신에게 가르침을 주는 사람을 만나라.
- 창의력을 발휘한다 — 직접 만날 수 없으면 책으로 시작하라.
- 목적의식을 품는다 — 한 시간 교류를 위해 두 시간 동안 준비하라.
- 되돌아본다 — 한 시간 교류를 하면 두 시간 동안 배운 것들을 점검하라.
- 감사한다 — 그들은 당신의 성장을 도와주는 소중한 존재다. 그들에게 감사하라.

혼자서 가고 싶은 곳으로 가는 것은 결코 쉽지 않다. 원하는 길로 안내해줄 사람들이 꼭 필요하다.

7. 하고 싶은 일을 멘토와 함께할 때 어떻게 해야 하는지 아는가?

성장에 매진하는 사람은 언제나 이곳저곳에서 많은 사람에게 배운다. 때로는 지속적으로 멘토링을 받을 수도 있다. 자신이 관심 있는 분야에서 성공한 사람에게 멘토링을 받는 것은 매우 유익한 일이므로 본보기의 법칙에서 좀 더 자세히 다룰 예정이다.

만일 멘토가 될 만한 사람을 찾았다면 당신에게 다음과 같은 책임이 있음을 기억하기 바란다.

- 마음을 열고 배우겠다는 자세를 취한다.
- 항상 준비된 상태에서 그 사람과 시간을 보낸다.
- 훌륭한 질문으로 만남의 방향을 설정한다.
- 함께 시간을 보내면서 배운 게 있음을 확실하게 표현한다.
- 배운 것에 책임을 진다.

나는 지금까지 많은 사람을 멘토링했다. 이런 까닭에 내가 생각하는 멘토의 책임도 말해볼까 한다. 멘토에게는 멘토링을 받는 사람들의 가치를 높일 책임이 있다. 멘토링을 할 때 내 목표는 늘 상대방이 자기 본질을 지키면서 더 나은 사람이 되도록 하는 데 있었다. 결코 본질에서 벗어나 다른 사람이 되게 하는 데 있는 것이 아니었다. 나는 주로 다음과 같은 영역에 집중한다.

- 강점
- 기질
- 성과
- 열정
- 선택
- 조언
- 후원, 자원/사람
- 성장 전략
- 피드백
- 격려

만약 당신이 멘토라면 각각의 영역에서 멘토링을 받는 사람에게 구체적으로 어떤 도움을 줄 수 있을지 생각해보자. 나의 한 멘티는 만나면 항상 유쾌해서 자연스레 그에게 정성을 다할 수 있게 된다. 나와 두 번째로 만났을 때 그는 겸손하게 말했다.

이건 제가 여쭤본 겁니다.
이건 선생님이 말씀해주신 겁니다.
이건 제가 한 일입니다.
좀 더 여쭤봐도 되겠습니까?

이렇게 자신이 원하는 것을 묻고 나의 답변에 성실하게 반응하는 사람에게 어찌 소홀해질 수 있을까. 하지만 아무에게나 도움을 받으면 안 된다. 누구에게 도움을 받을지도 신중하게 결정해야 한다. 도움을 주는 쪽도 마찬가지다. 멘토와 멘티가 조화를 이뤄 양쪽 모두에게 이득이 되어야 하기 때문이다.

8. 하고 싶은 일을 위해 대가를 치를 수 있는가?

저술가이자 교육자인 제임스 톰James Thom은 이렇게 말했다.
"자수성가한 사람이 숨김없이 진실을 털어놓는다면 그것은 아마도 '나는 내 게으름, 무지와 싸우며 한 계단 한 계단을 힘겹게 올라 정상에 이르렀다'일 것이다."

저절로 고개가 끄덕여지는 말이다. 성공을 가로막는 장벽 중에 가장 큰 장벽은 바로 자기 자신이다.

몇 년 전, 나는 '큰 꿈을 꾸자'Dream Big라는 글을 읽었다. 용기와 더불어 꿈을 따르기 위해 필요한 자세를 보여주는 글이었다. 그중 일부를 옮긴다.

위험을 무릅써야 할 때가 있다면,
변화를 일으켜야 할 때가 있다면,
해봄직한 일을 시작해야 할 때가 있다면,
바로 지금이다.
반드시 큰 뜻이 있어야 하는 것이 아니라
마음을 잡아끄는 것,
포부라고 하는 것,
꿈이라고 하는 것만 있으면 된다.
인생의 시간들을 가치 있게 보내는 것은
그대 자신을 위한 일이다.
즐기자.
깊이 파고들자.
가슴을 활짝 펴자.
꿈을 크게 꾸자.
그러나 가치 있는 일을 하기란 쉽지 않다는 것을 잊지 말자.
살다 보면 좋은 날이 있다.
궂은 날도 있다.
두 손 들고 그만두고 싶을 때도 있다.
그런 때가 오면 배우는 시기라고 받아들이자.[2]

꿈을 실현하고 자신이 원하는 일을 하려면 행동해야 한다. 열심히 노력해야 한다. 희생해야 한다. 계속 배우고 성장하고 변화해야 한다. 그런 대가를 치를 용의가 있는가? 꼭 그랬으면 좋겠다.

9. 하고 싶은 일을 언제 시작할 것인가?

하고 싶은 일을 언제 할 것인지 물으면 대개는 '이다음에', '언젠가'라고 대답한다. 왜 지금 하지 않는가? 아직 준비되지 않았는가? 그럴지도 모른다. 그러나 완벽하게 준비될 때를 기다리면 평생 시작조차 하지 못할 수도 있다.

내가 삶에서 이룬 것은 거의 다 준비가 되기 전에 시도한 것이다. 1984년 목회 리더십을 정기적으로 가르쳐달라는 부탁을 받았을 때 나는 그럴 준비가 되어 있지 않았다. 그럼에도 서른네 명을 가르치기 시작했다.

매달 진행되는 리더십 강좌 요청을 받았을 때, 나는 준비가 되어 있었을까? 당연히 그렇지 않았다. 그래도 일단 시작했을까? 물론이다. 교회를 이전할 자금을 마련해야 했을 때, 나는 그 방법을 알았을까? 그렇지 않다. 그래도 일단 시작했을까? 물론이다. 세계 여러 나라 사람들에게 리더십을 가르치기 위해 이큅EQUIP을 설립했을 때, 나에게 검증된 전략이 있었을까? 그렇지 않다. 그래도 일단 시작했을까? 물론이다. 준비는 그냥 기다린다고 되는 게 아니다. 일단 시작해야 준비도 되는 법이다.

10. 하고 싶은 일을 하면 어떤 일이 생길까?

감사하게도 나는 내가 간절히 바라던 일을 하고 있으므로 하고 싶은 일을 하면 어떻게 되는지 알고 있다. 일단 원하던 일을 하는 것은 생각과는 다르다. 나는 내가 이토록 많은 사람들에게 영향을 미치게 될지 꿈에도 몰랐다. 인생이 이렇게 아름다워질 줄도 몰랐다. 어쩌다 한 번씩 혼자 조용히 앉아 생각하고 저술할 시간을 원하게 될 줄도 몰랐다. 또한 다른 사람들이 내게 거는 기대가 이 정도일지 전혀 예상치 못했다.

한편 하고 싶은 일을 한다는 건 생각보다 '어렵다.' 나는 성과를 거두려면 얼마나 많은 시간이 필요한지 전혀 몰랐다. 내 삶에 어떤 부담이 더해질지 예상하지 못했고 성공을 누리려면 끊임없이 대가를 치러야 한다는 것도 몰랐다. 최근에 나타난 증상처럼 이토록 기력이 떨어질 줄도 몰랐다.

하지만 간절히 바라던 일을 하는 것은 생각보다 '좋다.' 처음 성장하기 시작했을 때만 해도 이처럼 효과가 있으리라고는 예상치 못했지만 나 자신도, 내가 멘토링한 사람들도, 내가 이끄는 팀도 모두 발전하고 성장했다. 무엇보다 하고 싶은 일을 하면 매사가 즐겁고 재미있다! 자신이 간절히 원하는 일을 하는 것보다 더 좋은 일이 또 있을까?

나는 해마다 회사 임원들을 대상으로 '익스체인지'라는 리더십 행사를 주최한다. 몇 년 전, 코레타 스콧 킹(Coretta Scott King, 마틴 루서 킹의 부인-옮긴이)과 버니스 킹(Bernice King, 마틴 루서 킹의 딸-옮긴이)을 연사로 초청했다. 우리는 모두 애틀랜타에 모여 마틴 루서 킹의 '나에게는 꿈이 있습니다' 연설에 관해 듣고 싶어 했다.

버니스는 그날, 그러니까 마틴 루서 킹이 연설하던 날 많은 연사가 링컨기념관 계단에서 청중에게 연설하기로 되어 있었다고 했다. 그중 많은 사람이 좋은 연설 순서를 받기 위해 다퉜지만 마틴 루서 킹은 조용히 뒤로 물러나 있었다. 그에게 연설 순서가 몇 번째인가는 중요하지 않았다. 그의 관심사는 오로지 사람들에게 자신의 뜻을 전하는 것뿐이었다.

그리고 마침내 그가 입을 열었을 때 미국의 역사가 확 바뀌었다. 어떻게 그런 일이 가능했을까? 그가 자신의 사명을 다했기 때문이다. 그 결과 이듬해 의회에서 공민권법(미국의 흑인 보호법)이 통과되었다. 킹이 열정을 다해 목적을 찾은 결과 세상에 지대한 영향을 미치게 된 것이다.

흔히 인생에는 중요한 날이 두 번 있다고 한다. 하나는 자신이 태어난 날이고 다른 하나는 태어난 이유를 발견한 날이라고 한다. 당신이 무엇을 하기 위해 이 땅에 태어났는지 생각해보자. 그리고 전심전력을 다해 그 일에 매진하자.

The Law of Awareness

...

'인지의 법칙' 적용하기

이 장에서 소개한 여러 질문들은 당신이 스스로를 알고 원하는 것을 할 수 있도록 돕기 위한 것이다. 다음의 질문에 하나씩 답을 하다 보면 실천 계획을 세울 수 있다.

1. 당신이 진짜 하고 싶은 일이 무엇인가?
2. 자신의 재능, 기술, 기회 중 원하는 일을 하는 데 도움이 되는 것은 무엇인가?
3. 어떤 동기로 그 일을 하고자 하는가?
4. 하고 싶은 일을 시작하려면 어떤 절차를 밟아야 하는가?
   (바로 오늘부터!)
   - 인지
   - 실천
   - 책임
5. 그 과정에서 누구의 도움을 받을 수 있는가?
6. 시간, 자원, 희생의 측면에서 어떤 대가를 치러야 하며 대가를 치를 용의가 있는가?
7. 성장이 가장 필요한 영역은 무엇인가?(자신의 강점에 집중하는 한편 목표에 도달하지 못하도록 가로막는 약점은 극복해야 한다.)

THE LAW OF THE MIRROR

| 제 3 장 |
거울의 법칙

자신의 가치를 들여다보는 사람은 무너지지 않는다

성장의 토대는 자신이 노력, 시간, 에너지를 들여 계발할 가치가 있다는 믿음이다.
- 데니스 웨이틀리

나는 가끔 사람의 성장을 가로막는 것이 무엇인지 생각해본다. 누구에게나 내면에는 성공의 씨앗이 있다. 그 씨앗을 잘 돌보면서 물과 영양분을 주면 성장이 시작된다. 내가 사람들의 가치를 키우는 일에 평생을 바치는 이유가 여기에 있다. 사람들이 자신의 가능성을 활짝 꽃피우는 모습을 보는 것은 내 삶의 큰 기쁨이다.

그런데 우리 주위에는 성장해서 자신의 가능성을 발휘하는 사람들이 그리 많지 않다. 나는 가장 큰 원인이 자존감 부족이라고 생각한다. 실제로 많은 사람들이 자기 자신을 믿지 않는다. 그들은 자신이 가지고 있는 가능성을 무시한다. 그들에게는 10만 평에 이르는 가능성의 땅이 있지만 결코 경작하지 않는다. 자신이 배우고 성장해서 아름다운 존재로 활짝 피어날 수 있다고 믿지 않는 까닭이다.

지우고 싶은 과거

내가 얼마 전에 알게 된 조네타 맥스웨인도 그런 사람이었다. 그녀는 자신의 가치와 잠재력을 모른 채 30년 넘게 살아왔다. 물론 불우한 어린시절을 보냈기 때문에 그런 생활을 이해할 수 있다.

그녀는 자신이 아기를 원치 않은 미혼모에게서 태어났다는 사실을 다른 사람도 아닌 어머니로부터 직접 들었다. 태어나자마자 그녀는 언니 소냐와 함께 앨라배마 주에 사는 할머니에게 맡겨져 사촌과 5~6년을 같이 살았다. 안타깝게도 세 아이 모두 함께 살던 삼촌들에게 정신적·신체적·성적으로 학대를 당했다. 조네타의 몸과 마음은 상처투성이였다.

"나는 다섯 살도 되기 전부터 내가 엄마에게 버림받은 못난 아이라고 생각했어요. '나'라는 아이는 가치도, 설 자리도 없었고 내 의견을 말할 수도 없었지요."[1]

조네타의 어머니는 아이들이 학대를 받았다는 사실을 알고 나서 세 아이를 데리고 새집으로 이사했다. 그러나 학대는 그치지 않았다. 이번에는 어머니가 집에 들이는 남자들이 문제였다. 마침내 소냐는 반항이라도 하듯 몸을 팔고 마약에까지 손을 댔다. 조네타는 마약은 건드리지 않았지만 거리를 전전하다가 고등학교를 중퇴했다. 열아홉 살 때 미혼모로 첫 아이를 낳은 조네타는 20대 중반에 둘째아이를 낳았다. 그녀는 정부에서 지원하는 저소득층 아파트에서 거주하며 정부 보조금과 애인들이 건네는 돈에 기대 살아갔다. 더러는 물건을 훔치기까지 해야만 했다.

소냐의 말을 들어보면 당시 그들의 가슴 아픈 처지가 고스란히 드러난다.

"가족이 하나같이 전과자에 마약중독자, 아니면 고등학교 중퇴자인데 제가 무엇을 배웠겠어요. 기대할 거라곤 아무것도 없었죠. 성취? 그게 대체 뭔가요?"[2]

❦ 거울에 비친 모습

서른 살 생일에 거울을 들여다본 조네타는 거울에 비친 자신의 모습이 영 마음에 들지 않았다.

"생일날 아침에 일어났는데 어이없게도 축하할 게 하나도 없더군요. 돈도 직장도 집도 남편도 아무것도 없었고, 더 열심히 살아보겠다는 의지조차 없었지요. …… 그때 문득 달라져야겠다는 생각이 들었어요."[3]

그녀는 자기 인생이 만족스럽지 않았고 계속 그대로 살아간다면 두 아들도 곤경에 처할 거라는 생각이 들었다. 그녀가 알기로 집안의 남자들 중에서 고등학교를 마친 사람은 단 한 명도 없었다. 반면 일찍 죽거나 감옥에 간 사람은 많았다. 두 아들이 그렇게 살아가도록 내버려두고 싶지 않았다.

변하기로 결심한 조네타는 먼저 고등학교 검정고시를 준비했다. 그녀는 12주 준비반에 들어가 공부하고 시험을 치렀지만 합격선인 45점에 44.5점을 받았다. 그녀는 다시 최대한 가까운 시일로 재시험 일정을 잡았다. 마침내 그녀는 시험에 합격했고 졸업식 연사로까지 선발되었다. 그러나 가족들은 아무도 오지 않았다.

조네타는 이왕 변화하려면 기존에 살던 곳을 떠나 새롭게 시작하는 것이 좋겠다고 생각했다. 그녀는 가족들이 한 번도 해본 적 없는 일에 도전하고 싶었다. 그것은 바로 대학에 들어가는 것이었다. 먼저 애틀랜타로 거처를 옮기기로 결심하자 자신이 그런 생각을 했다는 것이 놀라웠고 기운이 솟았다.

"내가 원하는 사람이 될 기회를 얻은 거야."[4]

거의 3년이 걸리긴 했지만 결국 그녀는 거처를 옮겼다. 곧이어 케네소 주립대학에 입학해 한 학기도 빠짐없이 최선을 다하기로 마음먹었다. 그때 그녀의 나이 서른셋이었다. 그녀는 세상물정엔 밝았지만 책을 읽는 일은 낯설었다. 적어도 처음에는 그랬다. 그런 까닭에 시작부터 겁을 먹었지만 생애 처음으로 잘 살아보기로 작정한 그녀는 곧 뜻을 펼칠 방법을 알게 되었다.

"알고 보니 꼭 똑똑해야 하는 건 아니었다. 세 가지 즉 결심, 의욕, 집중력만 있으면 되는 것이었다. 물론 쉽지는 않았다. 무엇보다 나는 생각을 바꿔야 했다. 나는 똑똑한 사람처럼 생각해야 했다."[5]

물론 그녀는 열심히 공부했고 수업시간마다 똑똑한 학생을 찾아가 함께 공부하자고 부탁했다. 얼마 지나지 않아 그녀는 우수한 학생들과 똑같이 공부하고 생각하게 되었다. 다른 한편으로 그녀는 미래에 대한 비전을 소중히 간직했다. 학기 초마다 학사모와 가운을 걸치고 거울 속의 자신을 바라보며 자신이 졸업하는 날을 상상했던 것이다.

어느 날 그녀는 어떤 학생의 이야기를 듣다가 문득 한 가지 사실을 깨닫게 되었다. 그 학생은 이렇게 말했다.

"나는 내가 싫어. 나는 아무짝에도 쓸모가 없는 인간이야."

그 말을 들은 조네타는 "나도 나를 사랑하는데 네가 너를 사랑하지 못할 이유가 어디 있어."라고 말했다. 그때 그녀는 생애 처음으로 '내가 나를 사랑하는구나'I loved myself라는 생각을 했다. 어느새 그녀는 이전과는 다른 사람이 되어 있었던 것이다. 그녀는 자신이 원하는 사람, 타고난 참모습으로 변해가고 있었던 셈이다.

조네타는 3년 만에 학사 과정을 마쳤고 대학원에 진학해 사회복지 석사 학위를 받았다. 그리고 지금은 박사 과정을 밟고 있다.

"나는 사회가 던지는 '넌 할 수 없어'라는 말에 맞서 싸웠다. 물론 나는 할 수 있다!"⁶

❦ 긍정적 자존감의 힘

조네타의 이야기는 사람이 자신의 가치를 깨닫고 그것을 높이기 시작하면 인생이 어떻게 달라지는지 잘 보여준다. 어머니로서 두 아들에게 도움을 줘야겠다는 생각으로 자신의 가치를 인식하기 시작하면서 그녀는 자신의 가치를 높일 수 있었다. 둘 중 어느 쪽이 먼저 일어나느냐는 중요치 않다. 하나가 다른 하나에 도움을 주기 때문이다. 중요한 것은 가치의 순환이 시작된다는 점이다

자신이 정말로 가치 있고 투자할 만한 사람이라는 것을 깨닫지

못하면 절대로 잠재력을 발현하는 데 필요한 시간과 노력을 들일 수 없다. 이 말에 선뜻 동의하지 못하겠다면 다음의 세 가지를 생각해보자.

자존감은 행동을 결정하는 데 가장 큰 영향력을 발휘한다

내 친구 지그 지글러Zig Zigler가 즐겨 하는 말이 있다.

"사람은 자신의 관점과 일치하지 않는 행동을 할 수 없다. 자신을 부정적으로 보는 사람은 긍정적인 일을 절대 하지 못한다."

그는 오랫동안 실용적이고 유용한 지혜를 전해온 사람이다. 현장의 많은 전문가들이 그의 견해에 동의한다. 정신의학자이자 자존감 전문가인 너대니얼 브랜든은 사람의 심리 발달과 동기 형성에서 자기 가치 평가만큼 중요한 요인은 없다고 말한다. 자신을 어떻게 바라보는지가 인생의 모든 면에 영향을 준다는 것이다. 자신이 쓸모없는 사람이라고 생각하면 자기 가치를 높일 수 없다.

자존감이 부족하면 잠재력이 제한된다

나는 《존 맥스웰 리더십 불변의 법칙》에서 한계의 법칙에 대해 이야기했다. 가령 당신이 큰일을 이뤄, 다시 말해 큰 조직을 세워 많은 사람에게 영향을 미치고 싶어 한다고 해보자. 아무리 포부가 커도 리더십은 잠재력의 한계에 제약을 받는다. 자존감도 똑같은 영향을 미친다. 포부가 10인데 자존감이 5라면 성과는 10에 미치지 못한다. 성과는 당연히 5 이하가 된다. 사람은 결코 자신의 자아상을 넘어설 수 없다. 너대니얼 브랜든은 이러한 사실을 잘 짚어내고 있다.

"자신은 사랑이나 존경받을 가치가 없다고, 자신에게는 난관에 맞설 힘이나 행복을 누릴 자격이 없다고 여기며 적극적으로 생각하고 욕망하고 희망하기를 두려워하면 다시 말해 기본적인 자기 신뢰, 자기 존중, 자기 확신이 결여돼 있다면 다른 어떤 자산을 소유하고 있든 자존감 결핍이 한계를 정한다."

내가 나를 평가하는 가치만큼만 타인도 나를 평가한다
어떤 남자가 점술가를 찾아가 자신의 미래를 물었다. 점술가는 수정 구슬을 들여다보며 말했다.

"마흔다섯 살까지는 가난하고 불행할 게야."

남자가 기대에 찬 목소리로 물었다.

"그다음에는요?"

"그다음에는 그냥 거기에 익숙해져."

대부분의 사람이 다른 사람이 자신을 보는 시각에 맞춰 살아간다. 특히 중요하게 여기는 사람이 자기에게 아무것도 이루지 못할 거라고 말하면 정말로 그렇게 믿어버린다. 물론 주변에 온통 자신을 믿어주는 사람뿐이라면 다행스런 일이다. 하지만 그렇지 않다면 어떻게 해야 할까?

타인의 눈을 지나치게 의식하면 안 된다. 자신이 스스로를 어떻게 보느냐에 더 신경 써야 한다. 바로 조네타 맥스웨인이 그렇게 했다. 그녀가 애틀랜타로 거처를 옮기려고 준비할 때 가족과 친구들은 모두 꿈 깨라고 핀잔을 놓았다. 설령 그녀가 애틀랜타로 떠날지라도 어차피 일이 잘 풀리지 않아 곧 돌아오게 될 거라고 했다. 아무도 그녀를 믿어주지 않았지만 그녀는 아랑곳하지 않았다. 그녀에게는 자기만의 해법이 있었다.

"다른 사람들이 이래라저래라 하는 말을 다 받아들일 필요는 없다."[7]

참 멋지지 않은가? 장담컨대 스스로 가치를 낮게 평가하면 세상도 당신을 딱 그만큼의 가치로 평가한다. 잠재력을 발현하고 싶다면 스스로 자신의 가능성을 믿어야 한다!

❦ 더 멋진 인생을 만드는 열 가지 지혜

긍정적인 가정 환경은 자존감 향상에 큰 도움이 된다. 만약 어떤 이유에서든지 자존감이 높지 않다면 다음의 방법을 사용해보자.

1. 자기 자신과의 대화에 주의한다

사실 우리는 시도 때도 없이 자기 자신과 대화한다. 당신이 어떤 식으로 자신과 대화하는지 생각해보자. 자신을 격려하는가 아니면 비난하는가. 자신과의 대화가 긍정적이면 긍정적인 자아상을 확립하는 데 도움이 된다. 반대로 부정적이면 자존감을 갉아먹는다. 자기 자신과의 부정적이고 공격적인 대화는 어디에서 비롯되는 것일까? 일반적으로 양육 과정에 그 뿌리가 있다.

기업가이자 저술가인 존 아사라프John Assaraf와 머레이 스미스Murray

Smith는 《해답》The Answer이라는 책에서 아이가 성장기에 듣는 부정적인 말에 대해 이야기한다.

> 우리는 열일곱 살이 될 때까지 '아니, 넌 할 수 없어'라는 말을 평균 15만 번 듣는다. '그래, 넌 할 수 있어'는 약 5,000번이다. 부정과 긍정의 비율이 무려 30 대 1이다. 이런 까닭에 '난 할 수 없어'라는 믿음이 마음속에 강하게 자리 잡는다.[8]

그렇다면 우리는 태산 같은 장벽을 넘어야 하는 셈이다. 조네타 맥스웨인이 변화할 수 있다고 믿기까지 30년이 걸린 이유도 그 때문이다. 그녀는 어린 시절부터 자기도 모르게 스스로를 무가치한 존재로 여겼다.

인생을 바꾸고 싶다면 자신에 대한 관점을 바꿔야 한다. 그리고 자신에 대한 관점을 바꾸려면 자신에게 '말하는 방식'을 바꿔야 한다. 나이가 많을수록 자신의 생각, 말, 믿음에 대한 책임도 크다. 이미 이런저런 인생 문제로 골치 아프지 않은가? 그런데 왜 날마다 자신과의 부정적인 대화로 의욕을 떨어뜨려 문제를 키우는가?

우리는 스스로를 격려하고 응원할 줄 알아야 한다. 일을 잘했으면 그냥 넘어가지 말고 자신을 칭찬하자. 계획대로 실천했다면 당연한 것으로 여기지 말고 아주 훌륭하다고 생각하자. 실수를 하면 자신의 결점을 일일이 들춰내지 말고 자신이 성장의 대가를 치르고 있으며 그것을 계기로 다음에는 더 잘하게 되리라고 믿자. 자신에게 긍정적인 말을 하는 것이 변화의 시작이다.

2. 다른 사람과 비교하지 않는다

사회 초년생 시절, 나는 우리 조직에 속한 리더 한 사람 한 사람의 성과를 보여주는 연차보고서가 언제 나오나 하고 목이 빠지게 기다렸다. 그러다가 우편물이 오면 재빨리 봉투를 열어 내가 어디쯤 있는지 확인하고 다른 사람에 비해 얼마나 발전했는지 살펴보았다. 그렇게 5년쯤 지나자 그 해로움이 눈에 보이기 시작했다.

자신을 남과 비교하면 어떻게 될까? 보통은 둘 중 하나다. 상대가 자신보다 앞서 있다고 생각해서 풀이 죽거나, 반대로 자신이 상대보다 우월하다고 생각해서 오만해지는 것이다. 그 어느 쪽도 유익하지 않으며 성장에 도움이 되지도 않는다.

자신을 남과 비교하면 쓸데없이 주의만 산만해진다. 우리가 비교해야 할 사람은 오로지 자기 자신뿐이다. 다시 말해 어제보다 나은 내가 되는 것이 바로 우리의 임무다. 어제보다 더 성장하기 위해 오늘 무엇을 해야 하는지 생각하고 거기에 집중해야 한다. 그런 날이 쌓이고 쌓이면 훗날 뒤를 돌아보면서 몇 주, 몇 달, 몇 년 전의 자신과 오늘의 자신을 비교하며 많이 발전했음을 깨닫고 크게 기뻐하게 될 것이다.

3. 자신을 제약하는 편견을 넘어선다

나는 제프 맥넬리Jeff MacNelly의 연재만화 《슈》Shoe를 매우 좋아한다. 그중에서 특히 기억에 남는 장면이 있다.

슈가 야구경기에 투수로 나서게 되었다. 마운드에서 작전 회의를 하며 포수가 말한다.

"너 자신을 믿고 커브를 던져."

그러자 슈가 볼멘소리로 말한다.

"말이야 쉽지. 나 자신을 믿으라고? 어떻게 그게 가능해?"

안타깝게도 많은 사람이 그렇다. 그들은 자신이 큰일을 할 수 없다고 믿는다. 사실 사람들이 살아가면서 부딪히는 가장 큰 장애물은 다른 누구도 아닌 자기 자신이 만든 것이다. 기업가 찰스 슈왑 Charles Schwab은 "자신이 '할' 일에 제한을 두는 것은 곧 자신이 '할 수 있는' 일에 제한을 두는 것"이라고 말했다. 조네타 맥스웨인도 30년 넘게 불행한 인생을 살았지만 자신을 억압하던 편견을 바꾸면서 인생을 바꿀 수 있었다.

잭 캔필드는 자신의 책 《성공 원리》 The Success Principles에서 자기 제한적인 self-limiting 생각을 극복하는 방법을 제시하고 있다. 그는 다음의 4단계를 통해 편견을 바꿀 수 있다고 말한다.

- 바꾸고 싶은 편견을 밝힌다.
- 그 편견이 자신을 어떻게 제한하는지 알아낸다.
- 어떤 사람이 되고 싶은지, 어떤 행동을 하고 싶은지, 어떤 감정을 느끼고 싶은지 정한다.
- 그런 모습, 행동, 감정을 성취할 수 있다고 단언하거나 그렇게 하도록 용기를 주는 인생역전 선언문을 작성한다.[9]

정말 훌륭한 제안이다. 캔필드의 제안대로 인생역전 선언문을 작성해 날마다 읽자. 앞길을 가로막는 편견들을 떨쳐버릴 수 있을 때까지 반복해서 읽어야 한다.

당신이 더 좋은 지위에 오르거나 휴가를 잘 다녀오기 위해 외국어를 배우고 싶지만 스스로 자신에게는 그럴 능력이 없다고 믿는 상황을 가정해보자. 그러한 편견을 밝혔다면 캔필드의 제안대로 외국어를 배우지 않는 것이 자신의 앞날을 어떻게 가로막는지 알아내야 한다. 그다음에는 그 외국어를 배울 경우 상황이 어떻게 달라질지 생각해본다. 기분이 어떨까? 어떤 일을 할 수 있을까? 경력에 어떤 도움이 될까?

이제 당신에게 그 외국어를 배울 능력이 있다고 단언하는 선언문을 작성한다. 이때 어떻게 배울 것인지 현실적으로 윤곽을 잡고 그 성장이 당신에게 미칠 영향을 살펴봐야 한다. 자신을 가로막는 것은 자신의 진짜 본질이 아니라 스스로 본질이라고 '단정'하는 것임을 기억하자.

4. 다른 사람의 가치를 높인다

흔히 자존감이 부족한 사람은 스스로를 무능하게 여기거나 피해의식(대개 과거에 실제로 피해를 봤을 때 생긴다)에 사로잡히기 때문에 다른 사람에게 지나치게 신경을 쓴다. 살아남아야 한다는 절박감에 자기 방어적이고 이기적인 모습을 보이기도 한다.

그러한 심리 상태는 다른 사람을 도와주고 그들의 가치를 높이면서 이겨낼 수 있다. 타인의 삶에 작게나마 변화를 일으키면 자존감이 높아진다. 다른 사람을 위해 좋은 일을 하면서 자신을 나쁘게 평가할 수 있을까? 더구나 타인의 가치를 높이면 자신의 가치 역시 높아진다. 덕분에 이 사람에게서 저 사람에게로 긍정적 감정이 옮아가는 선순환 효과가 일어난다.

5. 어렵더라도 올바른 일을 한다

자존감을 확립하는 가장 좋은 방법은 올바른 일을 하는 것이다. 올바른 일을 하면 만족감이 높아진다. 그렇다면 올바른 일을 하지 않을 경우에는 어떻게 될까? 죄책감 때문에 자신을 깎아내리거나 '내 행동에는 문제가 없다' 혹은 '내 행동은 그리 중요하지 않다'라고 스스로에게 거짓말을 하게 된다. 이런 자세는 인격에도 자존감에도 모두 해롭다.

자신을 정직하게 바라보고 가치를 솔직히 평가하는 자세는 자존감을 높이는 데 큰 도움이 된다. 우리는 좋은 성품을 기르는 행동을 할 때마다 더 강한 사람이 된다. 특히 그 일이 어려울수록 좋은 성품을 더욱 잘 기를 수 있다. 긍정적인 성품은 인생의 구석구석으로 퍼져 자신감을 주고 자신이 하는 모든 일에 긍정적인 감정을 느끼게 하므로 자신을 바라보는 시각도 좋아진다.

6. 날마다 인생의 한 영역에서 작은 원칙을 실천한다

목회를 시작하고 나서 나는 날마다 조금씩 일요일 설교를 준비했다. 그런데 동료 목회자들과 얘기를 나눠보니 대다수가 나와는 달리 금요일에 설교를 준비한다고 했다. 나는 이해할 수 없었다. 한꺼번에 몰아서 하면 감당하기 어려운 상황을 만날 수밖에 없기 때문이다. 반면 나처럼 평일에 조금씩 준비하면 금요일에는 거의 마무리 단계에 들어갈 수 있다.

만약 인생에 감당하기 어려운 영역(건강, 일, 가족 등)이 있다면 한꺼번에 해치우려 하지 말고 날마다 조금씩 해결해나가는 것이 좋다. 그렇게 하면 자존감도 높이고 큰일도 할 수 있다. 자존감은 하루하루의 긍정적인 습관, 행동, 결정을 먹고 자라게 마련이다.

큰일을 한꺼번에 해내느라 고통을 겪지 말고 조금씩 나눠서 하자. 날마다 긍정적인 방향으로 조금씩 발걸음을 옮기면 의욕도 더욱 높아진다.

7. 작은 승리를 자축한다

옳은 일을 하거나 올바른 방향으로 작은 걸음을 내디디면 어떤 기분이 드는가? 그때 자신에게 어떤 말을 하는가? 혹시 다음과 같은 생각을 하는 것은 아닌가?

'당연히 해야 할 일이었어.'
'그 정도로는 부족해.'
'이렇게 해봤자 아무 소용도 없을 거야.'
'다 부질없어. 어차피 난 성공하지 못해.'

아니면 이런 생각을 하는가?

'그런 일을 해내다니 난 정말 대단해.'
'좋아, 옳은 일을 했어.'

'티끌 모아 태산이지.'

'조금 더 성공에 가까워졌어.'

만일 당신의 생각이 처음의 목록과 같다면 생각을 바꿔야 한다. 솔직히 말해 나는 작은 승리에도 스스로에게 축하를 보낸다. 당연히 큰 승리도 자축한다. 나는 축하하는 것을 좋아하는데 당신도 그랬으면 좋겠다. 아주 잠깐만 시간을 내서 스스로를 축하하자. 우리는 만족스러운 일이 하나도 없으면 자신감을 잃고 만다. 반면 축하를 하면 기운이 솟고 계속 나아갈 힘을 얻는다. 자축의 힘을 과소평가하지 말자.

8. 소중한 것을 토대로 인생에 긍정적인 비전을 품는다

영화 《앙코르》Walk the Line에서 준 카터 캐시June Carter Cash로 열연해 아카데미 여우주연상을 받은 리즈 위더스푼Reese Witherspoon은 수상 소감을 말하면서 준 카터 캐시의 말을 인용했다.

"사람들이 어떻게 지내느냐고 물으면 준은 '그냥 별 볼일 있는 사람이 되려고 애쓰고 있어요'I'm trying to matter라고 대답했습니다. 저는 그 말이 무슨 뜻인지 잘 압니다."

누구나 별 볼일 있는 삶을 살고 싶어 한다. 이는 자신이 별 볼일 있는 사람이라고 믿지 않는 한 어려운 일이다.

인생에 긍정적인 비전을 품고 그것을 실현하려고 노력하는 사람은 자기 인생이 별 볼일 있다는 것을 쉽게 깨닫는다. 두 아들을 아끼고 사랑한 조네타 맥스웨인은 아들들을 위한 긍정적인 비전, 가족이 만든 폭력의 사슬을 끊는 비전을 품었다. 더불어 그 비전을 실현하기 위해 행동에 나섰다.

당신이 아끼는 것은 무엇인가? 무엇이 인생에 긍정적인 비전을 품게 하는가? 비전이 없으면 삶에 무관심한 사람이 되기 십상이다. 그러나 자신에게 소중한 것이 무엇인지 알고 그것을 통해 가능성을 탐색하면 긍정적인 행동을 하게 된다. 긍정적인 행동을 할수록 자신감이 커지고, 자신감이 커질수록 더욱더 긍정적인 행동을 하게 된다.

9. 한 단어 전략을 수행한다

두어 해 전, 케빈 홀Kevin Hall이 저술한 《열망》Aspire을 읽고 큰 감명을 받은 나는 저자를 직접 만나보기로 했다. 실제로 만나 보니 그는 참 멋진 사람이었다. 그의 책에는 감탄이 나오는 부분이 꽤 많은데 그중에서 사람들이 성장하도록 돕는 방법에 관한 부분을 소개하고자 한다.

적극적인 자세로 성장해 인생에서 더 높은 곳에 이르기를 열망하는 사람을 코칭할 때, 나는 먼저 자신을 가장 잘 설명하는 단어 하나를 선택하게 한다. 그것은 책장을 넘겨가며 한 단어를 형광펜으로 칠하는 것과 같다. 그렇게 하면 그 사람의 관심과 의도는 종이 위에 적힌 300여 개의 단어가 아니라 오로지 그 한 단어, 한 가지 재능에 집중된다. 무엇이든 집중하면 발전하는 법이다.[10]

이렇게 한 단어를 선택하면 자신이 스스로를 어떻게 바라보는지 잘 알 수 있다. 직접 한번 해보자. 당신 자신을 단 하나의 단어로 표현하라면 어떤 단어를 선택하겠는가? 제발이지 긍정적인 단어이길! 그러면 올바른 방향으로 나아가는 데 도움이 될 것이다. 만약 그렇지 않다면 다시 선택하자.

10. 자신의 인생을 책임진다

무언가를 참고 받아들일 수 있다고 생각하면 정말로 그렇게 된다. 가령 다른 사람이 무시하는 것을 참고 받아들이면 정말로 무시를 받는다. 학대를 용인하면 정말로 학대를 당한다. 수당을 받지 않고 초과근무를 해도 괜찮다고 생각하면 어떻게 될까? 당연히 애쓴 만큼 보상을 받지 못한다. 인생에 계획과 목적이 없으면 다른 사람 인생의 조연으로 전락해버린다!

조네타 맥스웨인이 자신의 현실에 책임감을 느끼고 긍정적인 변화를 일으키겠다고 결심했을 때 인생역전이 일어난 것은 절대 우연이 아니다. 그런 변화가 힘들이지 않고 순식간에 일어나는 것도 아니다. 그러나 그녀는 깊은 수렁에서 빠져 나와야만 했고 노력한 끝에 정말로 빠져 나왔다. 당신도 할 수 있다!

내가 당신과 마주앉아 이야기를 듣고 성장 여정에 힘을 실어줄 수 있으면 좋겠다. 지금 힘든 시기를 겪으며 당신 자신에게 불만이 많다면 이렇게 말해주고 싶다.

"당신은 가치 있는 사람이다. 당신은 소중한 사람이다. 출신과 배경이 어떻든 당신은 인생을 바꾸고 변화를 일으킬 수 있다. 어떤 트라우마를 겪고 어떤 잘못을 저질렀든 당신은 배우고 성장할 수 있다. 당신은 잠재력을 발현해 참모습을 찾을 수 있다. 그냥 자신을 믿고 시작하면 된다. 한 걸음 내디딜 때마다, 긍정적인 생각을 할 때마다, 현명한 선택을 할 때마다, 작은 원칙을 실천할 때마다, 참모습에 한 발 더 가까워진다는 것을 기억하라. 믿음을 잃지 말고 꿋꿋이 전진하라."

The Law of the Mirror

...

'거울의 법칙' 적용하기

---

1. 자신이 지닌 훌륭한 자질을 목록으로 만들어보자. 자존감이 있다면 어렵지 않지만, 그렇지 않으면 조금 어려울 수 있다. 그래도 포기하지 말자. 며칠, 몇 주가 걸리더라도 목록을 만들자. 자기 자신에 대해 긍정적인 것 100가지를 적기 전에는 절대 그만두지 말자. 목록을 작성한 다음에는 날마다 시간을 내서 처음부터 끝까지 읽으며 자신의 가치를 되새겨야 한다. 자신을 가치 있게 여기지 않으면 가치를 높이기 어렵다는 점을 기억하자. 목록을 토대로 자신을 가장 잘 설명하는 단어를 하나 선택해보자. 그리고 그 단어를 목표로 삼고 가치를 높여 나가자.

2. 자기 자신에게 말하는 태도가 자존감에 큰 영향을 미친다. 당신은 자신에게 어떤 식으로 말하는지 알고 있는가? 1주일 동안 스마트폰이나 노트 등에 자신에 관해 긍정적인 생각과 부정적인 생각을 몇 번이나 하는지 매일 기록해보자. 가까운 친구나 가족에게 당신이 자신을 긍정적으로 보는지 부정적으로 보는지 물어봐도 좋다.

3. 자신을 가치 있게 여기고 싶다면 다른 사람의 가치를 높여주자. 하루 혹은 1주일 동안 타인에게 관심을 기울이고 그들의 가치를 키우는 데 들이는 시간이 얼마나 되는가? 봉사활동을 하고 있는가? 다른 사람을 멘토링하는가? 당신보다 덜 누리며 사는 사람들에게 도움을 주고 있는가? 그렇지 않다면 매주 다른 사람을 도와주고 그들의 가치를 높일 방

법을 찾아보자. 자신의 강점을 발휘해 타인을 돕거나 보람을 느낄 일을 해보자. 작은 것부터 시작하자. 이미 하고 있다면 더 많이 해보자. 복잡하게 생각할 것 없이 자기 시간의 10분의 1을 다른 사람들의 가치를 높이는 데 쓰면 된다. 가령 1주일에 40시간을 일한다면 타인을 위하는 일에 4시간을 쓰는 것이다.

The 15 INVALUABLE LAWS OF GROWTH

THE LAW OF REFLECTION

| 제4장 |
되돌아보기의 법칙

지금 잠시 멈춰도
인생이 더디 가는 것은 아니다

> 효과적인 활동을 했으면 조용히 되돌아보라.
> 조용히 되돌아보면 훨씬 더 효과적인 활동을 하게 된다.
> – 피터 드러커

인생에는 다양한 성장 방법이 있고 배워야 할 교훈도 많다. 그런데 때로는 잠시 멈추는 법도 알아야 한다. 잠깐 멈춰 교훈이 우리를 따라올 시간을 주어야 성장이 제대로 일어난다. 2011년 3월 나는 그런 경험을 했다.

❧ 멈추면 보이는 것들

세계 순회강연 중 우크라이나의 키예프에 갔을 때의 일이다. 키예프에서는 약 5,000명의 사업가를 대상으로 3회 강연을 하기로 되어 있었다. 이전에도 나는 키예프를 방문해 그 도시와 사람들에게 좋은 인상을 받은 적이 있었다.

첫 강연 한 시간 전에 우크라이나인 통역사를 만나 그와 잠시 대화를 나눴다. 몇 분쯤 지나자 그가 말했다.

"저도 선생님의 책을 읽었습니다. 사람들의 가치를 높이고 싶다고 하셨는데 여기에선 그게 쉽지 않습니다. 여기 사람들은 리더를 잘 믿지 않거든요. 물론 그럴 만한 이유가 있습니다. 우리나라에서는 리더들이 다른 사람의 가치를 높여주지 않습니다."

잠시 숨을 고른 그는 이렇게 덧붙였다.

"선생님이 그들을 도와주길 진심으로 바랍니다."

퍽 인상 깊은 말이었다. 그의 얘기를 들으면서 나는 절친한 친구이자 네트워크 21의 리더인 짐 도넌Jim Dornan을 떠올렸다. 네트워크 21은 한때 철의 장막 뒤에 있던 나라들을 대상으로 활동하는 조직이다. 짐은 어떤 나라든 정부가 부패하고 리더들이 부정과 사리사욕에 눈이 멀면 사람들은 법망을 피해 자기 배만 불리려고 한다고 말했다.

강연 시간까지는 아직 여유가 있었고 나는 방금 들은 말을 되돌아보기 위해 휴게실로 갔다. 생각이 감정의 혼란을 따라잡을 여유를 주고 싶었던 것이다. 나는 나 자신에게 몇 가지 질문을 던졌다.

'지금 기분이 어때?' 나는 좀 슬펐다. 수세대 동안 공산당 치하에서 살았기 때문인지 사람들은 상처를 입고 풀이 죽어 매사에 부정적이었다. 희망이 없으면 앞으로 나아갈 수 없다는 것을 나는 잘 알고 있었다.

'무엇을 할 수 있지?' 나는 사람들에게 내 마음을 보여줄 수 있었다. 그들 중 일부는 리더에게 "나는 당신에게 관심이 있고 당신이 성공하기를 바란다."는 말을 들어본 적이 없을지도 모른다.

'어떻게 할 수 있지?' 나는 내가 그들의 처지를 알고 가슴 아파한다는 것을 알려줄 수 있었다. 나도 그런 환경에서 자랐다면 그들과 똑같았을 거라고, 그래도 리더에게는 좀 더 중요한 길이 있다고, 그 길은 바로 다른 사람의 가치를 높여주는 것이라고 말해줄 수 있었다. 즉, 그들이 리더에게 가치를 인정받은 적이 없을지라도 다른 사람의 가치를 높이는 리더가 될 수 있다고 설득할 수 있었다. 그들은 조국과 자신의 밝은 미래를 위해 변화할 수 있었다.

생각을 마친 나는 잠깐 시간을 내서 그런 뜻을 진실하고 명쾌하게 전할 수 있도록 도와 달라고 기도했다. 그리고 미리 계획한 강연 내용을 청중에게 맞게 일부 수정했다. 일단 "저는 존이고 여러분의 친구입니다."라는 말로 강연을 시작한 뒤, 강연 중에 그 말을 여러 번 반복했다. 당연히 나는 그 말을 할 때마다 진심을 듬뿍 담았다. 또한 그 말을 하면서 분위기를 부드럽게 유지하는 동시에 내가 전하는 딱딱한 진실을 유머러스하게 풀어냈다.

처음에는 다들 그 말에 어떻게 대처해야 할지 모르겠다는 듯한 표정을 지었다. 하지만 시간이 좀 지나자 그 말이 언제 나오려나 하고 기다리는 것 같았다. 강연이 끝날 즈음에는 그 말이 나오면 으레 재미있는 말이 이어지겠거니 하는 기대감에 웃음을 터트렸다.

이튿날 강연장에 가서 강연을 준비하고 있는데 통역사가 다가오더니 모두들 전날 강연이 인상적이었다는 말을 하더라고 전했다. 나는 '사람들이 내 마음을 알았구나. 내가 그들의 기운을 북돋고 정말로 도움을 주려고 애쓴다는 것을 아는구나' 하는 생각을 했다.

강연을 할 때 나는 그냥 사람들 앞에 서서 좋은 이야기를 들려주는 것에 만족하지 않는다. 강연을 할 때마다 반드시 두 가지 목표를 달성하려 한다. 하나는 내 말을 듣는 사람들의 가치를 높이는 것이고, 다른 하나는 나를 초청한 사람들의 기대를 뛰어넘는 것이다.

키예프에서 잠시 나를 되돌아보며 통역사가 해준 말을 곰곰이 생각해보고 강연 내용을 청중이 원하는 방향으로 바꾼 것은 정말 다행스런 일이었다. 덕분에 그 시간이 모두에게 유익할 수 있었다.

잠시 멈춤의 힘

예전에 코카콜라 광고에 나온 '상쾌한 이 순간'이라는 카피를 기억하는가. 성장을 간절히 바라는 사람이 잠깐 멈추고 뒤를 돌아보면 그렇게 상쾌함을 되찾는 순간이 온다. 잠깐 멈추는 법을 배우면 성장이 따라올 여유가 생기는 것이다. 이것이 바로 되돌아보기의 법칙이다.

살면서 잠시 멈춰 서서 자신의 행동을 되돌아보는 것은 성장에 다음과 같은 영향을 준다.

1. 되돌아보면 경험이 지혜로 발전한다

2,000년 전, 아니 그 이전부터 사람들은 경험을 최고의 스승이라고 생각했다. 어느 전문가에 따르면 처음으로 그런 말을 기록한 사람은 로마의 황제 카이사르로, 그는 《내란기》De Bello Civili에 '경험은 모

든 것의 스승'이라고 썼다.¹ 나는 감히 그의 말에 반대한다. 경험은 최고의 스승이 아니다. 최고의 스승은 바로 '평가를 거친 경험'이다! 카이사르가 그런 말을 할 수 있었던 이유는 아마 그 자신이 인생을 되돌아보고 인생에 관해 글을 쓰면서 많은 것을 배웠을 것이기 때문이다.

경험은 다짜고짜 시험부터 치르게 한 뒤 가르침을 주기 때문에 어려운 스승이라는 말도 있다. 맞는 말이다. 단, 시간을 내서 경험을 되돌아보는 사람에게만 그렇다. 되돌아보지 않으면 시험만 치르고 가르침은 영영 못 받는다. 실제로 많은 사람이 날마다 수많은 경험을 하고도 아무것도 배우지 못하는데, 이는 잠깐 멈춰 되돌아보지 않기 때문이다. 경험을 이해하기 위해 잠깐 멈추는 여유는 그만큼 중요하다.

19세기에서 20세기로 넘어가던 시기에 마차용 채찍을 만드는 회사가 있었다. 그 회사는 생산 공정을 개선해 뛰어난 품질의 채찍을 만들어냈고 계속해서 개선을 거듭했다. 같은 업계에 따라올 회사가 없을 정도였다. 그런데 갑자기 자동차가 시장에 등장했다. 얼마 지나지 않아 온 나라의 도로에서 마차 대신 자동차가 달리기 시작했다. 결국 승승장구하던 말채찍 회사는 문을 닫고 말았다. 만약 그 회사의 리더들이 잠깐 멈춰 경험이 주는 가르침을 이해하고 진로를 바꿨다면 그 결과가 어땠을까.

2. 누구에게나 잠깐 멈춰 되돌아볼 시간과 장소가 필요하다

나는 지금까지 잠깐 멈춰 되돌아보는 것이 아무짝에도 쓸모가 없었다는 말을 들어본 적이 없다. 오히려 잠깐 멈춰 되돌아봐서 성장에 커다란 도움이 되었다는 애기를 많이 들었다. 심지어 동기부여나 격려보다 더 도움이 된다고도 했다. 왜 그럴까? 걸음을 멈추면 자신이 올바른 방향으로 나아가고 있는지 확인해볼 수 있기 때문이다. 엉뚱한 길로 가고 있는데 동기부여로 속도를 내면 큰일 난다. 그럴 때는 잠깐 멈춰 되돌아보고 진로를 바꿔야 한다.

나는 사람들에게 생각할 장소를 찾거나 만들라고 제안한다. 물론 그런 장소를 만들었다고 무슨 마법 같은 일이 일어나는 것은 아니다. 그러나 일부러 그런 장소를 마련하고 그곳에 가는 시간을 정해 놓을 경우, 그 장소를 이용할 확률이 높아진다. 그리고 그것은 분명 성장에 보탬이 된다.

사람들은 대부분 몹시 바쁘게 살아간다. 해야 할 일이 너무 많아 아예 뛰어다녀야 할 지경이다. 물론 그 와중에도 기회의 순간이라고 할 만한 경험을 한다. 인생에 중요한 일이 생겼음을 암시하는 장소, 행사, 사람을 만나는 것이다. 이러한 순간은 대개 변화의 시기를 가리킨다.

그런데 만약 우리가 잠깐 멈춰 되돌아보지 않으면 그 사건의 의미를 무심코 넘겨버릴 수 있다. 반대로 제때 되돌아보면 그 경험이 인생의 소소한 순간을 넘어 '분수령'으로 발전한다.

잠깐 멈춰 성장이 따라올 틈을 주면 인생이 더 나아진다. 자신이 경험한 것이 어떤 의미를 담고 있는지 더 잘 이해할 수 있을 뿐 아니라, 그 결과로 변화를 일으키고 진로를 바로잡을 수 있기 때문이다. 나아가 거기서 얻은 지혜로 다른 사람들에게 더 많은 영향력을 펼칠 수 있다.

3. 의도적으로 멈추면 더 넓고 깊게 생각할 수 있다

세상에 영향을 끼친 위인들의 삶을 살펴보면 하나같이 혼자 있는 시간이 아주 많았음을 알 수 있다. 고명한 종교 지도자들은 모두 고독 속에서 보내는 시간을 가졌다. 역사에 깊은 흔적을 남긴 정치 지도자들은 하나같이 시간을 내서 홀로 생각하고 계획하는 것을 원칙으로 삼았다. 위대한 예술가들은 단순히 그림을 그리거나 악기를 연주한 게 아니라 자나 깨나 자신의 생각과 경험 속으로 깊이 파고들었다.

일류 대학들은 교수에게 가르치는 시간 외에 생각하고 연구하고 저술할 시간을 준다. 혼자서 시간을 보내면 경험을 요리조리 뜯어보고 합리적으로 평가해서 미래를 계획할 수 있다.

수많은 리더가 다른 사람보다 열 배는 바쁘게 살아간다. 그들은 굉장히 행동 지향적이고 책임져야 할 일이 많기 때문에 잠깐 멈춰 생각할 틈을 내지 못하는 경우가 많다. 그러나 잠깐 멈춰 생각하는 시간은 리더에게 매우 중요하다. 1분 동안 생각하는 것이 한 시간 동안 말하는 것보다 훨씬 더 가치 있을 수 있다.

그러니 반드시 생각할 장소를 마련해 잠깐 멈춰 그곳을 사용하는 원칙을 세우자. 사색에서 인생을 바꿀 힘이 나온다. 정말로 중요한 것과 그렇지 않은 것을 구별하는 안목도 기를 수 있다. 저술가로 활동한 헨리 나우웬 Henri Nouwen 신부 역시 "행동과 염려의 틈바구니에서 홀로 생각하는 시간을 만들어야 한다."고 했다.

4. 잠깐 멈출 때 활용하면 좋은 것들

잠깐 멈춰 되돌아볼 때 우리의 생각은 기본적으로 네 가지 방향으로 나아가야 한다.

탐구 Investigation

두 남자가 마구간 청소를 하게 되었다. 마구간에 가보니 말똥이 발목 높이까지 차 있었다. 그러자 그중 한 남자가 말했다.

"이봐, 여기 어디에 말이 있는 게 분명해!"

너무 싱거운 이야기인가. 세상에는 이처럼 되돌아보지 않아도 알 수 있는 뻔한 것도 있다. 그러나 그렇지 않은 것은 탐정처럼 파헤쳐야만 알 수 있다. 위대한 과학자 갈릴레오는 이렇게 말했다.

"모든 진리는 일단 발견하고 나면 이해하기가 쉽다. 중요한 것은 발견하는 일이다. 이를 위해서는 탐구해야 한다."

잠깐 멈춘다는 것은 걸음을 늦추고 장미 향기를 맡는 정도가 아니다. 아예 걸음을 멈추고 장미가 무엇인지 파악하는 것을 말한다. 그러려면 질문을 해야 한다. 좀 더 자세한 내용은 이 장의 다음 부분에서 다룰 것이다. 일단 여기에서 기억해야 할 것은 경험을 토대로 계속 성장하려면 경험에서 지혜와 진리를 찾아내야 한다는 점이다. 그 출발점은 탐구다.

숙성 Incubation

숙성은 인생의 경험을 마음의 솥에 넣고 얼마 동안 찌는 것이다. 이 것은 명상과 비슷하다.

나는 계속해서 내 마음의 솥에 인용문과 아이디어를 넣고 숙성시킨다. 요즘에는 아이폰의 메모 앱을 사용하고 있다. 아이폰에 인용문을 며칠, 몇 주, 몇 달 동안 보관해두고 틈틈이 열어보면서 나 자신을 되돌아본다. 최근에 내가 자주 들여다보는 인용문 몇 개를 소개한다.

"그대가 식탁 앞에 앉아 있는 게 아니라면 접시 위에 올라와 있는 것이다."

"위기에서 벗어나려면 마냥 기다려서도 안 되고 막무가내로 달려들어서도 안 된다. 차분하게 움직여야 한다."

"유능한 리더는 처벌은 받아들이지만 영혼은 넘겨주지 않는다."

나는 아이디어를 숙성시키는 데 시간제한을 두지 않는다. 그저 지혜를 발견하거나 다음 각성의 단계를 경험할 때까지 충분히 기다린다.

각성 Illumination

짐 론은 "하루를 마칠 때 자신이 한 일을 되새겨보라. 그러면 스스로를 칭찬하거나 자극하게 될 것이다."라고 말했다. 이것이 바로 각성이다. 각성이란 갑자기 무릎을 탁 치며 깨달음이나 지혜를 얻는 순간을 뜻한다. 쉽게 말해 머릿속의 전구에 불이 들어오는 때다. 인생에서 그때만큼 보람 있는 순간도 드물다.

나는 시간을 내 아이디어를 탐구하고 얼마 동안 숙성시킨 후에야 각성을 경험한다. 그렇게 값진 순간을 맞을 수 있다면 멈추고 되돌아보는 데 아무리 많은 시간과 노력을 들여도 전혀 아깝지 않다.

실증 Illustration

좋은 아이디어는 뼈와 같다. 뼈에는 살이 붙어야 한다. 그렇지 않으면 실체가 없고, 실체가 없으면 쓸모가 없다. 만약 강연자가 강연을 하면서 이해를 돕는 실제 사례를 들지 않으면 어떻게 될까? 그냥 밋밋한 개괄적인 설명밖에 되지 않는다. 책에 구체적인 아이디어, 재미있는 이야기, 재치 있는 인용문이 들어가지 않으면 어떻게 될까? 한마디로 지루하기 짝이 없는 책이 되고 만다. 실증은 아이디어에 살을 붙이는 것이다.

저술가이자 소방관인 피터 레샥Peter Leschak은 다음과 같이 주장했다.

"TV, 시간기록계, 고속도로 교통량 같은 것을 신경 써서 보는 사람은 많지만, 무언가를 가만히 관찰하는 사람은 거의 없다. 모두들 눈은 뜨고 있어도 마음의 눈으로 보는 사람은 많지 않다."

이 말은 되돌아볼 장소를 찾고 의도적으로 멈춰 교훈이 따라올 틈을 주는 사람에게는 해당되지 않는다.

⚜ 인생에 질문하는 습관

잠깐 멈춰 되돌아볼 때마다 나는 가장 먼저 나 자신에게 질문한다. 생각을 하다가 벽에 부딪혀도 나 자신에게 질문한다. 성장을 위해 새로운 것을 배우거나 어떤 영역을 좀 더 깊이 파고들 때도 마찬가지다. 나는 질문하면서 많은 시간을 보낸다. 질문하는 것은 좋은 습관이다. 앤서니 로빈스Anthony Robbins는 "성공하는 사람들은 더 좋은 질문을 던지기에 더 좋은 답을 얻는다."고 했다.

  좋은 질문이 성장에 얼마나 중요한지는 아무리 강조해도 지나치지 않다. 특히 초점이 있는 질문은 창조적인 생각으로 이어진다. 왜 그럴까? 명쾌한 질문은 문제의 핵심을 꿰뚫어 새로운 아이디어와 지혜를 불러오기 때문이다.

  정직한 질문은 확고한 소신을 낳는다. 훌륭한 질문은 훌륭한 삶의 밑거름이 된다. 영국의 철학자 프랜시스 베이컨은 "확신으로 시작하는 사람은 의심으로 끝나고, 의심으로 시작하는 사람은 확신으로 끝난다."고 천명했다.

⚜ 나에게 묻는다

다른 사람에게 효과적인 질문 방법을 가르치는 것은 어려운 일이다. 질문을 각자가 처한 상황에 맞게 수정해야 하기 때문이다. 여기에서는 내가 내 자신에게 사용하는 질문을 소개하고자 한다.

1. 나의 가장 큰 장점은 무엇인가?

예나 지금이나 나의 가장 큰 장점은 태도attitude다. 내게 긍정적인 태도의 가치를 가장 먼저 가르쳐준 사람은 아버지, 멜빈 맥스웰이다. 아버지의 사고방식은 본래 꽤 비관적이었지만, 노먼 빈센트 필 Norman Vincent Peale 등의 저작을 읽으며 그것을 극복했다.

내 아내 마거릿의 사고방식은 상당히 긍정적이다. 우리 부부는 종종 '왜 남들은 우리보다 훨씬 더 많은 문제를 안고 살아가는가' 하고 궁금해했다. 결론은 간단했다. 우리 부부라고 해서 남들보다 문제가 적은 것은 아니었다. 다만 우리는 그런 문제들로 인해 기가 죽거나 우리가 중요시하는 일에서 눈을 돌리지 않았을 뿐이다.

나의 가장 큰 장점을 묻는 질문에 답하는 것이 왜 중요한가? 장점을 되새겨보면서 계속해서 긍정적인 자세를 갈고닦을 힘이 생기기 때문이다. 그리고 내가 다른 사람들을 위해 가장 잘할 수 있는 일이 무엇인지 다시 한 번 깨닫게 되었다. 이를 통해 그들의 삶에 긍정적인 기운을 불어넣고 신뢰를 보냄으로써 그들이 더욱 힘차게 나아갈 수 있게 했다.

2. 나의 가장 큰 단점은 무엇인가?

가장 큰 단점은 뭐니 뭐니 해도 비현실적인 기대를 품는 것이다. 나는 천성이 낙천적이라 어떤 일에 필요한 시간, 돈, 노력을 과소평가하는 바람에 간혹 곤란을 겪는다.

나의 가장 큰 단점을 떠올리는 것이 성장에 어떻게 도움이 됐을까? 무엇보다 타인에 대한 기대를 줄이게 되었다. 기대를 좀 더 현실적으로 바꾸자 우리 팀을 실패가 아닌 성공으로 이끌기가 한결 수월해졌다. 또한 팀원들의 목표와 조직의 목표를 더욱 현실적으로 설정할 수 있었다.

3. 나를 가장 행복하게 하는 것은 무엇인가?

가족은 나에게 가장 큰 행복의 근원이다. 마거릿은 내 아내이자 가장 좋은 친구다. 나는 마거릿이 없는 삶은 상상조차 할 수 없다. 우리 부부는 지금 할아버지, 할머니가 되어 인생에서 가장 행복한 시절을 보내고 있다.

4. 나를 가장 힘들게 하는 것은 무엇인가?

아이러니하게도 나를 가장 힘들게 하는 것 역시 가족이다. 나는 가족을 한없이 사랑하지만 그들이 자기 인생에 찾아온 선택을 스스로 하도록 내버려둬야 하기 때문이다. 성격상 그것은 나에게 몹시 어려운 일이었다. 우리 아이들이 10대였을 때 나는 론 블루Ron Blue, 하워드 헨드릭스와 대화를 하던 중에 이렇게 물었다.

"도대체 부모 노릇은 언제까지 해야 하는 겁니까?"

두 사람의 대답은 똑같았다.

"부모 노릇에 끝은 없지요."

맞는 말이다. 그러면 나를 가장 행복하게 하는 것도 가족이고, 가장 힘들게 하는 것도 가족이라는 깨달음이 성장에 어떻게 보탬이 되었을까? 가족과 함께하는 시간을 더욱 소중히 여기고, 다 큰 손자들이 직접 조언을 구하기 전에는 그들의 선택에 일절 관여하지 않게 되었다.

5. 내게 가장 소중한 감정은 무엇인가?

나는 사랑보다 소중한 감정은 없다고 생각한다. 자기가 하는 일, 가족과 친구, 나아가 원수를 사랑할 때 인생은 절정에 이른다. 나는 신앙인이기에 하나님께서 내게 그런 삶을 요구하신다고 믿는다. 물론 그러한 삶은 내가 진심으로 바라는 것이기도 하다. 이 깨달음이 성장에 어떤 도움이 되었을까? 나는 사랑은 저절로 되는 것이 아니라 사랑하기로 마음먹고 노력해야 가능하다는 것을 알게 되었다. 내 바람대로 타인을 사랑하려면 그러한 의도를 가지고 날마다 사람들을 사랑하겠다고 결심해야 한다.

6. 내게 가장 쓸모없는 감정은 무엇인가?

나뿐 아니라 누구에게나 가장 부질없는 감정은 자기연민이다. 자기연민은 삶을 갉아먹으며 제 몸집만 키운다. 유진 피터슨은《대지와 제단》Earth and Altar에서 다음과 같이 썼다.

> 연민pity은 인간이 품을 수 있는 가장 고귀한 감정이지만, 자기연민self-pity은 가장 천박한 감정이라고 할 수 있다. 연민은 다른 사람의 고통을 함께하며 손을 쓸 수 있지만, 자기연민은 자신의 현실 인식을 심각하게 왜곡해 두 손과 두 발을 묶어버리는 감정의 병이다. 연민은 다른 사람에게서 사랑과 치유의 필요성을 발견하고 힘을 주는 말과 행동을 하게 하지만, 자기연민은 우주 만

물을 개인의 상처로 축소해 자신이 더 중요하다는 증거로 들이밀게 한다. 연민은 자비로운 행동을 일으키는 아드레날린이지만, 자기연민은 중독성 있는 마약으로 인생을 낭비하고 폐인이 되게 한다.

나는 자기연민의 부정적 효과를 잘 알기 때문에 무조건 피하려고 한다. 자기연민은 도움은커녕 언제나 해만 될 뿐이다.

7. 나의 가장 좋은 습관은 무엇인가?

1800년대에 런던 세인트 폴 대성당의 참사회장(참사회는 성당 행정에 관한 안건을 심의하는 기구 —옮긴이)을 지낸 헨리 리든Henry Liddon은 "우리가 중대한 순간에 무엇을 하는지는 우리가 누구인지에 달려 있고, 우리가 누구인지는 지난 세월 자기 수양의 결과"라고 했다. 나는 이 말을 한 치의 의심도 없이 믿는다. 내가 날마다 원칙을 지키려고 노력하는 이유 중 하나도 바로 그 때문이다. 나는 어떤 사람의 성공 비결을 알고 싶으면 그의 일상을 보면 된다고 생각한다.

가장 좋은 습관을 질문하면 건강을 위한 원칙과 관련해 내 약점이 드러난다. 나는 좋은 식습관을 기르는 것이 평생의 숙원 사업이다. 규칙적인 운동도 심장마비를 겪고 나서야 시작할 만큼 좋은 습관 기르기가 쉽지 않았다. 지금은 좋은 습관을 기르기 위해 꾸준히 노력하고 있다.

8. 나의 가장 나쁜 습관은 무엇인가?

가장 나쁜 습관은 누가 뭐래도 조급함이다. 어린시절부터 조급한 편이었는데 자라면서 아예 습관으로 자리 잡고 말았다. 어릴 때 할아버지 댁에 가면 할아버지는 형과 나를 의자에 앉히고 5분 동안 얌전히 앉아 있으면 5센트를 주겠다고 했다. 형은 매번 5센트를 받았지만 나는 단 한 번도 받은 적이 없었다!

내 경험에 따르면 인생에는 부단히 애써야 얻게 되는 것이 있고, 끈기 있게 기다려야 얻게 되는 것도 있다. 나는 여전히 기다림을 배우기 위해 노력하고 있다. 아무래도 죽는 날까지 목표로 해야 할 듯하다.

9. 나에게 가장 큰 성취감을 주는 것은 무엇인가?

내가 가장 좋아하는 것은 사람들과의 소통이다. 사람들과 소통을 할 때마다 나는 내가 강점 영역에 들어와 있음을 안다. 나는 그 안에서 가장 큰 성취감을 느끼고 또 가장 큰 영향력을 발휘한다. 그럴 때 내 마음속 깊은 곳에서 '나는 이 일을 하려고 태어났어' 하는 소리가 들려온다.

사회생활을 시작하고 얼마 지나지 않아 내가 사람들과 통할 때 가장 큰 성취감을 느낀다는 사실을 알게 되었다. 당시 나는 언변을 길러야겠다는 생각을 했다. 달변과는 좀 거리가 있던 나는 10년 이상 그 방면에서의 성장에 힘을 쏟았다. 나는 지금도 사람들과 더욱 진솔하게 소통할 수 있는 사람으로 성장하고자 노력하고 있다.

요즘 들어 나 자신에게 이 질문을 할 때 가장 좋은 점은 초점을 잃지 않고 계속해서 타인과 나에게 가장 가치 있는 일을 하게 된다는 것이다.

10. 나의 보물 1호는 무엇인가?

나에게 신앙보다 소중한 것은 없다. 신앙은 내 가치관을 형성하고 내 행동을 이끈다. 또한 신앙은 내 리더십 교육의 토대이자 삶의 원동력이고 버팀목이다. 테레사 수녀는 "신앙은 그것을 지키는 사람을 지켜준다."고 했다. 이 말에 전적으로 공감한다.

저술가 필립 얀시Philip Yancey는 신앙을 "지나고 나서야 이해할 수 있는 것을 미리 믿는 것"이라고 말했다. 나에게는 신앙의 관점에서 삶을 바라보려고 노력한다. 내게 그런 시각이 없다면 쉽게 길을 벗어날 수 있기 때문이다.

실제로 나는 위의 열 가지 질문을 통해 삶을 되돌아보고 나 자신을 더 많이 알아가고 있다. 인생의 어떤 영역에서든 자신에게 질문을 던지면 잠깐 멈춰 뒤돌아보고 배우는 데 도움이 된다. 가령 '관계'라는 영역에서 성장하고 싶다면 자신에게 다음과 같이 질문할 수 있다.

1. 나는 사람들을 소중히 여기는가?
2. 내가 소중히 여긴다는 것을 당사자가 아는가?
3. 나는 그것을 어떻게 드러내는가?
4. 나는 가장 중요한 관계에서 '보탬'이 되는가, '해악'이 되는가?

5. 내 생각이 올바르다는 증거는 무엇인가?
6. 내가 사랑하는 사람들이 쓰는 사랑의 언어는 무엇인가?
7. 나는 그들에게 어떻게 도움을 줄 수 있는가?
8. 살아오면서 누군가를 용서해준 적 있는가?
9. 감사한다는 말을 전해야 하는 사람이 있는가?
10. 누구에게 더 많은 시간을 써야 하는가?

또한 잠깐 멈춰 '성장'이라는 영역에서 자신이 지금 어디에 있는지 확인하고 싶다면 다음과 같이 질문할 수 있다.

1. 나는 성장의 법칙 열다섯 가지를 알고 실천하고 있는가?
2. 내가 가장 잘 실천하는 법칙 세 가지는 무엇인가?
3. 내가 가장 약한 법칙 세 가지는 무엇인가?
4. 나는 날마다 성장하고 있는가?
5. 나는 성장을 위해 날마다 무엇을 하고 있는가?
6. 나는 어떻게 성장하고 있는가?
7. 내 성장의 걸림돌은 무엇인가?
8. 내가 계속 성장하려면 어떤 돌파구를 마련해야 하는가?
9. 오늘 내게 깨달음의 순간이 있었다면 언제인가?
10. 나는 그 순간을 붙잡았는가?
11. 나는 내가 배우는 것을 다른 사람들에게 전하고 있는가?

인생에서 성취하고 싶은 것이 무엇이고 현재 그 여정에서 어디에 있느냐에 따라 오늘 중점적으로 살펴봐야 할 영역이 달라진다. 더불어 그 영역에서 자신에게 던져야 할 질문도 달라진다. 그렇지만 가장 중요한 것은 그 질문과 답을 직접 적어보는 것이다. 왜냐하면 적기 전과 적은 후의 생각이 다르기 때문이다. 답을 적어보면 자신이 정말로 알고 생각하고 믿는 것을 좀 더 명확하게 볼 수 있다.

생각하는 여유

해야 할 일이 산더미라서 불만인가? 괜히 사서 고생하게 만든다고 투덜거리고 있는 것은 아닌가? 충분히 그럴 수 있다. 그래서 대다수가 그냥 무시해버린다. 하지만 위에서 제시한 대로 실천할 경우 그 정성이 헛되이 끝나는 일은 결코 없다.

  인생의 시간이 멀리 나아갈수록 잠깐 멈춰 생각하는 여유가 중요해진다. 나이가 들수록 목적을 간직하고 자신의 사명을 다할 시간이 줄어드는 까닭이다. 그래도 반가운 소식이 있다. 인생길에서 성장을 위해 부지런히 노력하면 목적을 이루기 위한 준비가 한결 수월해진다는 점이다. 큰 변화를 일으키거나 진로를 바꾸는 것도 이전보다 쉽게 가능해진다.

  몇 년 전 내 친구 밥 버포드가 《하프타임》Halftime이라는 훌륭한 책을 냈다. 이 책의 주요 내용은 잠깐 멈춰 성장이 따라올 틈을 주라는 것이다. 밥은 인생의 전반전에서 성공을 경험한 독자에게 걸음을 멈추고 인생의 후반전에 하고 싶은 일이 무엇인지 생각해보라고 권한다. 여기에 그의 조언을 옮긴다.

자기 삶의 사명을 모르면 인생의 후반전에서 멀리 갈 수 없다. 당신의 사명을 한두 문장으로 표현할 수 있는가? 사명을 알아내려면 자기 자신에게 질문(그리고 적나라할 만큼 정직한 대답)을 해야 한다. 나는 무엇에 열정을 느끼는가? 나는 무엇을 이뤘는가? 내가 남달리 잘하는 것은 무엇인가? 나는 어떤 사람들과 어울리고 있는가? 나는 어디에 속해 있는가? 인생의 전반전 동안 나를 따라다닌 미해결 과제는 무엇인가? 이러한 질문을 하면 마음속으로 갈망하는 자신의 모습을 향해 방향을 잡을 수 있고 자신의 사명을 찾는 데도 도움이 된다.

성장 목표는 잠재력 발현에 있다는 사실을 잊지 말자. 그러기 위해서는 날마다 잠깐 멈춰 자신을 되돌아보고 질문하기를 그치지 않아야 한다.

The Law of Reflection

...

'되돌아보기의 법칙' 적용하기

1. 잠깐 멈춰 되돌아보기에 좋은 장소를 마련했는가? 만약 그렇지 않다면 지금 당장 마련하자. 먼저 자신에게 맞는 환경을 파악하자. 지금까지 내가 선택한 장소는 집 밖에 있는 바위, 아무도 나를 방해하지 않을 외딴방, 내 집무실의 특수 의자 등이다. 자신에게 맞는 공간을 찾아 효과가 떨어지기 전까지 계속 사용하자.

2. 잠깐 멈춰 되돌아볼 시간을 정하자. 그렇지 않으면 항상 다른 일에 치여 그냥 넘어가기 십상이다. 가장 이상적인 것은 날마다 잠들기 전에 짧게 시간을 내고(10~30분), 그와 별도로 1주일에 한 번씩 시간(1~2시간)을 정하는 것이다. 또한 몇 달에 한 번씩 날을 잡거나(반나절) 1년에 한 번 오랫동안(최소 하루, 최대 1주일) 되돌아보는 것이다. 멈춤의 일정을 달력에 적고 절대로 어겨서는 안 될 약속처럼 지켜야 한다.

3. 만화가 헨리 아널드Henri Arnold는 "현자는 자신에게 묻고 바보는 타인에게 묻는다."고 했다. 되돌아보기의 법칙이 효력을 발휘하려면 생각하는 시간에 의도성이 있어야 한다. 그러려면 자신에게 까다로운 질문을 던져야 한다.
현재 어느 영역에서 성장이 긴급한가? 자기관리인가? 도저히 손쓸 수 없을 것 같은 문제가 있는가? 경력이 계속 제자리걸음인가? 인생에서 가장 중요한 관계를 맺으려고 애쓰는데 뜻대로 되지 않는가? 자신의 목적을 다시 살펴봐야 하는가? 인생의 후반전에 해야 할 일을 찾아야 하는가?
문제가 무엇이든 되돌아보는 시간을 내고 그와 관련된 질문을 만들고 답을 적어보자.

The 15 INVALUABLE LAWS OF GROWTH

THE LAW OF CONSISTENCY

| 제 5 장 |
끈기의 법칙

성공하는 모든 사람의 공통점은
1만 시간의 성실함이다

끈기는 탁월함을 가늠하는 지표, 위대함을 알아보는 시금석이다.
- 짐 트레슬

강연자로 나서게 되었을 때 나는 사람들이 성공하도록 도우려면 무엇보다 동기 부여가 중요하다고 믿었다. '올바른 방향으로 움직이게 하면 모두 성공할 것'이라고 생각했기 때문이다. 나는 사람들이 열심히 일할 이유를 찾도록 최선을 다했다. 어떻게든 마음을 움직이고 미소를 찾아주고 싶었다. 내 목표는 의욕을 불어넣어 호랑이 굴에라도 뛰어들도록 하는 데 있었다.

  그 목표를 달성하고 나면 나는 뿌듯한 마음으로 강연장을 나섰다. 그러나 그렇게 열심히 동기를 불어넣어도 단지 그때뿐, 대부분 금방 시들해졌다.

  물론 나는 지금도 동기 부여가 중요하다고 믿는다. 격려받는 것을 싫어하는 사람은 없다. 누구나 의욕이 생기길 바란다. 하지만 성장을 말할 때 꼭 기억해야 할 점은 '동기는 사람을 움직이지만, 원칙은 사람을 계속 성장하게 한다'는 것이다. 이것이 끈기의 법칙이다. 재능이나 기회가 많고 적고를 떠나 성장의 열쇠는 끈기이다.

⚜ 성장에 관한 네 가지 질문

탄탄하고 일관성 있게 성과를 내고 싶다면 탄탄하고 일관성 있게 성장해야 한다. 이를 위해서는 어떻게 해야 할까? 무엇보다 개선 대상, 방법, 이유, 시기를 알아야 한다. 그러면 성장과 관련된 다음의 네 가지 질문을 꼼꼼히 따져보자.

1. '무엇을' 개선해야 하는가?

언론인으로 활동한 조지 로리머George Lorimer는 "밤마다 흡족한 마음으로 잠자리에 들려면 아침마다 결의를 품고 일어나야 한다."고 말했다. 맞는 말이긴 하지만 그 결의가 향하는 방향을 아는 것도 매우 중요하다.

성공하려면 반드시 자기계발을 해야 한다. 어딜 가든 목적은 있지만 지속적으로 발전하지 못하는 사람들을 볼 수 있다. 그들에게는 성공하겠다는 포부도 있고 일도 적성에 맞지만 앞으로 나아갈 줄을 모른다. 그 이유는 일만 완벽하게 하면 그만이지 자신이 완벽해질 필요는 없다고 생각하기 때문이다.

이것은 큰 착각이다. 미래는 성장에 달려 있다. 날마다 자신을 갈고닦으면 가능성으로 가득 찬 미래가 보장된다. 당신이 성장하면 시야가 트이고 기회가 늘어나며 잠재력이 향상된다.

만약 내가 사회생활을 시작한 1969년부터 완벽한 업무 능력을 익히는 데 온 힘을 기울였다면 절대로 성장하지 못했을 것이다. 다행히 나는 자기계발에 집중했고 덕분에 사람들을 돌보는 사람에서 이끄는 사람으로 성장할 수 있었다. 더불어 여러 사람에게 말하는 사람에서 책을 집필하는 사람이 되었고, 작은 종교 조직에 영향을 미치다가 온갖 종류의 조직에 영향을 미치게 되었다. 그뿐 아니라 영향력도 지방에서 전국으로, 전 세계로 확대되었고 조직을 운영만 하다가 아예 설립하고 키우는 역할까지 맡게 됐다.

어떻게 된 것일까? 내가 '무엇'을 했는지 보면 그 이유를 알 수 있다. 나는 보다 나은 일을 하거나 더 높은 자리에 오르려 한 것이 아니라, 더 나은 사람으로 성장하려 했다. 그러자 미래가 열렸고 생각보다 훨씬 더 많은 것을 성취하게 되었다. 앨버트 그레이 Albert Gray는 이렇게 말했다.

"성공하는 사람에게는 실패하는 사람들이 회피하는 일을 하는 습관이 있다. 성공하는 사람도 그런 일을 싫어하기는 마찬가지지만 그런 마음은 목적의 힘 앞에서 무릎을 꿇는다."

목적에 시선을 고정하고 그것을 달성하기 위해 성장에 힘을 쏟으면, 잠재력을 발현하고 가능성을 키우며 뜻 깊은 일을 할 확률이 그만큼 높아진다는 뜻이다.

2. '어떻게' 개선해야 하는가?

'어떻게' 개선해야 하는가의 문제는 내가 동기 부여를 말하는 사람에서 동기 부여를 가르치는 사람으로 탈바꿈하는 데 큰 영향을 미쳤다. 나는 내 강연을 들은 사람들이 의욕만 충만할 뿐 정작 앞으로 어떻게 해야 할지는 모르는 채로 강연장을 나서게 하고 싶지 않았다. 성장하려면 지식, 경험, 코칭이 필요하다. 당신 자신을 어떻게 개선해야 하는지 아는가? 아직 모른다면 다음의 네 가지 제안대로 시작해보자.

성격 유형에 맞는 동기를 품는다
동기가 유발되는 방식과 그 근원은 사람마다 다르다. 지속적으로 성장하는 것은 쉽지 않지만 그 가능성을 조금이라도 키우고 싶다면 일단 자신의 성격 유형을 제대로 알아야 한다. 성격 유형을 분류하는 방식은 수십 가지다. 그중에서 나는 플로렌스 리타우어Florence Littauer가 고대의 기질론을 토대로 정리한 분류법을 좋아한다. 그것을 간단히 설명하면 다음과 같다.

첫 번째 성격 유형은 점액질phlegmatic이다. 점액질 유형의 사람은 느긋하고 쉽게 호감을 산다는 장점이 있다. 반면 타성에 빠지기 쉽다는 단점도 있다. 점액질 유형의 사람이 스스로 동기 부여를 하려면 어떻게 해야 할까? 자기가 해야 하는 일에서 가치를 찾으면 된다. 이러한 유형은 무엇을 하든 그 속에서 가치를 발견하면 다른 어떤 유형보다 굳센 의지가 생긴다.

두 번째 성격 유형은 점액질의 반대편에 있는 담즙질choleric이다. 담즙질 유형의 사람은 쉽게 주도권을 잡고 재빨리 결정을 내린다는 장점이 있다. 그러나 주도권이 없으면 아예 참여하지 않으려고 한다. 담즙질 유형의 사람이 내면에서 동기를 일으키려면 자신이 어떤 선택을 할 수 있는지 살펴보면 된다. 사람은 누구나 자신의 성장에 대한 주도권을 쥐고 있다. 따라서 담즙질 유형은 앞으로 어떻게 성장할지 결정하고 그것을 굳게 지키면 된다.

세 번째 성격 유형은 모든 유형 중 가장 놀기 좋아하는 다혈질sagu-ine이다. 이들은 어디를 가나 활력소 노릇을 톡톡히 한다. 그러나 집중력이 조금 부족하다는 단점이 있다. 다혈질 유형의 사람이 성장 동기를 품으려면 성장을 놀이로 만들면 된다. 그게 어렵다면 성공할 때마다 자신에게 상을 주는 것도 하나의 대안이다.

마지막 유형은 우울질melancholic이다. 이들은 완벽주의자로 세세한 것까지 모두 다 고려하고 꼼꼼하다. 그러나 만사에 완벽을 추구하기 때문에 실수를 두려워한다. 우울질 유형의 사람이 두려움을 넘어 자신에게 동기를 불어넣으려면 세세한 것까지 놓치지 않고 배우면서 관심 분야의 달인이 되어가는 과정 자체에 집중하는 것이 좋다.

각각의 성격 유형 모두 장점이 있다. 성공을 위해 동기 부여를 한다면 자기 성격의 장점을 활용하는 것이 좋다.

간단한 것부터 시작한다

사람들이 처음 원예를 할 때 가장 많이 저지르는 실수가 무엇인지 아는가. 바로 한꺼번에 너무 많은 것을 하려는 것이다. 그 결과는 당연히 좌절이다. 단시간에 많은 것을 하려고 하면 열에 아홉은 원하는 결과를 얻지 못한다. 그러면 자연히 의욕이 떨어진다.

의욕을 높이는 비결은 간단한 것부터 시작하는 데 있다. 만화《피너츠》에서는 그런 태도를 익살스럽게 표현하고 있다.

여느 때처럼 삼진아웃을 당한 찰리 브라운이 더그아웃으로 돌아와 벤치에 털썩 주저앉으며 투덜댄다.

"에잇, 난 절대로 빅 리그에서 뛰지 못할 거야. 나에겐 소질이 없어! 빅 리그에서 뛰는 게 평생소원이지만 일찌감치 꿈 깨야지 뭐."

그러자 언제나 조언을 아끼지 않는 루시가 대답한다.

"찰리 브라운, 너무 멀리 바라보지 마. 지금은 더 긴급한 목표를 정해야지."

"긴급한 목표라고?"

많은 사람이 그렇듯 찰리도 그런 생각을 해본 적이 없었다.

"그래. 다음 회부터 시작하는 거야. 공을 던지러 갈 때 마운드까지 넘어지지 않고 갈 수 있는지 보라고!"

기업가 이안 맥그리거Ian MacGregor의 말에도 깊은 의미가 담겨 있다.

"나는 말을 훈련시키는 사람과 똑같은 방법으로 일을 한다. 낮은 장애물, 즉 쉽게 달성할 수 있는 목표부터 시작해서 점점 어려운 목표로 나아가는 것이다. 경영자는 직원들이 감당할 수 없는 목표를 정해놓고 그것을 달성하라고 종용해서는 안 된다."

기운을 얻고 의욕도 높이고 싶다면 일단 가치 있고 쉽게 달성할 수 있는 목표부터 세워야 한다. 먼저 기본을 익히자. 그런 다음 그것을 하루도 거르지 말고 실천하자. 날마다 작은 원칙을 끈기 있게 지키면 서서히 커다란 성취에 이르게 된다. 날마다 간단한 것을 실천하면 성장하기가 한결 쉽다.

성장하고 싶다면 큰일을 노리기보다 작은 일에 힘쓰자. 앤드루 우드Andrew Wood도 다음과 같이 말했다.

"목표를 달성하려고 노력할 때 많은 사람들이 단번에 꿈을 이룰 대승리, 홈런, 마법의 해법을 찾는 것 같은 잘못을 저지른다. 대승리를 거두려면 반드시 그 전에 작은 승리를 많이 거둬야 하는 법이다. 성공은 대개 어마어마한 행운이 아니라 단순하고 점진적인 성장에서 비롯된다."

인내한다

인내하라는 조언이 가장 필요한 사람은 바로 나 자신이다. 제4장에서 말한 대로 나의 가장 큰 약점은 조급함이다. 아무래도 그 원인은 나 자신과 다른 사람에게 비현실적인 기대를 하기 때문인 것 같다. 내가 하고 싶어 하는 일은 대개 예상보다 시간이 오래 걸린다. 내가 주도하는 활동은 생각보다 힘이 많이 들고, 내가 시도하는 프로젝트는 계획보다 지출이 많다. 또한 내가 다른 사람에게 맡기는 작업은 기대보다 복잡하다. 그러다 보니 때론 '인내란 미덕의 탈을 쓴 작은 절망'이라는 말에 고개가 끄덕여지기도 한다.

나만 그런 것은 아니다. 아마도 많은 미국인이 우리들의 문화 자체가 인내와 거리가 멀다는 데 동의할 것이다. 미국인은 뭐든 빨리 하고 싶어 한다. 여기저기에 패스트푸드점과 단기 체중감량원이 들어서는 이유도 여기에 있다. 패스트푸드를 먹으면서 체중감량이라니! 그것도 단기간에 말이다.

페르시아의 시인 사디는 "인내하라. 무엇이든 처음에는 어렵지만 점점 쉬워지게 마련이다."라는 명언을 남겼다. 그야말로 탁월한 조언이다. 많은 사람이 너무 일찍 포기하는 탓에 조금만 더 가면 큰 성취가 있다는 사실을 깨닫지 못한다. 인생에서 가치 있는 것은 모두 오랫동안 땀을 흘려야만 얻을 수 있는 법이다. 남다르게 성장하고 성취하는 사람들은 하나같이 인내와 끈기의 힘을 보여주었다.

과정을 소중히 여긴다

배움에 가장 큰 도움을 주는 것은 성장 과정을 소중히 여기고 즐길 줄 아는 자세다. 성장은 길고 긴 여정이므로 이왕이면 그 길을 즐겁게 걷는 것이 좋지 않을까.

몇 년 전, 내 친구인 번 아미티지와 그의 아내 샬린을 초대해 저녁 식사를 함께한 적이 있다. 샬린은 성공한 라이프 코치로 많은 의뢰인들을 상대하고 있었다. 나는 그녀에게 코칭을 할 때 어디에 중점을 두느냐고 물었다. 그녀의 대답에는 사람들이 성장하고 인생의 방향을 바꾸고자 할 때 반드시 거쳐야 하는 과정이 그대로 녹아 있었다.

"인생의 목표를 달성하려면 연간 목표를 설정해야 해요. 연간 목표를 달성하기 위해서는 그날그날의 목표를 달성해야 하죠. 우리가 그날그날의 목표를 달성하기 위해 하는 일은 처음엔 불편할 수 있지만 꾸준히 하다 보면 습관이 돼요. 습관에는 대단한 힘이 있지요. 행동을 자세로, 자세를 생활양식으로 발전시키니까요."

혹시 '내일부터 그렇게 해서 의욕적으로 성장해야지' 하는 생각을 하고 있는가? 정말로 성장하고 싶다면 오늘에 온 힘을 기울여야 한다. 오늘을 소중히 여기고 즐길 줄 알면 오늘에 투자하게 된다. 그리고 오늘 딛는 작은 걸음이 미래의 큰 걸음으로 이어진다.

잭 웰치는《잭 웰치 승자의 조건》에서 이렇게 썼다.

"딱 한 번 보란 듯이 크게 성공하면 자신감 문제가 완전히 해결될 거라고 믿는 사람이 정말 많다. 하지만 그런 것은 영화 속 이야기일 뿐이다. 현실에서 통하는 전략은 정반대다. 이른바 '작은 승리' 기법이다."

이어 잭이 처음 발표자로 나섰던 이야기가 나온다. 그는 15분 동안 발표할 내용을 종이에 꼼꼼히 기록하고 수없이 연습했지만 결과는 재앙에 가까웠다. 그 경험을 통해 발표 능력을 조금씩 향상시키겠다는 목표를 세운 그는 그 과정을 소중히 여기며 목표를 달성해 나갔다. 두려움이나 실패가 자신을 집어삼키도록 내버려두지 않고, 오히려 패배를 똑바로 들여다보면서 잘못된 부분을 밝히고 새로운 목표를 세워 다시 시작했다.

"때가 되면 알게 되겠지만 실패는 언제나 유익한 교훈을 준다. 그래서 우리는 실패를 겪으면 마음을 추스르고 다시 뻗어 나갈 수 있다. 그것도 훨씬 대담하게 말이다."

잭 웰치의 그런 전략은 큰 성공을 거뒀다.

"지금 나는 빈손으로 수천 명 앞에 나가서 질문을 받고 답하는 게 조마조마하기는커녕 오히려 재미있기만 하다."[1]

과정을 소중히 여기지 않으면 이러한 발전은 꿈도 꿀 수 없다.

3. '왜' 개선이 필요하다라고 생각하는가?

지속적으로 성장하려면 자신이 무엇을, 어떻게 개선해야 하는지 알아야 한다. 그렇지만 '왜'를 모르면 아무런 소용이 없다. '무엇을'과 '어떻게'만으로는 한계가 있기 때문이다. 왜 그래야 하는지 알아야 처음에 샘솟은 기운과 열정이 시들해져도 오랫동안 의욕을 유지할 수 있다. 그러면 의지력만으로는 버거운 상황도 버텨낼 수 있다. 이것이 바로 '왜'의 힘이다.

내가 좋아하는 한 이야기가 있다.

한 외판원이 호텔 식당에 앉아 창밖으로 앞이 보이지 않을 만큼 세차게 휘몰아치는 눈보라를 보고 있었다. 그때 웨이터가 다가오자 그가 물었다.

"내일 아침에 차를 끌고 나갈 수 있을까요?"

웨이터가 대답했다.

"손님이 월급제냐 성과급제냐에 따라 달라지겠지요."

강력한 '왜'가 있으면 배움의 원칙을 지키기가 어렵거나 맥이 빠지거나 지겹더라도 계속 전진할 힘이 생긴다. 성장과 가치관, 꿈, 목적이 하나로 이어질 경우 성장의 이유를 알게 된다. 그러면 끝까지 버티기가 한결 쉬워진다.

당신에게 '왜'가 있는지 알아보고 싶은가? 다음의 일곱 가지 질문에 답을 하면 자신의 '왜'가 일관성 있는 성장에 든든한 버팀목이 될 수 있는지 알 수 있다.

질문 1: 중요한 일을 자꾸만 뒤로 미루는가?

질문 2: 누가 시켜야만 일을 하는가?

질문 3: 그냥 먹고살기 위해 일하는가?

질문 4: 자신의 일에 대해 계속 부정적인 말을 하는가?

질문 5: 친구의 격려가 오히려 짜증스러운가?

질문 6: 작은 일을 벌였다가 포기해버리는가?

질문 7: 자기계발 기회를 회피하는가?

'그렇다'고 대답한 질문이 많을 경우, 아직 성장을 지속할 만큼 크고 강한 '왜'가 없다고 보면 된다. 어렸을 때 내 어머니는 내게 끊임없이 '왜'를 통해 꾸준히 성장하게 했다. 이를 테면 "이 야채를 다 먹으면 맛있는 후식을 줄게."라고 말했다. 어머니는 내가 야채를 먹어야 하는 이유를 알면 먹기 싫어도 먹게 된다는 것을 알았다.

그런 훈련은 내 성공의 발판이 되었다. 덕분에 동기와 원칙이 어떤 관계인지 깨달았기 때문이다. 따지고 보면 동기와 원칙은 동전의 양면과 같다. 적절한 동기가 있으면 원칙을 지키는 게 전혀 문제되지 않는다. 그러나 동기가 부족하면 원칙을 지키는 게 늘 골칫거리가 된다.

'왜'가 점점 더 많아지면 성장을 위해 노력하겠다는 의지가 시들지 않는다. 우리는 모두 인생의 꿈이 있다. 그런데 꿈을 이루려는 이유가 타당할수록 실제로 꿈을 이룰 확률도 높다. 이러한 원리는 성장에도 적용된다. 성장의 이유가 많을수록 끝까지 해낼 확률도 높아진다. 물론 때로는 정말로 설득력 있는 '왜'가 하나만 있어도 충분하다.

케냐 출신의 세계적인 육상선수 버나드 라가트Bernard Lagat는 시드니 올림픽 때 인터뷰에서 케냐에서 훌륭한 육상선수가 수없이 배출되는 이유에 대해 이렇게 대답했다.

"길가에 세워진 경고판 때문입니다. 뭐라고 적혀 있는지 아십니까? 사자 조심!"[2]

NFL의 전설적인 코치 빈스 롬바르디는 "포기하는 법을 터득하면 그게 습관이 된다."고 했다. 이미 포기가 습관이 되어버렸다면 내 친구 대런 하디가 《누적 효과》The Compound Effect에서 권하는 조언을 따르도록 하자.

누적 효과란 작고 현명한 선택이 이어져 큰 보상을 얻는 원리를 말한다. 그 과정에서 가장 흥미로운 점은 결과가 엄청나도 거기에 이르는 단계에서는 그리 대단하게 보이지 않는다는 것이다. 건강, 관계, 재정 등 이 전략으로 향상시키려는 대상이 무엇이든 그 과정에서 일어나는 변화는 너무 미묘해 거의 눈치 챌 수 없을 정도다. 이렇듯 작은 변화에서는 즉각적인 결과도, 큰 성공도, 그럴듯한 보상도 얻지 못한다. 그런데 왜 굳이 신경 써야 하는 걸까?

대부분의 사람은 누적 효과의 단순함을 견디지 못하고 포기한다. 예를 들면 일주일 동안 달린 뒤 몸무게가 그대로면 도중에 그만둔다. 또 여섯 달 동안 피아노 연습을 했지만 '젓가락 행진곡' 밖에 못 뗐다고 포기한다. 몇 년 동안 개인연금을 불입하다가 현

금으로 쓰는 게 낫겠다 싶어서 혹은 연금을 넣어봤자 큰돈은 안 될 거라며 도중에 해약하기도 한다. 이들은 작고 무의미해 보이는 단계를 오랫동안 완수하다 보면 나중에 어마어마한 변화가 일어난다는 사실을 깨닫지 못한다.

아무리 작고 사소한 것일지라도 오랫동안 꾸준히 선택하면 인생이 크게 바뀐다. 이때 자신이 '왜' 그런 선택을 했는지 기억하면 좀 더 쉽게 변화가 일어난다.

4. '언제' 개선해야 하는지 아는가?

이 퍼즐의 마지막 조각은 '언제'다. 언제 개선해야 할까? 당연히 오늘, 바로 지금이다. 레오 버스카글리아는 "내일을 위한 삶은 언제나 실현에서 하루 먼 삶이다."라고 말했다. 아직 시작하지 않았다면 지금 시작해야 한다. 오늘 하루하루를 충실히 살아가는 일을 말이다.

매일의 습관을 바꾸지 않으면 인생도 절대 바뀌지 않는다. 원칙은 목적과 성취를 이어주는 다리이고, 그 다리는 날마다 건너야 한다. 매일 하다 보면 자신도 모르는 사이에 그런 습관이 생기게 된다.

미래를 결정하는 것은 사람이 아니다. 사람은 습관을 결정하고 그 습관이 우리의 미래를 결정한다. 브라이언 트레이시는 "아침에 일어나 밤에 잠들 때까지 무슨 말과 행동을 하고 어떻게 반응하느냐는 거의 습관이 좌우한다."고 말했다.

매일의 습관 중에서 무엇을 바꿔야 할 것 같은가? 계속해야 할 것은 무엇인가? 아니, 이제 하지 말아야 할 것은 무엇인가? 상담 칼럼

니스트 애비게일 밴 뷰런Abigail Van Buren은 "나쁜 습관은 저절로 사라지지 않으며 만든 사람만이 없앨 수 있다."고 조언했다.

오늘 어떤 행동을 바꾸면 내일의 행동이 바뀔까? 어려운 일은 따지고 보면 제때 하지 않고 미뤄놓은 쉬운 일들이 쌓이고 쌓인 결과다. 누구나 날씬해지고 싶어 하면서도 그런 바람에 맞춰 올바른 선택을 하지는 않는다. 날마다 올바른 식습관을 유지하지 않고 운동도 하지 않으면 체중감량은 하늘의 별따기다. 반면 날마다 작지만 올바른 선택을 하면 멀지 않은 미래에 눈부신 결과를 볼 수 있다.

⚜ 잠재력의 한계

사실 일관성을 지키는 것은 어려운 일이다. 소설가 올더스 헉슬리Aldous Huxley는 "일관성은 자연의 법칙, 인생의 법칙을 거스르므로 완벽하게 일관적인 것은 죽은 사람들뿐"이라고 했다. 그러나 성공하려면 일관성을 지키기 위해 노력해야 한다. 이를 위해서는 각자 자신에게 맞는 방법을 찾아야 하지만 내게 통했던 방법이 도움이 될지도 모른다. 나는 목표가 아니라 성장을 의식하려 노력했다. 그 둘의 차이는 다음과 같다.

목표를 의식할 때	성장을 의식할 때
목적지에 초점을 맞춘다.	여정 자체에 초점을 맞춘다.
자신과 다른 사람에게 동기를 부여한다.	자신과 다른 사람을 성숙하게 한다.

> 때가 지나면 시들해진다.
> 자기 자신을 자극한다.
> 목표를 달성하면 끝난다.

> 평생 간다.
> 자기 자신을 변화시킨다.
> 목표를 넘어 계속 성장한다.

　나는 나와 타인 그리고 모든 사람의 잠재력을 믿기 때문에 너무 작은 목표를 정해 잠재력에 한계를 두고 싶지 않다. 사회 초년생 시절에 잠시 그렇게 해봤는데 그것은 나에게 제약이 되는 것 같았다. 자기 자신과 내면의 가능성을 믿는다면, 그래서 목표가 아니라 성장에 초점을 맞춘다면, 당신이 어디까지 성장하게 될지는 아무도 모른다. 그러니 자신을 믿고 꾸준히 노력하기만 하면 된다.

⚜ 하루하루 꾸준한 노력

음악 비평가 어니스트 뉴먼Ernest Newman은 이렇게 말했다.
　"위대한 작곡가는 영감을 받아 작곡을 시작하는 게 아니라 작곡을 시작하고 나서 영감을 받는다. 베토벤, 바그너, 모차르트, 바흐는 모두 날마다 마음을 다잡고 눈앞의 일에 정성을 기울였다. 그들은 영감을 기다리느라 시간을 낭비하지 않았다."
　현재 가장 유명하고 가장 활발하게 활동하는 작곡가 존 윌리엄스John Williams도 마찬가지다. 설령 그의 이름은 모를지라도 영화음악은 기억할 것이다. 《미지와의 조우》Close Encounters of the Third Kind에서 소통의 열쇠가 되는 5음계를 기억하는가? 《조스》에서 상어가 나타날 때마다 나오던 불길한 음악은? 《스타워즈》, 《레이더스》Raiders of the Lost Art, 《해리 포터》의 주제곡은? 모두 존 윌리엄스의 작품이다.

존은 뉴욕의 퀸스에서 재즈 음악가의 아들로 태어나 로스앤젤레스에서 자랐다. 그는 일찌감치 음악에 남다른 소질을 보였고 이탈리아 작곡가 마리오 카스텔누오보-테데스코Mario Castelnuovo-Tedesco에게 교습을 받았다. 공군 제대 후에는 줄리아드 음대에서 피아노를 공부하고 뉴욕의 클럽과 스튜디오에서 연주를 했다. 그리고 프란츠 왁스먼Franz Waxman, 버나드 허먼Bernard Herrmann, 알프레드 뉴먼Alfred Newman, 헨리 만시니Henry Mancini, 제리 골드스미스Jerry Goldsmith 같은 작곡가 밑에서 피아노 연주와 악보 작성, 작곡을 하게 되면서 영화계에 입문했다. 그가 처음으로 영화에 이름을 올린 것은 1960년이었다.[3]

존은 영화계에서 50년이 넘도록 꾸준히 활동하고 있다. 그동안 그는 영화음악 121편, 교향곡 1편, 협주곡 12편을 비롯해 수많은 작품들을 작곡했다. 아카데미상 후보로 45번 올라 5번 수상했고, 그밖에 골든글로브상 4번, 에미상 5번, 그래미상을 21번 받았다.[4] 물론 지금도 왕성하게 활동 중이다. 어떻게 그럴 수 있을까? 바로 끈기가 있었기 때문이다. 그의 말을 들어보자.

나는 아주 일찍부터 좋든 싫든 날마다 곡을 쓰는 습관을 길렀다. 좋은 날도 있고 그렇지 않은 날도 있지만 어쨌든 나는 날마다 하루를 충실히 보냈다는 생각이 들 때까지 곡을 쓴다. 영화 작업을 할 때는 당연히 주 6일 일하고, 그렇지 않을 때도 내가 작게나

마 공헌하고 있다는 느낌, 아니 그 과정에서 배우고 있다는 느낌이 드는 곡 혹은 음악 프로젝트에 매진한다.[5]

존은 동기를 찾지도 않고 영감이 오기를 기다리지도 않는다. 그저 매일 아침 일어나 작곡을 하는 것이 그의 원칙이다. 그는 곡이 완벽하기를 바라지 않는다. 다만 완성되기를 바랄 뿐이다. 만약 창작을 하다가 벽에 부딪힐지라도 존은 전혀 문제 삼지 않는다.

나는 벽에 부딪힌 적이 없다. 길이 막히거나 다음 번에 어디로 가야 할지 막막할 때면 나는 계속 뭐라도 쓰면서 작곡을 한다. 나에게는 그게 최선의 방법이다. 말도 안 된다고 여길지 모르지만 그렇게 하면 생각이 다음 단계로 진입할 수 있다. 나는 창작자들이 초조해하지 않고 오히려 옆으로 비켜서서 흐름이 뚫리게 하면 뮤즈가 우리를 앞으로 데려간다고 생각한다. 음악이 멋진 이유는 절대로 고갈되지 않기 때문이다. 작은 아이디어가 꼬리에 꼬리를 물고 이어진다. 그리고 계속해서 음악의 형태로 변형된다. 7, 8, 12음계만으로도 끝없이 변주곡을 만들 수 있으니 내가 볼 때 벽이라는 개념은 그저 우리가 뚫고 지나가야 할 대상일 뿐이다.[6]

존 윌리엄스의 인생과 작품 활동은 끈기의 법칙이 통한다는 증거다. 기분이 좋을 때나 상황이 편할 때만 일하는 사람은 절대로 성공할 수 없다. 성공 비결은 끈기 있게 끝까지 밀고 나가는 데 있다. 존 윌리엄스의 곡은 한평생 끈기 있게 원칙을 지킨 결과다. 또한 석세

스넷SuccessNet을 만든 마이클 앤지어Michael Angier의 "성공을 부르는 습관을 기르면 성공이 습관이 된다."는 말을 입증하는 증거이기도 하다.

존은 성공을 부르는 습관이 있다고 해서 우쭐대지 않았다.

"내 음악이 유명하다면 그만큼 우리 사회 구석구석에 영화가 스며들었다는 뜻이다. 시간이 흐르면 걸작을 뺀 모든 것이 기억에서 사라질 테지만 내 음악이 지금처럼 대접받는 게 나로서는 큰 행운이자 영예다."[7]

나는 존 윌리엄스의 음악과 삶에서 깊은 감명을 받았다. 당신도 그랬으면 좋겠다. 동기는 사람을 움직이게 하지만 원칙은 사람을 계속 성장하게 한다는 점을 잊지 말자. 이것이 끈기의 법칙이다.

The Law of ConSiStency

'끈기의 법칙' 적용하기

---

1. 당신의 성격 유형에 맞게 동기를 부여하자. 어떤 방법으로든 마음에 드는 성격 분류법으로 자신의 성격 유형을 알아보자(적당한 성격 분류법을 찾기 바란다. 가령 MBTI, DISC, 기질 플러스 등이 있다). 성격 유형을 통해 자신을 움직이게 하는 원동력이 무엇인지 파악했다면, 단순하면서도 자신의 강점을 살리는 일일 성장 체계daily growth system를 만들자.

2. 어떤 일을 하든 과정을 즐길 줄 모르면 계속 진행하기 어렵다. 왜 성장하고 싶은지, 성장하면 무엇이 좋은지 하나도 빠짐없이 적어보자. 무엇이든 동기가 될 만한 것을 찾으면 더 나은 성장 습관을 기르는 데 도움이 된다.

3. 날마다 성장에 매진해야 하는 '왜'가 많을수록 끝까지 버틸 확률이 높다. 그 '왜'들을 모아 정리해보자. 당장 얻을 수 있는 이익과 장기적으로 얻을 수 있는 이익을 모두 생각해보자. 목적, 비전, 꿈의 이유를 살펴보자. 그런 이유가 관계, 직업, 영성에 어떻게 도움이 될지도 고민해보자. 자기 스스로 찾은 성장 이유는 그게 무엇이든지 간에 인생의 큰 도움이 된다.

THE LAW OF ENVIRONMENT

| 제 **6** 장 |

환경의 법칙

당신 자신을
좋은 사람들 속에 놓아두어라

자신이 처음 접한 환경에 순응하기를 거부하는 순간,
성공을 향한 첫걸음을 뗀 셈이다.
– 마크 케인

살다 보면 누구에게나 성장을 위해 환경을 바꿔야 하는 때가 온다. 거울의 법칙에서 소개한 조네타 맥스웨인의 경우는 누가 봐도 환경을 바꿀 필요가 있었다. 형편없는 환경에서 자라며 끔찍하게 학대를 당했으니 그것은 당연한 일이었다. 긍정적인 양육 환경에서 자란 사람도 예외는 아니다. 성장해서 잠재력을 발현하려면 올바른 환경 속에 있어야 한다. 이를 위해서는 대부분 변화가 필요하다.

❧ 변화의 순간

나는 애정이 넘치는 좋은 가정에서 자랐다. 아버지는 가족을 보살피며 세 자녀가 각자의 목적을 찾고 재능을 계발하도록 도와주셨다. 어머니는 가족에게 조건 없는 사랑을 베풀었다(나는 규칙을 몹시 싫어하고 시도 때도 없이 말썽을 부려 꽤나 속을 썩인 개구쟁이였다). 나는 친구도 많았고 교육도 잘 받았다. 여기에다 고등학교 때부터 사귄 여자친구와 결혼해 내가 간절히 바라던 일을 하게 되었으니 더 바랄 게 뭐가 있겠는가.

하지만 일을 시작하고 10년도 되지 않아 내 환경이 잠재력을 모두 발현하는 데 이롭지 않다는 사실을 깨달았다. 나는 고작 20대 후반의 나이에 이미 우리 교단 최고의 교회를 이끄는 사람으로 인식되고 있었다. 나는 더 많은 것을 배우고 싶었다. 그런데 너무 이른 나이에 그런 지위에 올라서 그런지 사람들은 나를 1인자로 여기는 것 같았다. 그것이 왜 문제가 되느냐고? 자신이 항상 1인자 자리를 지킬 수 있는 집단은 우리가 있어야 할 곳이 아니다. 무언가를 배우려면 자기보다 앞선 사람들이 있는 곳으로 가야 한다.

그렇다고 내가 잘난 척을 하느라 이런 말을 하는 것은 아니다. 나는 그저 작디작은 연못에 사는 중간 크기의 물고기에 지나지 않았다. 나는 사람들이 생각하는 것만큼 대단하지 않았다. 우리 교단에는 좋은 사람들이 많았고 성품이 훌륭하거나 진실한 리더도 꽤 있었다. 그처럼 환경이 좋았지만 나에게는 좀 더 성장할 공간이 필요했다. 그러기 위해서는 환경을 바꾸는 수밖에 없었다.

나는 평생 동안 우리 교단에서 목회를 하며 대학총장과 교단 임원까지 지낸 아버지를 찾아가 이 문제를 상의했다. 아버지는 내가 더 큰 연못으로 옮겨가야 좀 더 수월하게 성장할 수 있다는 데 동의했다. 내 심정을 잘 알고 용기가 있었기에 가능한 일이었다. 내가 떠나면 교단에 남은 아버지가 나로 인해 다른 사람의 비난을 받을 수도 있었기 때문이다. 그럼에도 아버지는 언제나처럼 선선히 승낙했다. 만약 그때 내가 그 자리에 눌러앉았다면 분명 이만큼 성장하지도, 멀리 오지도 못했을 것이다.

선택이 변화를 만든다

'성장은 곧 변화다'라는 말을 들어본 적 있는가? 성장하지 않고도 변화할 수는 있지만 변화하지 않으면 절대 성장할 수 없다. 그렇다면 성장을 위해 올바른 변화를 일으킬 수 있는 방법이 있을까? 우선 바꿀 수 있는 문제와 바꿀 수 없는 기정사실을 구별해야 한다.

10대 시절에 나는 거울을 보다가 내가 그리 잘생기지 않았다는 걸 깨달았다. 그것은 바꿀 수 없는 기정사실이었다. 얼굴을 바꿀 수는 없는 노릇 아닌가. 그래서 얼굴을 대하는 태도를 바꾸기로 했다. 바로 늘 밝은 표정을 짓기로 한 것이다. 그래서 얼굴이 바뀌었느냐고? 아니, 그런 일은 없었다! 그래도 인상은 훨씬 더 좋아졌다.

누구에게나 나처럼 어쩔 수 없는 기정사실이 있게 마련이다. 우리는 고향과 생일을 바꿀 수 없다. 부모님도 바꿀 수 없다. 키나 유전자도 마찬가지다. 그렇지만 그러한 기정사실을 대하는 태도를 바꿀 수는 있다. 어쨌든 우리는 주어진 현실을 받아들여야 한다.

하지만 문제는 다르다. 문제는 우리가 성장으로 깨뜨릴 수 있다. 어떻게 하느냐고? 역설적으로 들릴지도 모르지만 출발은 비슷하다.

그것은 태도를 바꾸는 것이다. 문제를 대하는 태도를 바꾸면 여기저기에서 성장의 문이 열린다.

사업가이자 저술과 강연 활동도 하는 니도 쿠베인Nido Qubein은 "인생의 성공과 실패를 좌우하는 것은 환경이 아니라 선택"이라고 강조했다. 왕성하게 성장할 수 있는 환경을 마련하려면 어떤 선택을 해야 할까? 다음의 여섯 가지 선택을 유념하자.

1. 현재 환경을 파악한다
다음의 이야기는 어니스트 캠벨Ernest Campbell 목사에게 들은 것이다.

한 여자가 외로움을 달래고자 애완동물 가게에서 앵무새를 구입했다. 그녀는 하루 만에 다시 그 가게로 와서 앵무새한테 너무 실망했다고 불평했다.

"앵무새가 아직 한마디도 하지 않았어요!"

가게 주인이 물었다.

"앵무새한테 거울이 있나요? 앵무새들은 거울 보는 걸 좋아하거든요."

여자는 거울을 사서 돌아갔다. 이튿날 여자가 다시 와서 앵무새가 여전히 말이 없다고 했다. 가게 주인이 물었다.

"사다리가 있나요? 앵무새들은 사다리 오르내리는 걸 좋아해요."

여자는 사다리를 사서 돌아갔다. 그런데 여자는 다음 날에도 가게를 찾아와 같은 불만을 늘어놓았다. 가게 주인이 해법을 제시했다.

"앵무새한테 그네가 있나요? 새들은 그네를 타면서 쉬는 걸 좋아하죠."

여자는 그네를 사서 돌아갔다. 다음 날 여자가 오더니 앵무새가 죽었다고 했다. 가게 주인이 말했다.

"저런, 딱해라. 새가 죽기 전에 뭐라고 한마디 하던가요?"

"네. '그 가게에 먹을 건 안 팔아요?' 하더군요."

언뜻 실없는 얘기 같지만 여기에는 교훈이 담겨 있다. 변화를 위한 변화는 아무런 도움이 되지 않는다는 것이다. 변화를 하려면 반드시 올바른 변화를 해야 한다. 어떻게 하느냐고? 먼저 현재 자신이 어디에 있고 왜 변화를 원하는지 파악해야 한다.

환경을 바꾸려고 고민할 때, 나는 한동안 내가 변화를 원하는 이유를 살펴보았다. 주된 이유는 세 가지였다.

- 너무 빨리 정상에 도달했다.
- 도전이 부족한 것 같다.
- 조직 내에 달리 가고 싶은 곳이 없다.

이 정도면 내가 현재 있는 곳과 내가 하는 일을 바꿔야 한다는 불편한 진실을 직시하기에 충분했다.

자신이 성장하고 있는지, 성장에 이로운 환경에서 살고 있는지 알고 싶은가? 그러면 지금 하는 일이 기대감을 주는지 아니면 이전에 했던 일을 되돌아보게 하는지 생각해 보면 된다. 만약 미래가 시시하거나 뻔하거나 답답해 보인다면 변화를 고려해 봐야 한다.

나처럼 현재의 환경이 성장에 별로 보탬이 되지 않는다고 직감으로 알아내는 경우도 있다. 반면 현재 상황에 대해 명쾌한 판단이 서지 않을 때는 다른 시각으로 보는 것도 좋다. 자기 자신에게 질문을 던져 어떤 사람과 사물이 성장에 도움이 되는지 파악하고, 그런 사람이나 사물이 곁에 있는지 알아보는 것이다.

다음은 시작하는 데 도움이 되는 질문들이다.

음악 Music — 어떤 노래가 내게 기운을 주는가?
생각 Thoughts — 어떤 생각이 내게 말을 거는가?
경험 Experiences — 어떤 경험이 내게 활력소가 되는가?
친구 Friends — 어떤 친구가 내게 용기를 북돋우는가?
오락 Recreation — 어떤 활동이 나를 기쁘게 하는가?
영혼 Soul — 어떤 영성 활동이 나를 강하게 하는가?
소망 Hopes — 어떤 꿈이 내게 열정을 주는가?
가정 Home — 가족 중 누가 나에게 애정을 주는가?
재능 Giftedness — 어떤 능력이 나를 움직이게 하는가?
추억 Memories — 어떤 기억이 나를 웃게 하는가?
서적 Books — 어떤 책이 나를 변화시키는가?

이 정도면 감이 잡힐 것이다. 이밖에도 자신이 누구이고 무엇이 성장에 도움이 되는지 알아내는 데 유익한 범주와 질문을 추가할 수 있다. 중요한 것은 자기 자신을 알고 자신이 현재 환경에서 필요한 것을 갖추고 있는지 확인하는 일이다. 당신이 필요한 것을 갖추고 있다면 축하한다. 만일 그 반대라면 어려운 선택을 할 준비를 해야 한다.

2. 자기 자신과 환경을 바꾼다

환경을 대대적으로 바꿔야 한다면 자신도 함께 바꾸기로 결단해야 한다. 그 이유는 다음과 같다.

- 자신만 바꾸고 환경은 바꾸지 않는 경우
  - 성장이 더디고 어렵다.
- 환경만 바꾸고 자신은 바꾸지 않는 경우
  - 성장이 더디지만 덜 어렵다.
- 환경과 자신을 모두 바꾸는 경우
  - 성장이 빠르고 더욱 성공적이다.

자신과 환경을 동시에 바꾸면 성공 가능성도 커지고 속도도 빨라진다. 내가 처음으로 성장의 필요성을 깨달았을 때(의도성의 법칙에서 말한 대로 커트 캠프마이어와 만난 후) 알고 보니 성장은 쉽지 않은 일이었다. 내 주위에는 나처럼 성장에 열의를 보이는 사람이 거의 없었다. 본보기로 삼을 사람도 없다시피 했다. 내 작은 세상의 구성원은 열심히 일해서 밥벌이에 만족하는 사람이 대부분이었다.

나는 그보다 많은 것을 원했다. 꼭 영향력 있는 사람이 되고 싶었다. 한 계절이 다 지나갈 때까지 시간만 나면 자리에 앉아 성장 환경을 고민하던 기억이 난다. 나는 몇 주에 걸쳐 '내 성장 환경'이라는 글을 썼다. 1973년에 작성한 그 글은 이후 성장과 관련된 결정을 할 때마다 길잡이 역할을 톡톡히 하고 있다. 내가 쓴 성장 환경 조건은 다음과 같다.

다른 사람들이 나보다 '앞서' 있다.

내 앞에 끊임없이 '난관'이 찾아온다.

내 목표는 '전진'이다.

분위기가 '긍정적'이다.

나는 종종 '안전지대'를 벗어난다.

나는 '설레는' 마음으로 아침에 눈뜬다.

실패는 내 '적'이 아니다.

다른 사람들은 '성장' 중이다.

사람들이 '변화'를 열망한다.

성장의 '본보기'가 있고 성장을 '기대'한다.

내가 처한 환경이 성장에 이롭지 않다는 것을 직감하고 다시 이 목록을 살펴보자 거의 모든 항목에서 불합격이었다. 나는 나 자신과 환경을 변화시키기로 마음먹었다. 위의 목록에서 대부분의 항목이 당신의 삶과 맞지 않는다는 느낌을 받았다면 당신도 나처럼 해야 한다.

1975년 나는 아이오와 주에서 열린 컨퍼런스에 참석해 자기 변화 changing myself에 관해 많은 것을 배웠다. 그곳에서 나는 찰스 '트레멘더스' 존스Charles 'Tremendous' Jones를 처음 봤고, 내가 감탄하며 읽은 책들의 저자인 엘머 타운스Elmer Towns도 만났다. 시카고로 돌아오는 비행기에서 엘머가 옆자리에 앉아 이야기를 나누자고 했을 때, 얼마나 기뻤는지 모른다. 나는 그와의 대화를 통해 '뜨거운 부지깽이의 원리'를 배웠다. 엘머가 나에게 물었다.

"부지깽이를 뜨겁게 하려면 어떻게 해야 하는지 아는가?"

내가 조용히 웃자 그는 "불가에 두면 된다네."라고 말했다. 그리고 우리도 부지깽이의 쇠와 같다고 덧붙였다. 환경이 차가우면 우리도 차가워지고, 환경이 뜨거우면 우리도 뜨거워진다는 얘기였다.

"성장하고 싶으면 훌륭한 사람들과 어울리고, 훌륭한 곳에 가고, 훌륭한 행사에 참석하고, 훌륭한 책을 읽고, 훌륭한 강연을 듣게."

이후 나는 직업적으로 나보다 앞선 리더들을 만나고자 전국 방방곡곡을 돌아다녔고 결국 내 인생은 바뀌었다. 자기 자신과 환경을 변화시키려 할 때는 다음과 같이 올바른 성장 환경이 제공하는 요소를 따져봐야 한다.

- 생장에 알맞은 '토양' — 무엇이 내게 양분을 주는가? 성장
- 호흡에 알맞은 '공기' — 무엇이 나를 살아 있게 하는가? 목적
- 생활에 알맞은 '기후' — 무엇이 나를 지탱하는가? 사람들

호박이 땅콩만 할 때 작은 항아리에 넣어두면 딱 항아리의 모양과 크기에 맞춰 자랄 뿐, 더 이상 커지지 않는다고 한다. 사람의 생각도 그렇다. 우리에게는 절대 그런 일이 일어나지 않도록 하자.

3. 함께 어울리는 사람들을 바꾼다

나는 사람이 어떤 환경에서 누구와 어울리는가가 얼마나 중요한지 어린 나이에 깨달았다. 내 부모님은 이 방면에 대단히 현명하게 대처했다. 집안 형편이 아주 좋은 편은 아니었지만 부모님은 내 친구

들이 놀러 와서 머물고 싶어 하는 가정환경을 만들었다. 시멘트로 골대를 고정시킨 농구장은 물론이고 당구대, 탁구대, 화학실험 도구가 있는 지하실은 우리의 낙원이었다.

우리 형제는 굳이 밖에 나가 놀 이유가 없었고 친구들은 틈만 나면 집에 놀러오려고 했다. 어머니는 우리를 돌보면서 아이들 한 명 한 명과 친해졌고 모든 아이에게 영향을 끼쳤다. 가령 누군가가 모두를 위험하게 할 만한 행동을 하면 주의를 주었다. 부모님은 유유상종의 의미를 잘 알았고 두 분의 노력은 분명 효과가 있었다.

50여 년이 지난 지금도 그때 어울려 놀던 친구들을 만나면 우리 집의 '지하 아지트' 이야기를 한다. 당시 그곳은 내 친구들에게 꼭 가봐야 하는 중요한 장소였다.

하버드 대학교 사회심리학 교수 데이비드 맥클레랜드David McClelland의 말을 빌리자면 우리가 습관적으로 어울리는 사람들을 '준거집단'이라고 하는데, 그들이 우리 인생의 성패를 95퍼센트나 결정한다고 한다. 잘 살펴보면 많은 사람이 이러한 진실을 나름대로 표현했음을 알 수 있다.

이스라엘의 솔로몬 왕은 "지혜로운 사람과 함께 다니면 지혜를 얻지만, 미련한 사람과 사귀면 해를 입는다."고 했다.[1] 찰스 '트레멘더스' 존스의 명언도 있다.

"누구와 어울리고 무엇을 읽는가. 이 두 가지가 바뀌지 않으면 5년 후의 모습도 지금과 똑같을 것이다."

짐 론도 우리는 가장 많이 어울리는 다섯 사람의 평균이 된다고 역설했다. 주위 사람들을 보면 우리의 건강, 자세, 수입이 어떤지 알 수 있다는 의미다. 우리는 주위 사람들이 먹는 대로 먹고, 그들이 말하는 대로 말하고, 그들이 읽는 대로 읽고, 그들이 생각하는 대로 생각하고, 그들이 보는 대로 보고, 그들이 입는 대로 입는다는 것이 그의 지론이었다.

나는 수 엔퀴스트Sue Enquist의 관점이 마음에 든다. 여자 소프트볼계의 존 우든(John Wooden, 선수와 감독으로 명성을 날린 미국 농구계의 전설—옮긴이)으로 불리는 그녀는 1975년부터 1978년까지 UCLA에서 선수생활을 하고, 1980년에 코치로 돌아와 1989년부터 2006년까지 감독을 맡았다. 그녀는 선수와 지도자 생활을 통틀어 NCAA 소프트볼선수권대회에서 11번 우승했다. 은퇴 당시 지도자로서 전적은 887승 1무 175패, 승률 85.8퍼센트로 NCAA 역대 최고 지도자 5위 안에 들었다.

엔퀴스트는 '33퍼센트 법칙'을 믿는다고 한다. 학교, 팀, 직장 등 어디에서든 구성원을 상, 중, 하로 나누면 언제나 똑같은 특징이 드러난다는 것이다. 하위 3분의 1은 그 무엇도 흡족하게 여기지 않기 때문에 사람들의 생기를 빨아들인다. 그들은 환경에서 기운과 동기를 가져간다. 중위 3분의 1은 일이 잘 풀릴 때는 행복하고 긍정적이지만, 고난이 찾아오면 주저앉고 만다. 자세가 환경에 좌우되는 것이다. 상위 3분의 1은 시련의 순간에도 긍정적인 자세를 잃지 않는다. 그들은 앞에서 사람들을 이끌고 영향을 미치며 전세를 역전시킨다. 우리는 그런 사람이 되고자 애쓰고 또 그러한 사람들과 어울려야 한다.

자기보다 큰 인물과 어울리는 것은 때로 불편하지만 큰 도움이 된다. 이탈리아 속담에 "선인과 어울리면 선인이 하나 늘어난다."는 말이 있다. 우리가 어울려야 할 '큰' 인물은 누구일까? 진실한 사람, 긍정적인 사람, 직업적으로 우리보다 앞선 사람, 우리를 쓰러뜨리지 않고 일으켜 세우는 사람, 저급한 길이 아니라 고매한 길을 걷는 사람, 무엇보다 성장하고 있는 사람이다. 그들은 에머슨이나 소로와 같다. 두 사람은 만날 때마다 서로 이렇게 물었다고 한다.

"지난번에 만난 이후로 무엇을 배웠는가?"

우리도 성장 여정에서 서로를 점검해줄 길동무를 찾아보자. 그런 사람이 있으면 올바른 결정을 끝까지 지키고 그릇된 결정을 피하는 데 도움이 된다. 길동무는 다음의 조건을 갖춘 사람이 바람직하다.

나를 조건 없이 사랑한다.

내 성공을 바란다.

성숙한 사람이다.

나에게 적합한 질문을 한다.

내가 도움을 필요로 할 때 나를 도와준다.

성장의 길을 혼자 걸을 수는 없다. 잠재력을 발현하고자 할 경우에는 더욱더 그렇다. 한 사람의 환경에서 가장 중요한 요소는 바로 사람이다. 인생에서 다른 것은 모두 그대로 두고 사람만 바꿔도 성공 가능성이 크게 높아진다. 당신이 어떤 사람과 가장 많이 어울리는지 곰곰이 생각해보자. 당신도 그들이 가는 방향으로 가게 되어 있다.

4. 새로운 환경에서 자신을 자극한다

일본의 어느 화가가 커다란 화폭에 그림을 그렸다. 아래쪽 한 귀퉁이에 나무가 서 있고 그 가지 위에 새가 몇 마리 앉아 있었다. 그런데 나머지 공간은 텅 비어 있었다. 어떤 사람이 그림을 더 그려서 여백을 채울 생각이 없느냐고 묻자 화가가 대답했다.

"그럴 수 없습니다. 새들이 날 수 있는 공간이 있어야지요."

'날 수 있는 공간'이 있다는 것은 성장 환경의 가장 큰 장점이다. 그리고 그런 성장 환경 속에서 의도적으로 성장 기회를 찾고 만들고자 노력해야 한다. 한마디로 자신을 자극하는 것이 습관과 원칙이 되어야 한다는 말이다.

성장 초기에 나는 나 자신을 자극하기 위해 여러 사람에게 목표를 얘기했다. 마감 기한과 그것을 지켜보는 이들만큼 사람을 움직이게 하는 것도 드물다. 그렇다고 내가 늘 목표를 달성한 것은 아니었지만, 남에게 목표를 말한 것이 부끄럽지 않을 만큼 열심히 일하기는 했다.

그때부터 지금까지 쓰고 있는 또 다른 자극법도 있다. 그것은 매주 성장 기회를 하나씩 찾아 끝까지 매진하고 교훈을 얻는 것이다. 그 기회는 친구와 만나는 것일 수도 있고 멘토와 점심을 먹으며 가르침을 받는 것일 수도 있다. 또 컨퍼런스에 참가하거나 저명한 리더와 만나길 기대하며 강연을 들으러 가는 것일 수도 있다. 그것이 무엇이든 나는 배움에 임하기 전에 항상 다섯 가지 질문으로 준비를 한다.

- 그들의 강점은 무엇인가? – 이 질문은 내가 가장 많이 배울 수 있는 부분이 무엇인지 알려준다.
- 그들이 지금 배우고 있는 것은 무엇인가? – 이 질문은 그들이 열정을 쏟는 대상을 포착할 수 있게 한다.
- 지금 내게 필요한 것은 무엇인가? – 이 질문은 내가 배우는 것을 내가 처한 상황에 적용할 수 있게 도와준다.
- 그들은 어떤 사람을 만나고, 어떤 책을 읽고, 어떤 일에서 도움을 받았는가? – 이 질문은 또 다른 성장 기회를 찾도록 도와준다.
- 내가 물었어야 하는데 지금까지 묻지 않은 것은 무엇인가? – 이 질문은 그들이 자신의 관점에서 내게 필요한 변화가 무엇인지 알려주게 한다.

성장 환경이 아무리 좋아도 그것을 최대한 활용하지 않으면 아무 소용이 없다. 이는 사업가가 새로운 사업 기회에 쓸 수 있는 돈을 투자받고도 쓰지 않는 것과 같다. 그러므로 성장 기회를 잡아 그것을 최대한 활용할 수 있도록 자신을 자극해야 한다.

5. 지금 이 순간에 집중한다

우리가 인생에서 일으키고자 하는 변화는 오로지 현재에만 일어난다. '지금' 하는 일이 미래의 모습과 위치를 좌우하는 것이다. 우리는 현재에 살고 현재에서 일한다. 하비 파이어스톤 2세 Harvey Firestone Jr.는 "오늘은 지금부터 일어날 모든 일이 시작되는 날"이라고 했다.

자신과 환경을 바꾸고 싶다면 과거에 일어난 일로 속 썩지 말자.

영화배우 출신으로 외교관을 지낸 셜리 템플 블랙Shirley Temple Black은 시어머니에게 지금 이 순간을 사는 것의 힘을 배웠다고 한다. 그녀의 남편인 찰스가 어렸을 때 어머니에게 물었다.

"엄마가 가장 행복했던 순간은 언제인가요?"

"바로 지금 이 순간이란다."

"살아오면서 행복했던 다른 순간은요? 결혼했을 때는요?"

어머니는 웃으며 대답했다.

"그때는 그때가 가장 행복한 순간이었지. 지금은 지금이 가장 행복한 순간이야. 사람은 자신이 존재하는 바로 그 순간만 살 수 있는 법이란다. 그러니 언제나 바로 지금이 가장 행복한 순간이지."

테레사 수녀는 "어제는 지나갔습니다. 내일은 아직 오지 않았습니다. 우리에게는 오늘밖에 없습니다. 자, 시작합시다."라고 말했다. 자신과 환경을 바꿔야 한다면 어제를 곱씹지 말자. 어제는 절대로 바꿀 수 없다. 미래도 걱정하지 말자. 미래는 우리 힘으로 어쩔 수 없다. 오로지 현재의 순간에, 지금 할 수 있는 일에 집중하자.

6. 비난에 기죽지 않고 전진한다

월레스 워틀스Wallace Wattles는 《부자가 되는 과학적 방법》The Science of Getting Rich에서 다음과 같이 썼다.

"행동하기 전에 환경이 변하기를 기다리지 마라. 행동을 통해 환경에 변화를 일으켜라. 더 나은 환경으로 나아가려면 현재의 환경에 손을 써야 한다."

성장은 언제나 행동에서 비롯되고 그러한 행동은 비난을 부르기 쉽다. 그래도 무조건 전진해야 한다. 잠재력을 발현하려면 다른 사람들이 '당신은 할 수 없다'고 하는 일은 물론, 당신 스스로도 할 수 없을 것 같은 일도 해야 한다.

사람들은 대개 자신을 과소평가한다. 그래서 모두들 손이 닿을 듯한 것만 얻으려고 안간힘을 쓴다. 사실은 손이 닿지 않을 것 같은 것을 향해 손을 뻗어야 한다. 자신이 원하는 미래를 만들기 위해 노력하지 않으면 그냥 주어지는 미래를 감수할 수밖에 없다.

자신과 환경을 바꾸려고 할 때는 어떻게 행동해도 비난을 받게 마련이다. 시인 랠프 월도 에머슨은 이런 말을 남겼다.

"우리가 어떤 길을 선택하든 언제나 우리에게 틀렸다고 말하는 사람이 있게 마련이다. 또한 언제나 시련이 닥치면서 비난자의 말을 믿고 싶은 유혹을 받는다. 행동 계획을 세우고 끝까지 수행하려면 군인과 같은 용기가 필요하다. 평화는 온다. 하지만 이를 위해서는 용감하게 도전해야 한다."

내가 직업 환경을 바꿔야겠다고 생각하고 있을 때, 조직에서 가장 좋은 자리를 주겠다는 제안이 들어왔다. 고맙긴 했지만 나는 이미 자리를 옮겨 방향을 바꿀 계획이었기 때문에 그 제안을 정중히 거절했다. 그런데 유감스럽게도 사람들은 나에게 뒤통수를 맞았다고 생각했고, 내 결정을 비난했다. 어쩔 수 없는 일이었다. 연설가 레스 브라운Les Brown의 말처럼 "자신에 대한 다른 사람의 견해를 꼭 자신의 현실로 만들 필요는 없다." 그들의 말로 인해 상처를 받긴 했지만 그렇다고 내 결심이 흔들리지는 않았다.

앨버트 제프리Albert Geoffrey는 이렇게 역설했다.

"스스로 자신의 삶을 주도하면 다른 사람이나 여론의 허락을 구할 필요가 없다. 허락을 구한다는 것은 곧 다른 사람이 자신의 삶에 거부권을 행사하도록 하는 것이다."

큰 변화를 일으키기 전에 혹시 현명한 조언을 구할 수 있으면 구하되 결정은 반드시 스스로 해야 한다. 인생에서 자신의 선택은 누가 뭐라고 해도 스스로 책임져야 하는 법이다.

❦ 리더를 위한 조언

내가 더 큰 조직을 이끌게 되면서 성장 과제들이 바뀌기 시작했다. 물론 성장의 필요성은 사라지지 않았고 나를 가르쳐줄 사람들을 찾아야 하는 것도 마찬가지였다. 하지만 나는 조직의 리더로서 다른 사람들을 위해 긍정적인 성장 환경을 조성할 책임이 있음을 깨달았다. 그 책임을 다하고자 나는 1973년에 나를 위해 작성한 환경 조건에 다른 사람들을 대입해보고 그러한 환경을 조성하려 했다.

다른 사람들이 그들보다 앞서 있다.
그들 앞에 끊임없이 난관이 찾아온다.
그들의 목표는 전진이다.
분위기가 긍정적이다.
그들은 종종 안전지대를 벗어난다.

그들은 설레는 마음으로 깨어난다.

실패는 그들의 적이 아니다.

다른 사람들은 성장 중이다.

사람들이 변화를 열망한다.

성장의 본보기가 있고 성장을 기대한다.

나에게는 솔선수범해서 그런 환경을 조성할 책임이 있었다. 물론 쉽진 않았지만 언제나 노력한 보람은 있었다. 많은 사람이 성장해서 리더가 된 것이다.

사람들에게 어떤 역할을 맡길 때, 리더는 그들이 과거에 해낸 일만 따져보면 안 된다. 그들이 활발하게 성장할 수 있는 환경에서 무엇을 할 수 있을지도 생각해봐야 한다. 마찬가지로 사람들이 성장 환경을 떠날 때 무엇을 잃게 될지 알도록 도와주는 것도 좋다. 나는 다른 곳으로 일자리를 옮기겠다는 사람이 있으면 퇴직 면접 때 이런 식으로 말한다.

"당신은 지금 성장을 우선시하고 자기계발을 권장 및 독려하는 환경을 떠나려 하고 있습니다. 다음에 가는 곳의 환경이 이곳과 비슷하지 않다면, 지금까지와 똑같은 결과를 기대하긴 어려울 겁니다. 아마 더 노력해야 성장을 지속할 수 있을 것입니다."

어떤 사람은 그 말을 알아듣고 눈앞의 도전을 받아들인다. 반대로 무작정 장밋빛 미래를 그리며 나갔다가 이전에 한 번도 접해보지 못한 거대한 벽에 부딪힌 뒤에야 후회하는 사람도 있다.

환경의 법칙을 마음에 새기자. 성장이 왕성하게 일어나려면 환경이 성장에 이로워야 한다. 만약 지금 긍정적인 성장 환경에 있다면 감사하자. 그런 환경을 조성하는 데 힘을 보탠 사람들에게 감사하고, 그들에게 보답하는 마음으로 잠재력을 발현하는 데 온 힘을 기울이자. 반면 지금 그런 환경이 아니라면 환경과 자신을 바꾸기 위해 행동에 나서야 한다. 특히 리더는 스스로 성장하기 위해 노력하는 것은 물론 다른 사람이 성장할 수 있도록 올바른 환경을 조성해 나가야 한다. 리더로서 그만큼 의미 있는 투자도 드물다.

The Law of Environment

'환경의 법칙' 적용하기

----

1. 현재 환경이 성장에 도움이 되는지 알아보려면 다음의 열 가지 항목에 '맞다', '아니다'로 대답해보자.

	맞다	아니다
1) 다른 사람들이 나보다 앞서 있다.	☐	☐
2) 내 앞에 끊임없이 난관이 찾아온다.	☐	☐
3) 내 목표는 전진이다.	☐	☐
4) 분위기가 긍정적이다.	☐	☐
5) 나는 종종 안전지대를 벗어난다.	☐	☐
6) 나는 설레는 마음으로 깨어난다.	☐	☐
7) 실패는 내 적이 아니다.	☐	☐
8) 다른 사람들은 성장 중이다.	☐	☐
9) 사람들이 변화를 열망한다.	☐	☐
10) 성장의 롤모델이 있고 성장을 기대한다.	☐	☐

만일 '아니다'가 다섯 개 이상이면 현재 환경이 오히려 성장을 방해할 수도 있다. 잠재력을 발현하기 위해 환경을 바꾸거나 개선할 필요가 있는지 생각해보자.

2. 이 장에서 설명한 3대 영역에서 성장을 위해 필요한 것이 무엇인지

알아보자.

- 생장에 알맞은 '토양': 무엇이 내게 양분을 주는가? 성장

다음과 같이 앞에서 제시한 목록을 활용하거나 직접 목록을 만들어 자신에게 양분을 주는 것이 무엇인지 생각해보자.

> 음악 — 어떤 노래가 내게 기운을 주는가?
> 생각 — 어떤 생각이 내게 말을 거는가?
> 경험 — 어떤 경험이 내게 활력소가 되는가?
> 친구 — 어떤 친구가 내 용기를 북돋우는가?
> 오락 — 어떤 활동이 나를 되살리는가?
> 영혼 — 어떤 영성 활동이 나를 강하게 하는가?
> 소망 — 어떤 꿈이 내게 열정을 주는가?
> 가정 — 가족 중 누가 나에게 애정을 주는가?
> 재능 — 어떤 능력이 나를 움직이게 하는가?
> 추억 — 어떤 기억이 나를 웃게 하는가?
> 서적 — 어떤 책이 나를 변화시키는가?

- 호흡에 알맞은 '공기': 무엇이 나를 살아 있게 하는가? 목적

인지의 법칙과 끈기의 법칙을 설명하면서 각 장 끝부분에 제시한 질문에 어떻게 대답했는지 살펴보자. 그리고 그 대답을 바탕으로 자기 인생의 목적 선언문을 만들어보자. 목적 선언문이 완벽하거나 절대로 변하지 않기를 기대해서는 안 된다. 아마 당신이 성장하고 변화하면 목적 선언문도 성장하고 변화할 것이다. 목적 선언문을 작성하면 현재 자신이 나아가는 방향과 나아갈 방향을 좀 더 분명하게 인지할 수 있다.

• 생활에 알맞은 '기후' : 무엇이 나를 존속시키는가? 사람들
가족, 친구, 동료, 상사, 멘토 등 현재 당신의 인생에 가장 큰 영향을 미치는 사람들의 명단을 작성해보자. 자주 어울리는 사람도 꼭 넣어야 한다. 이제 명단을 훑어보면서 자기보다 '큰' 인물이 누구인지 확인하자. 큰 인물이란 자기보다 더 재능이 있는 사람, 직업적으로 앞선 사람, 성품이 더 좋은 사람 등 무엇이든 눈여겨볼 만한 차이점이 있는 사람을 말한다. 만약 대부분이 긍정적인 자극을 주지 못한다면 변화와 성장을 도와줄 사람들을 더 찾아야 한다.

3. 현재 환경에서 계속 자극을 받아야 의미 있는 성장이 일어난다. 자신의 현재 능력을 넘어서는 구체적인 목표를 설정하자. 그리고 다음 달 일정을 살펴보자. 매주 가장 좋은 성장 기회가 무엇인지 확인하고, 이 장에 실린 질문과 비슷한 질문들을 통해 미리 계획을 세워보자.

The 15 INVALUABLE LAWS OF GROWTH

THE LAW OF DESIGN

| 제 7 장 |

계획의 법칙

오늘의 행동이
미래의 비전이 된다

스스로 인생 계획을 세우지 않으면 남의 계획에 끌려가기 십상이다.
다른 사람이 우리를 위해 무얼 계획하겠는가? 별것 없다.
- 짐론

1년 중에서 가장 좋아하는 때는 언제인가? 크리스마스? 생일? 꽃 피는 봄? 여름휴가? 아이들 개학? 스포츠 시즌 개막? 단풍철? 나는 크리스마스 이후 1주일이다.

❖ 매해의 마지막에 하는 일

크리스마스 오후, 손자들이 선물을 개봉하고 온갖 소란이 가라앉으면 나는 1년 중에서 가장 좋아하는 일을 할 때가 왔다는 생각에 마음이 들뜬다. 다른 가족이 TV를 보거나 낮잠을 자고 있을 때 슬그머니 서재로 들어간다. 책상 위에는 지난해의 일정이 기록된 달력과 노트가 나를 기다리고 있다. 나는 그날 오후부터 12월 31일까지

꼬박 1주일 동안 달력을 다시 살펴본다. 지난 359일의 만남, 회의, 약속, 활동을 시간별로 되짚어보는 것이다. 그리고 하나씩 평가해본다.

강연 일정을 주의 깊게 살펴보며 앞으로 늘려야 할 강연, 줄여야 할 강연, 아예 하지 말아야 할 강연이 무엇인지 확인한다.

나는 나에게 주어진 성장 기회를 돌아보며 결과가 좋았던 것과 그렇지 않았던 것을 파악한다.

나는 모든 만남과 회의를 돌아보며 앞으로 늘려야 할 모임과 아예 없애야 할 모임이 무엇인지 알아본다.

나는 다른 사람에게 맡겨도 될 일을 굳이 직접 하느라 투자한 시간을 계산해본다(동시에 다른 사람에게 맡긴 일을 살펴보고 그중에 내가 직접 해야 하거나 맡길 사람을 바꿔야 하는지도 생각해본다).

나는 가족과 충분한 시간을 함께했는지 따져본다. 또 한 해 동안 우리 부부가 함께한 일을 목록으로 만들고, 하루쯤 밖에서 아내와 오붓하게 저녁을 먹으며 지나간 일들을 되새겨본다. 그렇게 낭만적인 시간을 보내고 돌아오면 항상 부부 사이가 더욱 돈독해져 있다!

나는 지난 한 해 동안 있었던 일을 모두 살펴보려 노력한다. 왜 그렇게 하느냐고? 이듬해의 전략을 세우는 데 도움이 되기 때문이다. 나는 수십 년 동안 그렇게 해왔고 덕분에 해가 갈수록 삶의 초점이 명확해지는 것은 물론 더 좋은 전략으로 일의 효율이 높아지는 것을 경험했다.

만약 내가 바라던 것보다 힘들거나 덜 생산적인 1년을 보냈을지라도 절대로 손해라고 생각하지 않는다. 거기서 얻은 교훈으로 다음 해를 더 잘 살면 되지 않겠는가. 전략이 있는 것과 없는 것은 하늘과 땅만큼의 차이가 있다. 성장을 극대화하려면 반드시 전략을 세워야 한다. 이것이 계획의 법칙이다.

인생 수업

대부분의 사람이 그냥 되는대로 살아간다. 그들은 명확한 목표점을 찾지 못하고 표류하면서 마냥 기다린다. 그들은 결코 먼저 나서는 법이 없다. 그러다 세월이 한참 흐르고 나면 그제야 더 진취적, 전략적으로 살았어야 했다고 후회한다. 당신은 그러지 않았으면 좋겠다. 혹시 그렇게 살고 있다면 지금이라도 좀 더 진취적이고 전략적인 자세를 기르기 바란다. 내가 인생의 성장 전략을 세울 때 도움이 되었던 것을 함께 나누면 좋을 듯하다.

1. 인생은 단순하지만 그 단순함을 유지하기는 무척 어렵다

남들이 뭐라고 하든 나는 인생이 무척 단순하다고 생각한다. 확고한 가치관을 바탕으로 굵직한 결정을 내리고 그 결정에 따라 하루하루를 살아가면 되지 않던가. 아주 명쾌하다. 여기에다 적어도 이론상으로는 오래 살면서 많이 배울수록 인생을 더욱 단순하게 해줄 경험과 지식이 늘어난다. 그렇지만 인생은 대개 우리의 뜻과 상관없이 갈수록 복잡해지게 마련이라 단순함을 지키려면 부단히 노력해야 한다.

몇 년 전 '리더를 위한 국제 전략' 컨퍼런스에 참가했을 때의 일이다. 참가자들이 몇 명씩 조를 짜서 전략에 관해 생각해보는 시간이 있었는데, 나는 운 좋게도 닐 콜Neil Cole과 한 조가 되었다. 사실 그때까지만 해도 그가 누구인지 몰랐지만 토론이 시작되고 그가 세우는 단순하고 효율적인 전략을 보는 순간 감탄사가 절로 나왔다.

쉬는 시간에 나는 닐에게 가서 전략 수립에 관해 조언해달라고 부탁했다. 당시 나는 전 세계에서 리더를 육성하겠다는 계획을 세워두고 있었다. 그는 '단순함이 비결'이라고 말했다. 덧붙여 전략이 효과를 발휘하려면 중요한 것이 세 가지가 있는데 다음의 질문을 활용하라고 했다.

- 내면화할 수 있는가? 엄청난 영향력 — 리더의 마음에 뿌리를 내려 영혼을 바꿀 수 있는 전략이어야 한다.
- 쉽게 되풀이할 수 있는가? 적용의 용이성 — 잠깐 접하고도 받아들일 수 있는 전략이어야 한다.
- 효과적으로 전달할 수 있는가? 소통의 보편성 — 전 세계의 모든 문화권 사람들이 받아들일 수 있는 전략이어야 한다.

이후 나는 이큅에서 전 세계적으로 리더 100만 명을 훈련시키는 '100만 리더 양성 전략'을 수립할 때 이 질문들을 활용했다. 더불어 내 인생을 최대한 단순하게 바꾸기로 마음먹었다. 그때 마련한 것이 성공에 필요한 인생의 체계다. 나는 이 체계들을 무기 삼아 날마다 인생의 복잡성과 맞서 싸우고 있다. 그리고 성장 계획을 세울 때마다 내면화, 되풀이, 전달 가능성을 꼭 유념한다. 제아무리 훌륭한 전략도 사용하지 못하면 아무 소용이 없기 때문이다.

2. 인생 설계가 경력 설계보다 중요하다

영화배우인 리즈 위더스푼은 이런 말을 했다.

"많은 사람이 경력 관리에는 무척 신경 쓰지만 인생을 관리하는 데는 그 절반도 신경 쓰지 않지요. 나는 일도 일이지만 무엇보다 내 인생을 최고로 만들고 싶습니다. 그러면 나머지는 알아서 풀릴 거예요."

나는 그녀의 말이 반은 맞고 반은 틀렸다고 본다. 인생을 잘 계획하면 경력이 알아서 풀리는 것은 맞다. 하지만 대부분의 사람들은 경력을 계획하는 데도 그리 많은 시간을 들이지 않는다. 그보다는 크리스마스나 휴가 일정을 세우는 데 더 많은 시간을 쓴다. 왜 그럴까? 사람들은 즐겁고 행복한 일에 집중하기 때문이다. 장기적인 안목으로 자신의 성공을 확신하지 않는다면 인생 계획은 뒷전으로 밀려나기 십상이다.

인생을 계획하는 것은 곧 자신을 찾고 자신이 누구인지 알며 거기에 맞춰 성장 계획을 세우는 일이다. 인생의 청사진을 그릴 경우 그것을 경력에도 적용할 수 있다.

3. 인생은 리허설이 아니다

나는 오래 전부터 만화 《피너츠》를 즐겨 봤다. 찰리 브라운이 라이너스에게 하는 말 중에는 많은 사람이 공감할 만한 게 꽤 있다. 다음의 내용도 그중 하나다.

찰리 브라운이 말한다.

"사는 게 너무 힘들어. 나는 태어날 때부터 계속 혼란스러웠어. 이건 다 우리가 너무 빨리 인생의 무대에 섰기 때문이야. 준비도 제대로 못했잖아."

그때 라이너스가 대답한다.

"그래서 뭐, 먼저 준비운동이라도 해야 한다는 거야?"

인생에는 준비운동도 리허설도 없지만 많은 사람이 그런 게 있는 것처럼 행동한다. 우리는 모두 아무런 준비 없이 맨몸으로 무대에 선다. 인생은 살아가면서 알아내는 수밖에 없다. 때론 골치 아픈 일도 있다. 또한 실패나 실수도 있다. 그래도 우리는 처음부터 최선을 다해야 한다. 단 한 번뿐인 인생이기 때문이다.

사람들은 흔히 지나온 인생을 돌아보면서 좀 더 진취적으로 살았으면 좋았을 거라고 후회한다. 케빈 홀의 책 《열망》에는 그가 보이스카우트 학생들을 데리고 여행을 다녀온 이야기가 나온다. 그는 아이들이 원대한 목표를 세우도록 돕고 싶었다. 그래서 저명한 행동과학자인 제럴드 벨Gerald Bell이 기업의 임원으로 있다가 은퇴한 사람들을 연구한 결과를 알려줬다.

나는 벨 박사가 인생을 다시 살 수 있다면 어떻게 하겠느냐고 물었을 때, 은퇴한 임원들이 대답한 내용을 학생들에게 들려주었다. 일흔다섯 살 노인들이 가장 많이 대답한 내용은 이것이다.

"좀 더 일찍 인생의 주도권을 잡고 목표를 설정하겠다. 인생은 연습이 아니라 실전이다."

나머지 대답도 알려주었다.

"둘째, 건강을 좀 더 돌보겠다. 셋째, 돈을 더 잘 관리하겠다. 넷째, 가족과 더 많은 시간을 보내겠다. 다섯째, 자기계발에 더 많은 시간을 사용하겠다. 여섯째, 더 재미있게 살겠다, 일곱째, 경력을 더 잘 계획하겠다. 여덟째, 더 많이 베풀겠다."[1]

인생에는 리허설이 없다. 우리는 매순간 전력을 다해 움직여야 한다. 하지만 벨이 연구한 임원들 같은 인생 선배에게 배울 수는 있다. 그들의 말을 들으면 최선을 다해 인생을 계획하고 거기에 모든 것을 쏟아야겠다는 의욕이 솟는다. 코미디언 프레드 앨런Fred Allen은 말했다.

"인생은 한 번밖에 못 산다. 그러나 제대로 산다면 한 번으로 족하다."

4. 인생을 계획할 때는 모든 것에 2를 곱한다

나는 웬만하면 앞날을 낙관하기 때문에 나나 다른 사람들에게 비현실적인 기대를 하는 편이다. 그런데 경험으로 보자면 인생에서 중요한 일은 대개 예상보다 시간도 비용도 많이 든다. 특히 성장이 그렇다.

그런 격차를 해소하려면 어떻게 해야 할까? 나는 2를 곱한다. 가령 어떤 일이 한 시간쯤 걸릴 것 같으면 문제가 생기지 않도록 두 시간으로 계획한다. 프로젝트가 1주일 만에 끝날 듯하면 2주일을 배정한다. 목표 달성에 1,000달러가 필요할 경우 2,000달러를 준비한다.

그렇다고 무조건 2를 곱하는 게 능사는 아니다. 내 경우에는 그 정도면 충분하다는 말이다. 지금까지의 경험상 모든 것에 2를 곱하면 내 낙관론이 어느 정도 현실성이 있었다.

내 성격도 유난히 급하지만, 가만 보면 다른 사람들도 빠르고 쉽게 성취하고 싶은 마음이 있는 것 같다. 성장도 그러기를 바란다. 물론 더 빨리, 더 많이 성장하고 싶다고 해서 마음대로 되는 것은 아니다.

성장 비결은 자신이 가진 것과 지금 할 수 있는 것에 더 많은 시간과 노력을 들이는 데 있다. 성장에 들이는 노력을 세 배로 늘리자. 그리고 조바심내지 말고 성장이 인생에 깊이 뿌리내려 천천히 일어나도록 내버려두자. 호박과 토마토는 몇 주 만에 자라 며칠, 몇 주 동안 열매가 열리지만 첫 서리가 내리면 이내 죽어버린다. 반면 나무는 서서히 몇 년, 몇십 년, 몇백 년까지 자라고 열매도 수십 년 동안 맺는다. 건강하기만 하면 서리나 태풍, 가뭄에도 끄떡없다.

성장 전략을 세울 때는 시간과 자원을 충분히 배정해야 한다. 이 정도면 되겠다 싶은 수준의 두 배를 배정하자. 그러면 너무 일찍 낙심하고 포기하는 일은 없을 것이다.

⚜ 체계가 인생을 바꾼다.

무엇이든 전략적으로 접근하면 좀 더 쉽게 이룰 수 있다. 반면 그냥 되는 대로 하면 성취하기가 어렵다. 설령 전략 없이 결실을 보는 경우가 있더라도 그것은 어쩌다 한 번일 뿐 계속 그럴 수는 없다. 그렇다면 어떻게 해야 전략적으로 꾸준히 목표를 달성할 수 있을까? 답은 '체계'system에 있다. 내가 성장하고 생산성 있는 삶을 사는 까닭은 뭐니 뭐니 해도 모든 일에 체계가 잡혀 있기 때문이다.

나에게는 성장과 정보 수집을 위한 체계가 있다. 나는 한 달에 책을 네 권 읽는다. 가볍게 읽는 책 두 권과 깊이 파고드는 책 두 권이다. 운전할 때는 주로 CD를 듣는다. 목회 활동을 하며 1주일에 한 번 설교할 때는 매주 다섯 편씩 들었다. 일단 5분간 들어보고 아니다 싶으면 그만 듣고 괜찮으면 끝까지 들었다. 정말로 맘에 들면 CD의 내용을 옮겨 적은 다음 한 자 한 자 꼼꼼하게 읽었다.

좋은 예화나 인용문, 기사를 수집 및 분류하는 체계도 있다. 잡지나 신문에서 괜찮은 기사를 보면 오려서 맨 위에 분류 주제를 써놨다가 비서에게 정리를 부탁한다. 독서 중에 마음에 드는 예화나 인용문이 나오면 한쪽 귀퉁이를 접고 분류 주제를 쓴 다음, 나중에 찾아볼 수 있도록 표지 안쪽에 쪽수를 기록한다. 내가 책을 다 읽으면 비서가 인용문들을 복사하거나 타이핑해서 정리한다.

그런 과정을 거치면서 내 인생이 바뀌었다. 주위를 돌아보면 성장을 위해 시간을 투자하는 사람들조차 여기저기에서 접하는 훌륭한 생각들을 따로 정리하지 않는 경우가 많다. 그러다가 전에 읽은 이야기나 가물가물 떠오르는 인용문을 찾느라 몇 시간, 며칠을 허비하기도 한다.

'얼마 전에 관련된 내용을 읽은 것 같은데, 어느 책이더라?'

나 역시 필요한 것을 찾을 때도 있고 못 찾을 때도 있다. 그러나 내가 전에 읽은 것을 정확히 확인하고 싶을 때 얼마 만에 찾는지 아는가? 3분 이내다. 대개는 책상으로 가서 찾아내는 데 1분이면 충분하다. 어느 주제로 분류했는지 기억나지 않아 두세 가지 주제를 뒤질 때도 길어야 3분이다.

나에게는 생각을 위한 체계도 있다. 나는 늘 갖고 다니는 아이폰의 메모장 앱에 인용문이나 아이디어를 열 개 정도 넣어둔다. 그런 다음 틈틈이 열어보면서 머리와 가슴에 뿌리내리게 한다. 날마다 수영을 하는데 그 시간 동안 생각할 거리를 한두 개 선택해서 내내 곱씹는다. 내가 특별히 이름붙인 '생각하는 의자'thinking chair도 있다. 나는 한밤중에 잠에서 깨는 경우가 많은데, 그때 노트를 들고 조용히 서재로 가서 생각하고 기록한다.

저술을 위한 체계도 있다. 2, 3주 동안 어딘가에 갈 일이 있으면 그 전에 날을 잡아 하루 종일 글을 쓸 준비를 한다. 책을 집필하던 중이면 노트에 글의 재료를 정리한다. 이 책처럼 모두 15장으로 구상하고 있을 경우, 숫자를 표기한 종이를 15장으로 분류해 철한다. 만약 생각을 메모해둔 것이 있으면 펀치로 구멍을 뚫어 해당하는 내용 뒤에 철한다. 모아둔 인용문과 기사도 쓸 만한 것을 찾아내 복사한 다음 구멍을 뚫어 해당하는 장에 철한다. 이미 써둔 글이 있을 때도 마찬가지다.

이렇게 정리하면 각 장에 맞는 글의 재료를 엄선한 파일이 만들어진다. 이 파일과 노트, 펜만 있으면 비행기든 호텔이든 친척 집이든 어디서나 글 쓸 준비는 끝난다.

일정을 계획하는 데도 체계가 있다. 나는 6주일 치 달력을 보면서 언제 어떤 일이 예정되어 있는지 확인하고 일을 계획한다. 또한 아침마다 그날의 일정을 재확인하고 '오늘의 중대사'를 생각해본다. 가장 중요한 일을 알면 무슨 일이 일어나든 그날을 알차게 보낼 수 있다.

내게는 하다못해 줄을 서서 기다리는 것처럼 무료한 일을 할 때도 체계가 있다. 예를 들어 친구들과 운동경기를 보러 가서 간식을 사려고 매점 앞에서 기다릴 때 사람들이 세 줄로 서 있으면 내가 한 줄에 서고 친구들에게 나머지 두 줄에 서라고 한다. 만약 그중 한 명이 먼저 계산대에 도착하면 모두 그에게 가서 함께 주문한다. 그러면 시간이 절약된다.

전략과 체계는 내 삶에서 떼려야 뗄 수 없는 요소다. 《내 회사 차리는 법》E-Myth을 쓴 마이클 거버 Michael Gerber는 평범한 사람도 체계가 있으면 비범한 성과를 낼 수 있다고 했다. 반대로 체계가 없으면 제아무리 비범한 사람도 평범한 성과조차 내기 어렵다. 나 역시 이 의견에 전적으로 동의한다.

그렇다면 체계란 무엇인가? 그것은 구체적인 원칙을 흐트러짐 없이 꾸준히 실천해 목표를 달성하는 절차를 말한다. 체계가 있으면 시간, 돈, 능력을 좀 더 효율적으로 쓸 수 있다. 이는 성장에 큰 도움을 주며 누가 시키지 않아도 자기 의지로 행동하게 된다는 이점도 있다. 직업, 재능, 경험에 상관없이 체계가 있으면 누구나 더 좋은 성과를 낼 수 있다.

⚜ 효과적인 체계의 조건

무엇을 하든 효과적인 체계가 있어야 능률도 오르고 그만큼 성장 효과도 커지는 법이다. 체계는 각자 자신에게 맞아야 하므로 남이 이래라저래라 할 수 있는 게 아니지만, 기왕이면 다음의 지침을 참고하기 바란다.

1. 효과적인 체계에는 큰 그림이 있다

스티븐 코비는 "아무리 부지런히 움직이고 능률적으로 일해도 시작할 때부터 목표를 의식하지 않으면 제대로 효과를 볼 수 없다."고 했다. 나는 성장을 위해 처음으로 체계를 만들 때부터 각각의 체계에 뚜렷한 목적을 세웠다.

나는 내가 매주 강연을 하고 사람과 조직을 이끌게 되리라고 생각했다. 서른 살 무렵에는 저술 활동에 대한 관심이 높아졌다. 따라서 그 방면으로 내 능력을 뒷받침하고 키우도록 방향을 잡아 나갔다.

직업을 불문하고 탁월함을 자랑하는 사람들은 자기만의 체계를 발판 삼아 큰 그림을 만들어 나간다. 이는 무하마드 알리가 1974년 10월 30일로 예정된 조지 포먼과의 대결, 일명 '밀림의 난투극'을 준비한 과정을 보면 잘 알 수 있다. 알리는 누가 봐도 훌륭한 선수였고 자칭 세계 최강이었다. 그러나 신체적으로는 강편치가 주특기인 포먼의 상대가 되지 않았다. 사실 알리에게 승산이 있다고 생각한 사람은 거의 없었다. 그 전에 알리는 조 프레이저와 켄 노튼에게 패한 적이 있는데, 조지 포먼은 두 선수를 모두 2라운드 만에 패배시킨 전적이 있었다.

우선 포먼의 약점(지구력 부족)을 알아낸 알리는 신체적 열세를 극복할 체계를 만들었다. 본인의 말을 빌리자면 그 체계는 '로프의 허수아비'였다. 알리는 로프에 의지해 상체를 젖힌 채 무서운 기세로 날아오는 포먼의 주먹을 막아냈다. 그는 7라운드 동안 수백 번의 주먹세례를 받으며 폭풍이 잦아들기를 기다렸다. 8라운드가 되자 포먼의 체력이 눈에 띄게 떨어졌다. 그 순간, 알리는 연타로 포먼을 링 위에 쓰러뜨렸고 다시금 세계 챔피언의 자리에 우뚝 섰다.

그냥 부지런하기만 해서는 안 된다. 부지런히 계획을 세우고 책을 읽고 컨퍼런스에 다녀봤자 성공과 직결된 영역에 초점이 맞춰져 있지 않으면 하나마나다. 흔히 하는 말로 불행이란 자기가 원하는 것이 무엇인지도 모른 채 무작정 그것을 갖겠다고 인생을 갉아먹는 것이다.

당신의 큰 그림은 무엇인가? 목적을 달성하려면 어떤 영역에서 성장이 필요한가? 저술가 클라이브 스테이플스 루이스Clive Staples Lewis의 말을 빌리자면 "사람에게는 저마다 인생의 핵심이 되는 영역이 몇 가지 있다." 당신의 핵심 영역은 무엇인가? 오늘부터 날마다 그 영역에서 발전하려면 어떤 체계를 마련해야 하는가? 내 경우에는 심심풀이로 책 읽는 것을 그만두고 내 강점 영역에서 보탬이 되는 책을 읽어야 했다. 혹시 도움이 될까 싶어 속독 수업도 두 개나 들었다. 당신은 어떠한가?

2. 효과적인 체계는 우선순위를 지킨다

인생의 우선순위와 동떨어진 체계는 그리 도움이 되지 않는다. 브라이언 트레이시는 "항상 염두에 두고 곱씹어야 할 질문을 한 가지 꼽는다면 '지금 내 시간을 가장 가치 있게 쓰는 방법은 무엇인가?'이다."라고 말했다.

이 질문의 답을 바탕으로 체계를 만들어야 한다. 그리고 '언제'가 가장 가치 있는 시간인지 생각해봐야 한다. 그 시간을 최대한 활용하는 것이 중요하기 때문이다.

나에게 가장 가치 있는 시간은 아침이다. 그 사실을 알고 난 이후 나는 아침에 약속을 잡지 않는다. 이것은 30년 전부터 지켜온 습관이다. 가장 생산성 높은 귀중한 시간을 사람을 만나는 일에 투자하는 것은 낭비가 아닌가. 이런 결정은 그리 어렵지 않았다.

하지만 그렇지 않은 문제도 있다. 나는 기회만 닿으면 뭐든 해보고 싶어 하는 타입이다. 경험은 많으면 많을수록 좋다고 생각하는 까닭이다. 그래서 그런지 하겠다는 말은 쉽게 하는데, 하지 않겠다는 말을 하려면 입이 잘 떨어지지 않는다. 그때문에 여기저기 일만 잔뜩 벌여놓기 일쑤다. 나는 이런 단점을 극복하기 위해 체계를 만들었다. 시간을 내달라거나 강연 의뢰가 들어오면 직접 대답하지 않고 시간관리 그룹에 그 수락 여부를 일임한다. 우리는 그 그룹을 일명 '싹둑회'라고 부른다. 들어오는 요청의 90퍼센트 정도를 싹둑

잘라버렸기 때문이다. 이러한 체계를 갖추지 않으면 우선순위가 낮은 데에 시간을 허비하지 않도록 막을 방법이 없었다.

당신의 우선순위를 지키려면 어떤 체계를 마련해야 하는지 알고 있는가? 어떤 사람들에게 책임과 권한을 주면 도움이 되겠는가?

3. 효과적인 체계에는 평가 장치가 있다

GE의 최고경영자를 지낸 잭 웰치는 자신 있게 말했다.

"전략의 첫 번째는 자신이 세상에서 현재 어디에 있는지 아는 것이다. 어디에 있었으면 좋겠다, 앞으로 어디에 있고 싶다가 아니라 지금 어디에 있는가이다. 두 번째는 5년 후 어디에 있고 싶은지 아는 것이다. 마지막은 현 위치에서 희망 위치로 갈 가능성을 현실적으로 평가하는 일이다."

이 세 가지(현 위치 알기, 희망 위치 알기, 그곳에 도달할 가능성 알기)의 공통점은 무엇일까? 바로 평가다. 발전을 원한다면 평가할 줄 알아야 한다. 따라서 체계를 만들 때는 반드시 결과를 평가할 방법도 마련해야 한다.

샌디에이고에서 애틀랜타로 이사했을 때 나는 그 혼잡하고 갑갑한 교통상황에 경악했다. 도로 건설이 인구 증가 속도보다 10년쯤 뒤처진 느낌이었다. 도로 사정이야 내 힘으로 어쩔 수 없으니 대신 나는 도로를 누비는 능력을 기르기로 했다. 어떻게 했을까? 처음 6주 동안 길을 바꿔가면서 목적지까지 거리가 얼마나 되고 시간이 어느 정도나 걸리는지 따져보았다. 가령 애틀랜타 공항으로 가는 길을 다섯 개 찾아내자 시간과 교통상황에 맞춰 최적의 경로가 그

려졌다. 그 솜씨가 공항 리무진 운전기사로 일해도 될 정도였다.

엔지니어 출신으로 IBM의 임원을 거쳐 현재 성과 개선 컨설턴트로 활동 중인 제임스 해링턴 James Harrington은 이렇게 말했다.

"평가는 통제와 개선으로 가는 첫 번째 관문이다. 평가하지 않으면 이해할 수 없고, 이해할 수 없으면 통제할 수 없으며, 통제할 수 없으면 개선할 수 없다."

경영자들이 수익을 평가하지 못하면 어떻게 될까? 영업과 마케팅을 하는 사람들이 잠재고객 중 몇 명이 실제고객이 되는지, 광고에 반응을 보이는 사람이 몇 명인지 모른다면 어떻게 될까? 스포츠 팀이 경기 중에 점수를 모른다면 어떻게 될까? 무엇이든 평가할 수 있어야 개선할 수도 있는 법이다.

때론 평가 그 자체가 개선의 불씨가 되기도 한다. 1930년대에 시카고 외곽의 호손 워크스 공장을 대상으로 연구한 결과, 사람들이 자신의 업무가 평가받는다는 사실을 알면 생산성이 높아지는 것으로 나타났다. 연구자들은 이러한 현상을 '호손 효과' Hawthorne Effect라고 불렀다.

평가는 분명 영향력을 발휘한다. 평가를 하면 우리는 목표를 세우고 진척도를 확인하는 것은 물론 결과를 따져보고 문제점을 파악할 수 있다. 당신의 성장을 촉진하고 그 성과를 판단해보고 싶다면 자신의 체계에 평가 장치를 마련하자.

4. 효과적인 체계에는 실천이 따라야 한다

눈이 휘둥그레질 만큼 멋진 집을 지을 우수한 설계도가 있을지라도 그것을 실행에 옮길 방도가 없다면 무슨 소용이 있을까? 네슬레 퓨리나의 설립자 윌리엄 댄포스William Danforth는 "어떤 계획이든 행동이 따르지 않으면 종이 낭비일 뿐"이라고 말했다.

나는 수십 년째 오하이오 주립대학교 미식축구 팀의 팬으로 있는데, 짐 트레슬이 감독으로 있던 몇 년간 미시건 대학교와 경기가 있을 때면 영광스럽게도 경기 전에 팀원들과 이야기를 하고 사이드라인에서 경기를 관람할 수 있었다. 그것은 절대 잊을 수 없는 경험이었다. 그때 선수와 코치들은 손짓으로 간단한 질문을 던졌다. 그 질문은 바로 '이제 어떻게 행동할 거지?'였다.

우리도 각자의 '경기장'에 들어설 때마다 이 훌륭한 질문을 해봐야 한다. 이제 어떻게 '행동'할 거지? 물론 계획은 중요하지만 그게 전부는 아니다. 어디까지나 계획과 행동이 맞물려야 한다. 계획은 길을 만들고 행동은 그 길을 달릴 힘을 이끌어낸다. 따라서 목표는 있는데 달성하지 못할 것 같다면 목표를 바꾸지 말고 행동 방법을 바꾸자.

체계에 행동 방법까지 마련한 사람은 대부분 그렇지 않은 사람보다 더 큰 성공을 누린다. 재능과 자원이 좀 부족해도 행동하는 습관을 기른 사람이 더 많이 성취하는 법이다. 나는 늘 새로운 것을 배울 때마다 나 자신에게 다음의 세 가지 질문을 하는 습관을 들였다.

- 이것을 어디에 쓸 수 있을까?
- 이것을 언제 쓸 수 있을까?
- 이것을 알아야 할 사람은 누구일까?

나는 언제나 행동하는 사람이 되기 위해 새로운 것을 배우면 이를 인생의 원칙으로 삼았다.

5. 효과적인 체계는 짜임새가 있다

언젠가 상품이 어지럽게 진열된 어느 시골가게에서 이런 안내문을 봤다.

'없는 게 없는 집. 단, 찾을 수 있을 때만.'

참 난감한 안내문이 아닌가. 앞에서 나에게는 인용문을 분류하는 체계가 있다고 했다. 그런 체계를 만든 이유는 무엇일까? 대부분의 사람이 잃어버린 것을 찾느라 많은 시간을 낭비하기 때문이다.

나는 성격유형이 담즙질인데다 직업상 해야 할 일이 많다 보니 자연스럽게 체계를 만들기 시작했다. 처음에는 그렇게 하지 않고는 일을 끝낼 길이 없었다. 지위가 올라가면서 비서를 비롯해 점점 더 많은 직원을 두게 되었지만, 그래도 업무나 직원 및 협력자들과의 교류를 모두 체계를 이용해 짜임새 있게 처리하고 있다. 가령 나는 적어도 하루에 한 번은 비서와 대화를 나눈다. 플로리다의 집에 있든 중국에서 차를 타고 어딘가로 가든 1년 365일, 단 하루도 거르지 않는다.

나는 일정도 체계를 통해 짜임새 있게 정리한다. 아니, 좀 더 정확히 말하면 비서에게 그렇게 해달라고 부탁한다. 내 일정은 무조건 가족 행사가 먼저다. 나에게는 가족이 최우선이기 때문이다. 다른 일은 모두 가족 행사에 양보해야 한다.

많은 사람이 시간을 쉽게 흘려보내지만 사실 시간은 인생을 구성하는 원료다. 무엇을 하든 시간이 필요한 법인데 그러한 시간을 대수롭지 않게 여기는 사람이 꽤 많다. 시간을 어떻게 쓰느냐는 돈을 어떻게 쓰느냐보다 중요하다. 가령 돈을 잃으면 다시 벌면 되지만, 시간은 한 번 지나가면 영영 돌아오지 않는다.

삶에 짜임새가 생기면 왠지 더 유능해진 느낌이 든다. 인생의 목적과 우선순위를 염두에 두고 하루, 1주일, 1년을 짜임새 있게 계획할 경우 생각이 또렷해져 무슨 일을 하든 힘이 솟는다. 또한 무슨 일을 하든 끝까지 해낼 확률이 높다. 이렇게 큰 도움을 주는 것이 또 있을까 싶다. 체계를 만들어 삶을 최대한 짜임새 있게 살자.

6. 효과적인 체계는 끈기를 키운다

언론인으로 활동한 시드니 해리스Sydney Harris는 다음과 같이 말했다.

"이상주의자는 단기적인 성과를 무시한다. 냉소주의자는 장기적인 성과를 무시한다. 현실주의자는 단기적으로 무엇을 끝내고 끝내지 못하느냐가 장기적인 성과를 결정한다고 믿는다."

장기적으로 성공을 누리고 싶다면 날마다 일관성을 유지하는 법을 배워야 한다. 성공의 비밀은 일상적인 일에 있다. 어떤 체계를 만들든 일관성을 기르는 데 도움이 되도록 하고, 그렇게 만든 체계를 끈기 있게 따라야 한다. 날마다 하는 일을 바꾸지 않는 한 인생은 절대로 바뀌지 않는다.

끈기를 기르려면 어떻게 해야 할까? 먼저 체계를 만들고 다음으로 그것을 끝까지 지킨다. NBA에서 열정을 불태운 감독 빌 머슬먼Bill Musselman이 2000년에 숨을 거뒀을 때, 장례식장에서 한 노신사가 그의 아들 에릭에게 다가와 고인의 이야기를 들려줬다고 한다.

언젠가 그는 2차선 도로를 달려 오하이오 주 오빌로 가는 길에 열한 살짜리 남자아이가 오른손으로 농구공을 드리블하며 달리는 것을 봤다. 그는 차를 세우고 물었다.

"어디로 가니?"

소년은 드리블을 멈추지 않고 대답했다.

"오빌로 갑니다."

"오빌은 여기서 15킬로미터나 떨어져 있는데?"

"네, 알아요."

"거기 가서 뭐 하려고?"

"왼손으로 드리블해서 집으로 돌아오려고요."

노신사는 에릭을 지그시 바라보며 말했다.

"그 아이가 자네 부친이었네."

이게 바로 체계를 만들고 그것을 끝까지 지키는 자세다!

머슬먼이 훌륭한 농구선수가 되기 위해 노력한 일화는 극적인 면이 있지만, 사실 일관성을 유지하려고 노력하는 것은 대개 그처럼 흥미진진하지 않다. 나는 가끔 나와 함께 하루를 보내고 싶다는 사람들을 만나기도 한다. 하지만 내가 평소에 하루를 얼마나 따분하게 보내는지 알게 되면 무척 실망할 것이다.

나는 아침 일찍 일어나 몇 시간을 책상 앞에서 보낸다. 오후에는 운동을 하고 사람들과 관련된 일을 처리한다. 그리고 보통 열 시에 잠자리에 든다. 흥미진진하진 않지만 일관성은 있다. 그리고 이것이 나에게 맞는 체계다.

⚜ 어느 골퍼의 전략

나는 40년째 골프에 빠져 있다. 몇 년 전 나는 《하비 페닉의 리틀 레드북》Harvey Penick's Little Red Book: Lessons and Teachings from a Lifetime in Golf을 읽었는데, 여기에는 80여 년간 선수와 강습자로 활동한 헤드 프로 (head pro, 골프장에서 직접 강습도 하고 다른 강습자들도 관리하는 골프 티칭프로—옮긴이)의 조언과 일화가 담겨 있다.

어릴 때 골프에 반한 하비 페닉은 여덟 살 무렵 텍사스 주의 오스틴 컨트리클럽에서 캐디로 일을 시작했다. 고등학교 3학년 때 클럽에서 영향력 있는 사람이 육군사관학교에 자리를 마련해주겠다고 했지만 하비는 그 제안을 거절했다.

"말씀은 감사하지만 저는 누가 뭐래도 골프 티칭프로가 되고 싶습니다."[2]

하비는 스무 살이 되기도 전에 헤드 프로로 그 클럽의 운영자가 되었다. 하비가 가장 애착을 보인 일은 골프 강습이었다. 그는 50년 동안 헤드 프로로서 오스틴 컨트리클럽을 관리하며 수천 명의 골퍼를 가르쳤다. 그리고 30년 이상 텍사스 대학교 골프 팀의 코치로 활약했다. 톰 카이트Tom Kite, 벤 크렌쇼Ben Crenshaw, 미키 라이트Mickey Wright, 베스티 롤스Besty Rawls, 캐시 위트워스Kathy Whitworth 같은 프로도 그에게 가르침을 받았다.

골프 강습자로서의 기량을 최대로 키우고 싶었던 하비는 체계적으로 움직였다. 그의 학생 중에는 골프 초심자, 핸디캡이 커서 점수를 높이고 싶어 하는 사람, 경기력을 향상시키고 싶어 하는 투어 프로 등이 있었는데, 그는 모든 학생을 한 명씩 따로 가르쳤다. 특히 강습시간에 다른 사람은 절대 들어오지 못하게 했다. 혹시라도 사람들이 어깨너머로 조언을 듣고 자신에게 맞지 않는 줄도 모르고 경기에 활용할까 우려했기 때문이다.

또한 그는 텍사스 대학교 팀에 새로운 선수가 들어올 때마다 그전에 클럽 티칭프로에게 어떤 식으로 강습을 받았는지 물었다. 그의 성공 전략은 가르치는 사람으로서 실력을 갈고닦는 것이었다. 하비의 아들 틴슬리(자기 힘으로 프로 골퍼가 되었다)는 이렇게 말했다.

"아버지는 항상 배우기를 그만두는 날이 가르치기를 그만두는 날이라고 하셨죠. 분명 돌아가시던 그날도 무언가를 배우고 계셨을 겁니다. 그날까지도 가르치기를 그만두지 않았거든요."[3]

하비 페닉이 전 세계적으로 이름을 날린 비결은 항상 관찰하고 실천한 것을 빨간 수첩에 기록한 데 있다. 그는 20대 시절부터 무엇이든 효과가 있으면 나중에 가르치기 위해 기록해두었다. 그렇게 60여 년을 보낸 그는 그 수첩을 서류가방에 넣어 잠가두고는 오로지 틴슬리에게만 보여주었다. 그는 '리틀 레드북'이라고 이름붙인 그 수첩을 은퇴할 때 아들에게 물려줄 생각이었다.[4]

그러다가 생각이 바뀌어 평생 모은 지혜를 다른 사람들에게 나눠주기로 했다. 스포츠 작가 버드 슈레이크Bud Shrake와 손잡고 책을 출간한 것이다. 그 책은 세상에 나오자마자 날개 돋친 듯 팔려나가 스포츠 분야에서 역대 최고 베스트셀러로 자리매김했다. 하비는 다음과 같이 썼다.

내 리틀 레드북이 특별한 이유는 그 안에 적힌 내용이 한 번도 공개되지 않아서가 아니다. 다만 그 속에 적힌 골프에 관한 내용이 세월을 통해 검증되었기 때문이다. …… 내가 책에서 말하는 것은 그 대상이 초심자든 중급자든 전문가든 어린아이든 경험을 통해 옳다고 입증된 것이다.[5]

성장을 극대화하는 전략을 세우고 싶다면 세월을 통해 검증된 원리를 찾아야 한다. 그리고 하비가 경계했듯 다른 사람의 기법을 그냥 가져다 쓰면 안 된다. 반드시 자신에게 맞게 손을 봐야 한다. 그래야만 그것을 토대로 강점을 키우고 목표를 달성할 수 있다. 이쯤에서 기억해두면 좋을 짐 론의 명언을 소개하고자 한다.

"목표에 정성을 쏟으면 목표도 그 사람에게 정성을 쏟는다. 계획에 정성을 쏟으면 계획도 그 사람에게 정성을 쏟는다. 무엇이든 좋은 것을 만들어내면 결국 그것이 그 사람을 만드는 법이다."

이것이 바로 계획의 법칙에 깃든 힘이다.

The Law of DeSign

'계획의 법칙' 적용하기

---

1. 인생에서 전략 기획에 가장 많은 시간을 들이는 영역이 어디인지 곰곰이 따져보자. 다음과 같은 영역을 생각해보면 좋을 것이다. 이 외에 필요한 영역이 있으면 추가해도 좋다.

    경력   신앙   가족   건강   취미   결혼   성장   휴가

지금까지 전략적인 자세로 인생의 계획과 체계를 세워왔는가? 만약 아니라면 그 이유는 무엇인가? 반대로 그렇게 해왔다면 어디에 가장 큰 비중을 두었는가? 과거의 행동이 지금 당신이 생각하는 우선순위와 조화를 이루는가? 우선순위를 어떻게 조정하고 싶은가?

2. 시간을 최대한 활용하고 능률을 올리게 해주는 체계를 만들자(기존의 체계가 있다면 개선하자). 브레인스토밍으로 개선하고 싶은 영역, 문제를 겪고 있는 영역, 기회가 보이는 영역이 무엇인지 알아보자. 그리고 각 영역에 보탬이 되는 체계를 만들어보자. 이때 다음과 같은 점을 염두에 둬야 한다.

    큰 그림 – 큰 그림을 실현하는 데 도움이 되는가?
    우선순위 – 내 가치관, 본분과 일치하는가?
    평가 – 구체적으로 성공 여부를 판단할 장치가 있는가?

실천 — 행동 지향적인가?
짜임새 — 지금보다 시간을 더 잘 활용하게 하는가?
일관성 — 정기적으로 반복하는 데 어려움은 없는가?

자신이 만든 체계가 별로 도움이 되지 않는다면 과감하게 수정하거나 폐기하자. 단, 어떤 체계든 최소한 3주(일반적으로 긍정적인 습관을 기르는 데 필요한 시간)는 실천해봐야 그 유효성을 판단할 수 있다.

3. 많은 사람이 인생과 성장을 위한 전략을 너무 복잡하게 만든다. 어떤 체계를 만들든 무조건 단순명료해야 한다. 자기가 만든 체계를 시험해 보고 싶으면 친구에게 설명해주면서 두 가지 검사를 통과하는지 살펴보자. 첫째는 명확하게 설명할 수 있는지 살펴 본다. 그렇게 할 수 없으면 너무 복잡한 체계라고 봐도 무방하다. 둘째는 친구가 똑같은 목표를 더 효과적으로, 더 간단하게 달성할 방법을 아는지 본다.

THE LAW OF PAIN

| 제 **8** 장 |

고통의 법칙

아프다, 아프다, 아프다.
그러니 나는 더 성장할 것이다

성공하는 사람은 실수에서 배우고
다른 방법으로 다시 시도한다.
– 데일 카네기

당신은 나쁜 경험에 어떻게 반응하는가? 불같이 화를 내는가? 기가 죽고 움츠러드는가? 가능한 거리를 두려고 하는가? 아예 무시해버리는가? 누군가가 말했다.

"모든 문제는 우리 자신을 보여준다."

무릎을 탁 치게 하는 말이다! 우리는 고통스러운 경험을 할 때마다 자신을 좀 더 알게 된다. 고통은 우리를 멈춰 서게 할 수 있다. 반대로 우리가 미루고 싶은 것을 결정하게 하고, 피하고 싶은 문제를 처리하게 하고, 내키지 않는 변화를 일으키게 할 수도 있다. 고통은 우리가 누구이고 어디에 있는지 직시하게 한다. 사람은 고통스런 경험에 어떻게 대처하느냐에 따라 달라진다.

❖ 인생 최악의 사건

얼마 전에 나는 누구보다 고통스러운 순간을 견뎌낸 셰릴 머기니스 Cheryl McGuinness의 이야기를 들었다.

늦여름의 어느 날, 셰릴의 남편 톰은 여느 때처럼 동이 트기도 전에 일터로 나가면서 그녀에게 입을 맞췄다. 몇 시간 후, 셰릴은 10대인 딸과 아들을 학교에 데려다주고 하루 일과를 시작했다.

그런데 느닷없이 한 친구가 전화를 해서 남편이 집에 있는지 물었다. 또 다른 친구도 전화로 똑같은 것을 물었다. 불길한 생각이 들었지만 무슨 일인지 감이 잡히지 않았다. 그녀가 계속 채근하자 마침내 친구가 입을 열었다.

"비행기가 납치됐대."

2001년 9월 11일 아침이었다. 셰릴의 남편 톰은 아메리칸항공의 조종사였다. 친구, 이웃, 동료 조종사, 교회 사람들이 집 안 가득 모였지만 몇 시간째 궁금증은 풀리지 않았다. 얼마 후 집 앞에 차 한 대가 서고 침통한 표정의 수석기장이 내리더니 자초지종을 설명해주었다. 국제무역센터에 처음으로 충돌한 비행기는 바로 톰이 부조종사로 탑승한 아메리칸항공 11편이었다. 톰을 비롯해 탑승객 전원이 목숨을 잃었다.

가슴 아픈 비극을 견뎌낸 사람들이 흔히 그렇듯 셰릴도 안간힘을 쓰며 아픔을 이겨냈다. 어떤 사람은 부정적인 경험에 잘 대처하지만 또 어떤 사람은 무척 애를 먹는다. 전문가들은 9·11 테러 이후 많은 사람이 심각한 스트레스, 외상 후 스트레스 장애, 우울증, 불

안장애, 약물남용 장애를 겪었다고 했다.[1]

9·11 테러로 악몽 같은 비극을 겪었지만 세릴은 그 상황을 잘 헤쳐 나갔다. 그로부터 3년 후에 출간한 《잿더미 위에서 찾은 아름다움》Beauty Beyond the Ashes에서 그녀는 이렇게 밝혔다.

"억울하고 이해할 수 없고 받아들이기 힘든 비극을 겪은 후에도 우리에게는 해야 할 일이 있다. 수행해야 할 역할이 있다. 가족과 다른 사람을 위해 져야 할 책임이 있다. 인생은 잠깐 멈출 수도 있지만 곧 다시 굴러가게 마련이다. 억울해도 그게 현실이다."[2]

세릴은 마음을 다잡고 강인하게 자신의 역할에 집중했다. 그녀는 톰의 장례식을 준비하고 고별사까지 직접 했는데, 이는 분명 괴로운 일이었다. 이후 혼자서 아이들을 챙기고 살림을 꾸려 나갔다. 미망인이 겪는 어려움을 극복하는 법도 금세 배웠다. 일례로 비극을 겪고 처음으로 맞은 어머니날에 친구들이 좋은 뜻에서 추천해준 행사에 참여했는데 생각과 너무 다르게 진행되었다. 그래서 아버지날에는 미리 준비를 했다가 아이들과 뜻 깊은 하루를 보냈다.

새로운 경험 하나하나가 그녀에게 성장의 기회가 됐다.

"나는 날마다 더 많은 것을 배우고 있다. 9·11 사건으로 나는 어쩔 수 없이 나 자신을 돌아보고, 그동안 보고 싶지 않았던 내 모습을 직시하면서 물었다. '하나님께서 내게 원하시는 게 뭐지? 내가 하나님 안에서 내 안에 있는 그분의 힘으로 할 수 있는 건 뭐지? 나를 어떻게 사용해서 다른 사람들에게 감동을 주시려나?' 나는 나 자신과 하나님을 더 많이 알아가고 있다. 그것도 톰이라는 필터를 거치지 않고 내 스스로 말이다."[3]

셰릴은 남편과 사별하고 나서야 그동안 자신이 얼마나 게으르게 살아왔는지 깨달았다고 한다. 그전에는 자신의 성장을 남편에게 맡기고 있었다. 하지만 비극을 겪은 후에는 자신의 성장을 직접 책임지게 되었다. 그녀가 가장 크게 성장한 영역은 대중 연설 부분이었다.

"9·11 이전에는 대중 앞에서 말을 해본 적이 한 번도 없었다. 많은 사람 앞에서 말을 한다는 생각만으로도 가슴이 철렁 내려앉을 정도였다. 톰의 장례예배 때는 평생에 단 한 번이라는 생각으로 눈 딱 감고 고별사를 했다. …… 다시 대중 앞에서 말을 하게 될 줄은 꿈에도 몰랐다."[4]

사람들은 자꾸만 그녀에게 이야기를 부탁했고 그녀는 서서히 연설가로 성장해나갔다. 더불어 마음속에서는 상실의 경험을 밑거름 삼아 다른 사람들의 삶에 보탬이 되겠다는 의지가 싹텄다.

이제 셰릴은 아이들도 다 자랐고 재혼해서 남부럽지 않게 살고 있다. 사건 10주년이 되었을 때 그간의 소회를 묻는 질문에 그녀는 담담하게 대답했다.

"그날은 결코 잊을 수 없을 만큼 처참했습니다. 그러나 저는 9·11의 잿더미 속에서, 그날의 잔해 속에서 빠져나와 말할 수 있습니다. '오늘의 나는 10년 전의 나보다 훨씬 더 강하다고.'"[5]

나쁜 경험에 잘 대처하면 전화위복이 된다. 고통의 법칙에는 이런 힘이 있다.

❧ 나쁜 경험에 관한 진실

나쁜 경험을 그냥 버텨내기만 하는 사람과 딛고 일어서서 전진하는 사람은 어떻게 다를까? 무엇보다 문제에 대처하는 자세가 다르다.

지금까지 '나는 문제가 좋아'라고 말하는 사람은 한 번도 본 적이 없지만 고통 속에서 가장 값진 소득을 얻었다고 하는 사람은 많이 알고 있다.

다음은 나쁜 경험에 관해 정리한 것이다.

1. 누구나 겪는다

살다 보면 좋은 날도 있고 궂은 날도 있게 마련이다. 문제는 모두들 좋은 날만 계속되길 바란다는 데 있다. 그런 일은 있을 수 없다. 누구도 나쁜 경험을 하지 않고 살아갈 수는 없다. 내가 '고약한 상황에서 좋은 일을 하는 법'이라는 제목으로 한 강연도 그래서 인기를 끌지 않았나 싶다. 인생이란 맑은 날이 있으면 흐린 날도 있는 법이다! 부정적인 경험은 아무리 피하려고 애를 써도 용케 우리를 찾아낸다. 내가 좋아하는 말이 있다.

"나는 인생을 한 번에 하루씩 상대하려 하지만, 요즘은 며칠이 한꺼번에 공격해온다."

어디서 무슨 일을 하든 배경이 어떻든 누구나 나쁜 경험을 하게 될 때가 있다. 방송 진행자 데니스 훌리 Dennis Wholey는 "자신이 착한 사람이라고 해서 인생이 호의적으로 대해주길 바라는 것은 채식주의자라고 해서 황소가 들이받지 않길 바라는 것과 같다."고 했다.

우리는 고통과 문제를 현실적인 시각으로 바라봐야 한다. 고통과 문제는 원한다고 해서 피할 수 있는 게 아니다.

2. 누구나 싫어한다

아카데미상 수상 경력이 있는 배우 더스틴 호프먼은 자신과 동료 배우들이 연기에 입문했을 때 겪었던 고생담을 털어놓았다.

> 누가 우리를 보고 성공할 거라고 했다면 아마 사람들은 대놓고 비웃었을 것이다. 당시 우리는 성공한 배우와는 거리가 멀어도 한참이나 멀었다. 나는 웨이터, 진 해크먼은 가구 배달원, 로버트 듀발은 우체국 직원이었다. 우리는 부와 명예는 바라지도 않았다. 그저 일이나 좀 있었으면 하는 마음뿐이었다. 너무 지긋지긋하게 퇴짜를 맞아 신물이 날 지경이었다. 심지어 캐스팅 에이전시의 문 앞에 이력서를 놓고 문을 두드린 뒤 달아나기도 했다. 다시는 면전에서 퇴짜를 맞기가 싫었기 때문이다. 어찌나 답답하던지 나는 배우를 그만두고 대학에서 연기수업이나 할까 심각하게 고민했다.

나쁜 경험을 하면서 즐거워하는 사람은 아무도 없다. 당시에는 그냥 고통스럽기만 하다. 그러나 그 경험에 잘 대처하면 훗날 그때를 돌아보며 기분 좋게 무용담을 늘어놓을 수 있다.

3. 나쁜 경험을 긍정적인 경험으로 발전시키는 사람은 드물다

역경이 닥치면 우리는 그 자리에 그대로 머물 수가 없다. 싫어도 움직여야 한다. 이때 어느 방향으로 움직이느냐가 매우 중요하다. 전진인가, 후진인가? 나쁜 경험을 하면서 더 나아지는가, 나빠지는가? 그런 경험이 성장의 디딤돌이 되는가, 걸림돌이 되는가? 워런 레스터Warren Lester의 말처럼 "성공의 비결은 좋은 패를 쥐는 게 아니라 나쁜 패를 쥐고도 잘 활용하는 것"이다.

사실 많은 사람이 시련에 제대로 맞서지 못한다. 언젠가 '일이 잘 풀리지 않으면 낮잠이나 자라'는 범퍼 스티커를 본 적 있는데 어떤 사람은 정말로 그걸 좌우명 삼아 사는 것처럼 보인다. 참으로 안타까운 일이 아닐 수 없다.

고통의 법칙을 배우지 않고는 절대로 성장할 수 없다. 성공한 사람들의 말을 들어 보면 거의 다 고난의 시기가 성장에서 가장 중요한 순간이었다고 말한다. 일단 성장하기로 마음먹었다면 나쁜 경험에 잘 대처하기 위해 최선의 노력을 기울여야 한다.

⚜ 고통의 보따리

누구에게나 고통스러운 경험이 한 보따리씩 있게 마련이다. 셰릴 머기니스만큼 충격적인 경험은 아니지만 나도 실패와 부정적인 경험을 꽤 많이 했다. 그중에서 성장의 밑거름이 되었던 것 몇 가지를 소개할까 한다.

- 미숙함에서 비롯된 고통―사회 초년생 시절에는 성공이 코앞에 있다는 생각에 열심히 노력했지만, 여러모로 미숙해서 자주 헛발질을 했다. 그 과정에서 참을성을 기르고 다른 사람들에게 신뢰를 얻었으며 영향력을 키우게 됐다.
- 무능함에서 비롯된 고통―사회 초년생 시절에 나는 상담을 많이 했으나 실력은 형편없었다. 그래서 내 재능을 재점검해볼 수밖에 없었다. 다행히 사람들을 훈육하기 시작하면서 내 강점 영역이 무엇인지 알게 되었다.
- 실망에서 비롯된 고통―한때 마거릿과 나는 입양 날짜까지 정해놓은 아기를 '잃고' 말았다. 당시 우리는 큰 충격을 받았다. 여섯 달 뒤 우리는 아들 조엘을 입양했고 그날 이후 지금까지 그 아이는 우리의 큰 기쁨이 되고 있다.
- 갈등에서 비롯된 고통―내가 목회하던 한 교회에서 신도들이 둘로 나뉘어 갈등을 일으키는 바람에 일부가 교회를 떠나는 일이 있었다. 그 일로 나는 리더라는 직책에 관해 더 깊이 고민하게 되었다.
- 변화에서 비롯된 고통―나는 몸담았던 조직을 박차고 나와 새로운 길을 선택했다. 그것은 완전히 새로운 시작이었고 힘들긴 했지만 많은 기회를 누리게 되기도 했다.
- 질병에서 비롯된 고통―나는 쉰한 살에 심장마비로 죽을 고비를 넘겼다. 정신이 번쩍 든 나는 당장 식습관을 바꾸고 날마다 규칙적으로 운동을 하게 되었다.
- 어려운 결정에서 비롯된 고통―내가 어려운 결정을 내리면 꼭

실망하는 사람이 있었다. 그 덕에 나는 사람들이 보기에 실망스럽긴 해도 참을 만한 정도를 유지하는 것이 좋은 리더의 조건임을 배웠다.

- 재정적 손실에서 비롯된 고통 – 예전에 투자 결정을 잘못하는 바람에 큰 손실을 본 적이 있다. 손실을 메우기 위해 재산을 팔아야 했을 때 정말 착잡했다. 덕분에 위험 부담이 있는 일은 더욱 신중하게 처리하게 됐다.

- 관계 상실에서 비롯된 고통 – 잠재력을 발현하려 애쓰다 보니 성장을 바라지 않는 친구들과는 아예 멀어지고 말았다. 나는 새로운 친구들을 사귀며 성장 여정에서 같은 길을 걷는 벗들과 어울리는 법을 배웠다.

- 1인자가 되지 못한 데서 비롯된 고통 – 예전에 내가 따랐던 목사님 한 분은 매우 훌륭한 리더로 누구에게나 큰 사랑을 받았다. 내가 그분만큼 사랑받거나 존경받지 못할 때, 나는 거기서 겸손을 배웠다.

- 직업에서 비롯된 고통 – 직업상 나는 예나 지금이나 늘 여기저기를 돌아다닌다. 이런 까닭에 가족을 소중히 여기고 함께하는 시간을 값지게 보내려고 노력하게 됐다.

- 책임에서 비롯된 고통 – 조직의 리더로서 딸린 식구가 많다 보니 나는 항상 다른 사람의 행복을 생각하고, 끝없이 새로운 것을 만들어내며 빡빡한 일정을 감당해야 한다. 여기에다 늘 마감 압박에 시달리고 있다. 그러다 보니 파김치가 될 때가 많지만 덕분에 우선순위와 원칙 고수에 관해 많이 배우기도 했다.

내가 이렇듯 고통스러운 경험에서 배운 교훈은 무엇일까? 바로 불편함을 발전의 촉매제로 삼아야 한다는 것이다. 아무리 부정적인 경험이라도 잘 대처하면 성장으로 이어진다.

⚜ 시련 속에서 교훈을 얻는 방법

프랭크 휴스Frank Hughes는 "경험이 가장 좋은 스승이라고 할 수는 없지만 어리석은 짓을 되풀이하지 않도록 하는 데는 그만한 게 없다."고 했다. 나쁜 경험을 교훈 삼아 어리석은 짓을 되풀이하지 않는 것은 물론 한층 더 성장하고 싶다면, 다음의 다섯 가지 실천사항을 따르기 바란다.

1. 긍정적인 인생관을 형성한다

'인생관'이란 인생의 기준이 되는 틀을 말한다. 다시 말해 자기 자신, 타인, 세상에 대한 태도, 추측, 기대를 뜻한다. 그 속에는 가령 돈을 대하는 태도, 자신의 건강에 관한 추측, 자녀의 미래에 거는 기대 등이 포함된다.

바로 이러한 인생관에서 사물에 대한 관점이 나온다. 그렇기 때문에 낙천적인 사람, 비관적인 사람, 활기찬 사람, 침울한 사람, 남을 잘 믿는 사람, 남을 잘 의심하는 사람, 싹싹한 사람, 과묵한 사람, 대범한 사람, 소심한 사람, 마음이 넓은 사람, 쩨쩨한 사람, 베푸는 사람, 이기적인 사람이 있는 것이다. 긍정적인 인생관을 유지하면 나쁜 경험에 잘 대처해 긍정적으로 성장할 수 있다.

가족 치료법의 대가, 버지니아 사티어Virginia Satir는 "인생은 우리 마음대로 되지 않는다. 제 마음대로 굴러간다. 그것을 어떻게 극복하느냐가 차이를 만들어낸다."라고 말했다.

살아가면서 겪는 일 중에는 우리가 어쩔 수 없는 부분이 생각보다 많다. 하지만 우리의 태도는 우리 뜻대로 바꿀 수 있다. 즉, 우리는 역경을 딛고 일어서기로 결단하고, 부정적인 경험이 우리의 본질과 신념을 갉아먹지 못하게 막을 수 있다. 또한 비극이 닥쳤을 때 셰릴 머기니스처럼 굳건한 의지로 고통 속에서 긍정적인 교훈을 찾을 수도 있다.

내가 긍정적인 인생관을 받아들이게 된 까닭은 그렇게 해야 나도 성공하고 다른 사람도 성공하도록 도울 수 있다고 믿었기 때문이다. 다음과 같은 생각은 자연스럽게 긍정적인 인생관을 기르는 데 도움을 준다.

- 인생에는 좋은 것도 있고 나쁜 것도 있다.
- 좋은 것과 나쁜 것 중 일부는 내가 어쩔 수 없는 것이다. 그게 인생이다.
- 좋은 것과 나쁜 것 중 일부는 내가 가만히 있어도 찾아온다.
- 인생관이 긍정적이면 좋은 것과 나쁜 것이 더 좋아진다.
- 인생관이 부정적이면 좋은 것과 나쁜 것이 더 나빠진다.
- 그러므로 나는 긍정적인 인생관을 선택한다.

살다 보면 기대하는 대로 받는 경우가 많다. 늘 그런 것은 아니지만 일반적으로 그렇다. 그런데 왜 최악을 기대하는가? 나는 시인 존 그린리프 휘티어John Greenleaf Whittier의 생각을 따르고 싶다.

> 이제는 희망이나 두려움으로
> 앞이나 뒤를 보는 일 없으리.
> 오로지 감사하며 지금 여기서
> 최상의 것을 취해 살아가리라.

이렇게 하면 인생이 더욱 살 만해질 뿐 아니라 그 속에서 교훈도 더 쉽게 얻을 수 있다.

2. 창의력을 활용하고 계발한다

닭을 기르는 농부가 있었다. 얄궂게도 봄만 되면 땅이 물에 잠겼다. 그래도 그는 농장을 포기하고 다른 데로 갈 생각이 전혀 없었다. 물이 역류해 닭장이 물에 잠기면 그는 닭들을 높은 곳으로 대피시키느라 엄청나게 고생했다. 몇 번은 신속하게 움직이지 못해 닭 수백 마리가 물에 빠져죽기도 했다.

그러던 어느 해에 최악의 봄이 닥치면서 닭을 모조리 잃고 말았다. 그는 집으로 돌아와 아내에게 말했다.

"망했어. 마른 땅을 살 돈이 있나, 땅을 팔 수가 있나. 눈앞이 캄캄해."

그러자 아내가 대답했다.

"오리를 사면 되잖아."

나쁜 경험을 잘 활용하는 사람들은 이 이야기에 나오는 농부의 아내처럼 창의력을 발휘해 문제에 맞선다. 그들은 문제에서 새로운 가능성을 본다.

닐 월시Neale Walsh는 "인생은 안전지대 끝에서 시작된다."라고 말했다. 나는 창의력도 안전지대 끝에서 시작된다고 본다. 나쁜 경험으로 고통을 느낄 때 창의력을 발휘하면 그 고통 속에서도 열매를 얻을 수 있다. 그 비결은 아드레날린이나 분노에서 나오는 기운을 사용해 문제를 해결하고 교훈을 얻는 것이다.

나도 오래 전에 그런 경험을 했다. 로이드 오길비Lloyd Ogilvie의 제안으로 《커뮤니케이터의 주석》The Communicator's Commentary이라는 스물한 권짜리 구약성경 주석서 집필 사업에 참여했을 때다. 로이드는 내게 신명기의 주석서를 써달라고 했고 나는 그러겠다고 했다. 그런데 막상 하려고 보니 힘에 부치는 일이었다. 나는 구약학자가 아닌 까닭에 머리에 쥐가 날 정도였다. 로이드를 세 번이나 찾아가 그 작업에서 빼달라고 사정했지만 그는 세 번 다 거절하면서 계속해보라고 어깨를 두드려주었다.

나는 일이 뜻대로 되지 않아 완전히 죽을 맛이었다. 하지만 지나고 나서 보니 로이드가 완강히 버틴 덕분에 내가 창의력을 발휘할 수 있었음을 알게 되었다. 나는 성경학자들을 만나 그들의 견해를 들었다. 또한 히브리어 실력이 부족한 탓에 윌리엄 야르친William Yarchin 교수에게 히브리어 개인 교습을 받았다. 결국 나는 온갖 고생 끝에 내가 맡은 일을 무사히 마쳤다. 스물한 권이 모두 출간되었을 때 나는 다른 저자 스무 명에게 사인본을 부탁했다. 그 책들은 내 소중한 보물로 책장에 자랑스레 진열되어 있다.

나쁜 경험을 하게 되면 기죽거나 화내지 말고 그것을 발판 삼아 창의력을 발휘할 방법을 찾아보자.

3. 나쁜 경험의 가치를 인정한다

어떤 사람이 케네디 대통령에게 어떻게 전쟁 영웅이 되었느냐고 물었다. 그러자 그는 여느 때처럼 천연덕스럽고 재치 있게 한마디 툭 던졌다.

"별것 아니었지. 누가 우리 배를 침몰시켰거든."

세월이 흐르고 나면 부정적인 경험을 긍정적으로 보기가 좀 쉬워진다. 물론 부정적인 경험을 하는 바로 그 순간에 긍정적인 자세를 유지하기란 쉬운 일이 아니다. 그래도 긍정적인 자세를 유지한다면 거기서 무엇이든 배울 수 있다.

발명가로 GM에서 연구개발을 진두지휘한 찰스 케터링 Charles Kettering 은 말했다.

"가만히 서 있으면 절대로 발가락을 찧을 일이 없다. 빠르게 움직일수록 발가락을 찧기 쉽지만 그만큼 어딘가에 도달할 가능성도 커진다."

다시 말해 고생이 없으면 발전도 없다. 시련은 누구나 겪게 마련이다. 그렇지만 아무나 교훈을 얻는 것은 아니다. 그 속에서 교훈을 얻을 수 있다고 믿고 시련에 맞서는 사람만 교훈을 얻는다.

4. 나쁜 경험에서 교훈을 얻은 다음에 좋은 변화를 일으킨다

소설가 제임스 볼드윈James Baldwin은 "우리에게 닥친 일을 직시한다고 해서 다 바꿀 수 있는 것은 아니다. 그러나 직시하지 않고 바꿀 수 있는 것은 하나도 없다."라고 말했다. 우리는 흔히 나쁜 경험을 하고 나서야 우리에게 필요한 변화를 직시한다.

나 역시 건강 문제 앞에서 그랬다. 나는 쉰한 살에 심장마비를 겪었다. 물론 나는 내 식습관이 좋지 않고 운동도 충분치 않다는 것을 알고 있었다. 그래도 건강상의 문제가 발생한 적이 없었던 터라 그냥 하던 대로 계속했다. 그러다가 어느 날 밤 심장마비로 가슴이 터질 듯한 고통이 찾아오자 불현듯 다시는 가족을 못 볼지도 모른다는 생각에 정신이 번쩍 들었다. 나는 즉시 생활 방식을 바꿨다. 드디어 배우는 사람의 자세를 갖추게 된 것이다.

고통의 법칙이 가치 있는 이유가 여기에 있다. 고통의 법칙은 인생의 방향을 돌릴 기회를 마련해준다. 길이 굽었다고 거기서 끝나는 게 아니다. 그곳에서 똑바로 방향을 틀면 길은 계속 이어진다.

사람들은 대부분 머리가 아니라 마음으로 긍정적인 변화의 길을 찾아간다. 하버드 경영대학원 교수 존 코터John Kotter와 딜로이트 컨설팅의 부사장 댄 코헨Dan Cohen은 《기업이 원하는 변화의 기술》The Heart of Change에서 다음과 같이 썼다.

"행동 변화는 사람들에게 분석 결과를 보여주어 생각에 영향을 끼칠 때가 아니라, 진실을 보게 해서 감정에 영향을 끼칠 때 더 잘 일어난다. 물론 생각과 감정은 모두 중요하고 성공한 조직은 두 가지 모두 중요시하지만 변화의 핵심은 감정에 있다."

나쁜 경험으로 강렬한 감정이 일어나면 우리는 그 감정을 직시하고 변화를 꾀하거나, 그냥 달아나려고 발버둥친다. 문제에 맞닥뜨렸을 때 투쟁과 도주 중 하나를 선택하는 것은 오래 전부터 이어져 온 우리의 본능이다. 우리는 긍정적인 변화를 위해 투쟁하는 훈련을 해야 한다. 어떻게 해야 할까? 우리의 선택이 자기 수양의 고통이나 후회의 고통 중 하나로 이어진다는 점을 기억하면 된다. 나라면 자기 수양의 고통을 받아들이고 긍정적인 보상을 거둬들이겠다. 만약 후회의 고통을 택하면 마음 깊숙한 곳에 사그라질 줄 모르는 아픔을 안고 살아가야 할지도 모른다.

운동선수이자 저술가인 다이애나 니아드Diana Nyad가 말했다.

"나는 무엇에든 뛰어들 준비가 되어 있다. 새로운 단계로 나아갈 수 있다는 믿음만 있으면 일시적인 고통이나 불편함은 아무 문제가 되지 않는다. 나는 미지의 세상에 관심이 많다. 미지의 세상으로 나아가려면 장벽을 뚫어야 한다. 거기에는 고통이 따르게 마련이다."

니아드는 장거리 수영선수로 기록을 깨기 위해 몇 번이나 그런 과정을 겪었다. 1979년 그녀는 바하마의 비미니에서 출발해 멈추지 않고 플로리다까지 헤엄쳐갔다. 꼬박 이틀이 걸렸다. 이 기록은 30년이 지난 지금까지도 깨지지 않고 있다.

앞으로 나쁜 경험을 하게 되면 변화와 성장의 기회가 코앞에 있다고 자신을 다독이자. 그 경험에 어떻게 대처하고 그 결과로 어떤 변화를 일으키느냐에 따라 성장할 수도 있고 성장하지 못할 수도 있다. 감정을 변화의 촉매제로 삼고 어떻게 변화해야 올바른 선택을 하는 것인지 곰곰이 생각한 후에 행동하자.

5. 인생을 책임진다

다시 한 번 말하지만 우리가 처한 상황이 우리의 본질을 좌우하는 것은 아니다. 상황은 우리 밖에 있는 것이므로 마음만 먹으면 우리의 가치관과 기준에 부정적인 영향을 끼치지 못하게 막을 수 있다. 그와 동시에 우리는 자신의 인생과 선택에 책임을 져야 한다.

정신의학자 프레더릭 플랙Frederic Flach의 《회복 탄력성》Resilience과 심리학자 줄리어스 시걸Julius Segal의 《역경과 시련을 극복한 승리자들》Winning Life's Toughest Battles을 보면 나쁜 경험을 이겨낸 사람들에게는 '피해자'라는 딱지를 거부하고 주도적으로 앞으로 나아가는 특성이 있었음을 알 수 있다. 그들은 "나에게 세상에서 가장 나쁜 일이 일어났으니 절대로 벗어나지 못할 거야."라고 말하지 않는다. 대신 "나에게 좀 나쁜 일이 일어나긴 했지만 나보다 더한 사람도 있다는 걸 기억하고 절대 포기하지 않을 거야."라고 말한다.

자기연민에 빠져 "왜 하필 나야?"라고 묻지도 않는다. 이것은 정말 좋은 태도다. '왜 하필 나야?'는 '난 망했어'로 가는 지름길이다.

자기 인생을 책임지지 않는 사람은 손톱만큼도 성장하기 어렵다. 예전에 코미디언이자 가수로 활동한 애나 러셀Anna Russell이 부른 노래가 있다. 노랫말을 보면 요즘 많은 사람에게서 드러나는 자세가 잘 표현되어 있다.

정신과에 가서 정신 감정을 받았네. 내가 왜 고양이를 죽이고
아내의 눈에 피멍이 들게 했는지 알고 싶어서.
의사는 어디 한번 보자며 나를 폭신폭신한 침대에 눕혔지. 그

리고는 내 무의식 속에서 이런 것들을 들춰냈어.

한 살 때 엄마가 고래 인형을 숨겨버렸어. 그러니 내가 술고래일 수밖에.

두 살 때 아빠가 가정부에게 입 맞추는 걸 봤어. 그러니 내가 도벽이 있을 수밖에.

세 살 때 형이 좋기도 하고 밉기도 했어. 그러니 내가 애인들을 모두 독살할 수밖에.

참 다행이지. 배운 게 있어서 말이야. 내가 저지른 잘못은 모두 다른 사람 때문이라고.

몇 년 전부터 나는 중국에서 강연을 자주 하고 있다. 얼마 전에 참여한 컨퍼런스에서는 참가자들에게 가치관 검사를 제안했다. 가치관 검사는 존 맥스웰 컴퍼니가 개발하고 활용하는 검사 기법으로 피검사자들은 정직, 독립, 창조, 가족 등 다양한 가치가 쓰인 카드를 이용해 자신이 가장 소중하게 여기는 가치를 확인한다. 먼저 소중하게 여기는 가치 여섯 개를 선택하고 그중에서 두 개를 추린 다음, 가장 소중한 가치 하나를 꼽는 식이다.

지금까지 수천 명이 이 검사를 했다. 그런데 놀랍게도 중국인이 가장 많이 꼽은 가치는 책임이었다. 그들의 문화를 엿볼 수 있는 대목이다. 최근 중국이 눈부시게 성장한 것도 절대 우연이 아니라는 생각이 들었다.

인생에서 무슨 일을 겪었든 또는 지금 무슨 일을 겪고 있든 모든 경험은 성장의 밑거름이 될 수 있다. 때로는 고통의 한복판에서 기회를 찾기가 무척 어렵기도 하지만 기회는 언제나 우리를 기다리고 있음을 잊지 말자. 기회를 찾고 그것을 적극적으로 활용하자. 영국의 철학자로 미국에 건너와 펜실베이니아를 개척한 윌리엄 펜William Penn의 말을 듣고 기운을 내기 바란다.

"고생하지 않고는 열매를 거둘 수 없고, 가시밭길을 걷지 않고는 왕의 길을 걸을 수 없으며, 쓴맛을 보지 않고는 영광을 맛볼 수 없는 법이다."

The Law of Pain

'고통의 법칙' 적용하기

1. 지금까지 살아오면서 부정적인 경험을 어떤 태도로 대했는지 살펴보자. 인생을 돌아보았을 때 고통스러운 실패, 비극, 문제, 난관에 대처하는 마음자세가 다음 중 어느 것에 가장 가까운가?

    1) 무슨 수를 써서라도 고통을 피하려고 한다.
    2) 고통을 피할 수 없지만 무시하거나 막으려고 한다.
    3) 누구나 고통을 겪는 법이니 그냥 견뎌낸다.
    4) 고통이 좋지는 않지만 그래도 긍정적으로 생각하려고 노력한다.
    5) 고통스러운 경험에서 오는 감정을 빠르게 정리하고 거기에서 교훈을 찾으려 한다.
    6) 고통을 처리하고 교훈을 찾은 다음 진취적으로 변화를 일으킨다.

지금 위의 평가 기준에서 어디에 있든 나쁜 경험을 하고도 긍정적인 변화를 일으키는 수준까지 발전하는 것을 목표로 삼자.

2. 과거의 나쁜 경험을 디딤돌 삼아 창의력을 발휘한 적이 있는가? 만약 없다면 지금의 시련을 발판으로 더욱 창조적인 사람이 되는 법을 배우기 위해 다음과 같이 해보자.

    • 문제가 무엇인지 정의한다.

- 자신의 감정 상태를 파악한다.
- 어떤 교훈을 얻었는지 명확하게 표현한다.
- 원하는 변화가 무엇인지 밝힌다.
- 브레인스토밍으로 다양한 변화 경로를 찾는다.
- 다른 사람들의 견해를 듣는다.
- 행동에 돌입한다.

늘 하던 대로 하면 늘 얻던 결과만 얻는다는 사실을 잊지 말자. 새로운 곳에 이르고 싶다면 새로운 길을 걸어야 한다.

3. 아무리 대단한 교훈을 얻었을지라도 그것을 토대로 변화를 일으키지 않으면 아무 소용이 없다. 성장하고 싶으면 행동 지향적인 사람이 되어야 한다!
최근에 겪은 나쁜 경험 다섯 가지를 떠올린 다음 종이 위에 기록하고 각각에서 배운 교훈을 적어보자. 또한 그 교훈을 토대로 변화를 일으키기로 했는지, 그런 변화를 얼마나 효과적으로 일으켰는지 평가해보자. 다섯 가지를 모두 따져봤으면 이번에는 그 경험에 잘 대처했는지 A에서 F까지 점수를 매겨보자. 혹시 A나 B가 아니라면 위에서 제시한 절차에 따라 대처 능력을 키우기 바란다.

THE LAW OF THE LADDER

| 제 9 장 |
사다리의 법칙

결국 사람들은 성품이 좋은 사람을 찾아가게 되어 있다

흔히 성취라고 하면 어떤 일을 하는 것이라고 생각하지만,
고도의 성취자들은 어떤 존재가 되는 것이라고 생각한다.
- 더그 파이어보

플로리다로 이사하고 나서 얼마 지나지 않아 나는 제리 앤더슨Jerry Anderson을 만났다. 사람 좋은 제리는 금세 나와 친해졌다. 그는 사업적으로 크게 성공했지만 처음부터 그랬던 것은 아니었다. 그의 이야기를 들어보면 성품을 기르는 것이 성장에 어떤 영향을 미치고 어떻게 성공으로 이어지는지 확실히 알 수 있다.

⚜ 길잡이 없는 야심가

오하이오 주에서 고등학교를 졸업한 제리는 공장에서 기계기술자와 금형제작자로 일했다. 능력과 성실성을 겸비한 덕분에 직장 생활은 순탄했지만 제리는 그 정도로 만족하지 않았다. 그에게는 야

망이 있었다. 평생 같은 일만 하다가 은퇴하는 것에 만족할 수 없었다. 사업으로 성공하고 싶었던 그는 공장 일을 그만두고 사업가로 나섰다.

첫 번째 사업은 일본제 정밀 공구 제작기를 판매하는 일이었다. 그는 그 분야를 잘 알았고 제품도 좋은 것을 선택했지만 시기가 그리 좋지 않았다. 당시는 1970년대 초로 '일본제'에 대한 인식이 별로 좋지 않았기 때문이다. 일본은 제2차 세계대전 이후 크게 발전했으나 미국인에게 여전히 '값싼 상품을 만드는 나라'라는 이미지가 남아 있었다. 이런 이유로 제리의 첫 번째 사업은 실패로 끝났다.

제리는 흔들리지 않고 재도전했다. 이번에는 전략을 바꿔 네트워크 마케팅 회사에 들어갔다. 그는 새로운 마음으로 사업에 온 힘을 쏟았지만 회사가 주 정부의 조사를 받고 폐쇄되면서 사업의 토대를 잃고 말았다.

그래도 제리는 포기하지 않았다. 그는 당시 캘리포니아에 살고 있던 친구 버니 토런스와 함께 부동산 잡지를 펴내기 시작했다. 두 사람은 3년 동안 모든 것을 걸고 열심히 일했지만, 이번에도 사업은 잘 풀리지 않았다.

그즈음 제리는 버니가 경영과 관련해 간혹 조언을 구하는 존 슈록이라는 사람을 만나러 오하이오에 갔다. 제리는 그에게 사업에서 큰 성공을 일군 비결을 물었다. 존은 자신이 사업을 할 때마다 반드시 지키는 가치관과 원칙이 있다고 말했다.

"그 가치관과 원칙이 무엇입니까?"

"이것이네."

존은 윗옷 주머니에서 손수 만든 작은 책을 꺼냈다. 그가 날마다 갖고 다니는 책은 성경의 잠언서를 주제별로 정리한 지침서였다.

"사업을 하다가 문제가 생기거나 궁금한 게 있으면 항상 이 책에서 답을 얻는다네."

존은 그 작은 책의 복사본을 제리에게 주면서 힘이 들 때마다 펼쳐보라고 했다.

❧ 성공하려면 성공한 사람처럼 생각해야 한다

제리는 성공한 사업가가 되려면 성공한 사업가처럼 생각해야 한다는 것을 직감했다. 그는 대여섯 사람을 모아 1주일에 한 시간씩 존이 준 작은 책에 실린 원칙을 공부하기로 했다. 그로서는 난생처음 성장하겠다는 의도를 품은 셈이었다.

그런데 흥미롭게도 얼마 지나지 않아 그의 삶과 사업이 조금씩 바뀌기 시작했다. 늘 휘청거리던 사업에서 처음으로 수익이 난 것이다. 그는 곧 엄청난 성공을 거뒀고 사업을 캘리포니아 전역으로 확장하고 부동산 잡지사를 다른 회사에 매각했다.

그 후 그는 오하이오로 돌아와 잠시 컨설팅을 했지만, 사업에 대한 열정을 접지 못하고 다시 새로운 부동산 잡지를 펴냈다. 이 잡지는 동부 전역의 부동산을 다루는 미국 최대의 잡지로 성장했고 직원도 천여 명에 이르렀다. 이번에는 뉴욕의 한 회사가 그의 잡지사를 인수했다.

⚜ 좋은 사람이 성공한다

1980년대에 많은 사람이 존 슈록의 명성을 듣고 오하이오로 가서 그에게 가르침을 받았다. 존은 사람들에게 도움을 주고자 자신의 생각과 원칙 중 일부를 책으로 쓰기도 했다. 1980년대 말 제리는 존에게 전수받은 원칙을 시장에 소개해야겠다는 생각을 했다. 그는 전국을 돌아다니며 사업가를 찾았지만 관심을 보이는 사람은 거의 없었다.

그러던 중 사업에 도움을 줄 사람을 찾아 과테말라에서 버지니아로 온 세 사람(치과의사, 기업 간부, 대형 철물점 주인)을 만났다. 그들은 제리가 제시하는 자료를 보고는 상기된 표정으로 팀원들을 이끌고 과테말라로 와서 자신들을 도와달라고 말했다. 이른바 라 레드 La Red의 시작이었다.

제리는 팀원들과 함께 과테말라시티로 가서 오래 전에 캘리포니아에서 시작한 모임과 흡사한 원탁회의 모임을 만들었다. 모임에 참여하는 사람들은 매주 정해진 시간에 모여 한 원칙의 특징과 장점을 따져보고, 자신이 그 원칙을 얼마나 잘 지키고 있는지 평가한 다음 변화와 개선을 위해 구체적인 행동을 하겠다고 다짐해야 했다. 그리고 다음 모임에서 각자 다짐을 지켰는지 밝히고 그다음 원칙을 따져보았다. 그들이 1년 동안 다룬 주제는 다음과 같다.

절제	경계	도덕
관용	바른 생각	소유

근면	상식	포부
동기	번영	경청
정직	감정	보증
인내	시도	책임
겸손	방향성	부채
생산성	교정	절약
의존성	갈등	훈육
화	압박	타인 이해
태도	비판	영감
사실	판단	영향력
목표	대립	
계획	용서	

라 레드가 사업가들과 하는 일이 좋은 성과를 거두자, 과테말라의 한 대학교 총장이 그들을 초빙해 교수들을 상대로 가치관 교육을 해달라고 부탁했다. 당시 그 대학 교수들은 성적과 관련해 뇌물수수 등 부정행위를 일삼아온 것으로 알려져 있었다. 그런데 교수들에게 가치관 교육을 실시하자 대학 문화가 바뀌기 시작했고, 급기야 이사회에서 입학예정자들에게도 똑같은 교육을 해달라고 요청하기에 이르렀다. 지금은 연간 1만 2,000~1만 5,000명의 학생들이 이 교육 과정을 이수하고 있다.

과테말라에서 라 레드를 설립하고 얼마 지나지 않아 제리의 팀은 콜롬비아의 보고타에서도 가치관 교육을 해달라는 요청을 받았다.

그들은 발족식을 계획하면서 참석자를 50명 내외로 예상했다. 하지만 예상을 깨고 수백 명이 몰려오는 바람에 장소를 가까운 공원으로 옮겨야 했다.

콜롬비아에서도 소문이 퍼지면서 정부로부터 공무원 1만 1,500명을 대상으로 똑같은 성품 교육을 해달라는 요청이 들어왔다. 제리는 그 요청을 흔쾌히 받아들였다. 그런데 알고 보니 교육을 받는 공무원은 모두 교도관들이었다. 콜롬비아의 교도소는 폭력과 부정부패로 악명이 높았던 터라 결코 만만히 볼 일이 아니었다. 심지어 수감된 마약단과 게릴라의 우두머리들이 교도소 안에 자기네 구역을 만들고 조직을 움직이고 있었다. 날마다 살인이 끊이지 않았고 교도소장과 교도관은 십중팔구 부정에 가담하거나 살해당하거나 둘 중 하나였다.

당시에는 전국의 교도소를 관리하는 감독관이 바뀌어 있었다. 정부의 만류로 은퇴를 보류하고 그 자리에 앉은 시퓨엔테스 장군은 올곧은 사람으로, 부패를 좌시하지 않았고 교도소 문화를 바꾸고 싶어 했다. 이런 이유로 그의 아들이 시퓨엔테스 장군으로 오해를 받아 살인청부업자들의 손에 목숨을 잃기도 했다. 이후로도 그는 여러 차례 위협을 받았는데 바로 그가 제리에게 교육을 요청한 것이었다.

라 레드가 모두 7만 5,000명을 수감한 143개 교도소에 성품과 가치관 교육을 실시하자 변화가 일어나기 시작했다. 1년 반쯤 지난 뒤에는 이전과 비교도 되지 않을 정도로 살인 횟수가 줄어들었다. 교도관을 닮고 싶어 하는 재소자들이 있다는 보고도 올라왔다. 그렇다고 교도소가 즐거운 곳으로 탈바꿈했을 리는 없지만 그래도 분명 이전과는 달랐다. 이후 콜롬비아 군대에서도 성품 교육을 해달라는 요청이 들어왔다.

라 레드는 지금도 세계 곳곳의 기업, 정부, 학교, 교회에서 가치관과 성품을 가르치고 있다. 그들은 현재 44개국에서 활동하고 있으며 지금까지 100만 명 이상이 교육을 받은 것으로 추산된다. 가치관과 성품 교육이 중요한 이유는 성품을 얼마나 함양하느냐에 따라 그 사람이 성장하는 수준이 달라지기 때문이다. 성품이 갖춰져야 성장할 수 있고, 성장해야만 내면의 가능성이 깨어난다.

⚜ 성품의 가치

제임스 쿠제스James Kouzes와 배리 포스너Barry Posner 교수는 25년 이상 온갖 조직의 리더를 연구해왔다. 연구진은 사람들에게 "리더가 당연히 갖춰야 할 가치관이나 특징, 성품은 무엇이라고 생각합니까?"라고 물었다.

또한 그들은 지금까지 전 세계의 7만 5,000명이 넘는 사람들에게 '존경받는 리더의 성품'이라는 설문조사를 실시했다.[1] 두 사람에 따르면 "그 결과는 지난 세월 동안 놀랄 만큼 일관성이 있었고 인구 구성, 조직, 문화가 달라도 결과는 크게 다르지 않았다."고 한다.

그렇다면 사람들이 리더에게서 가장 높이 평가하는 성품은 무엇일까? 바로 '정직함'이다. 쿠제스와 포스너는 정직함은 좋은 성품의 핵심으로 한 사람의 평판에 가장 큰 영향을 미친다고 설명한다.

정직함은 거의 모든 설문조사에서 리더가 갖춰야 할 성품으로 가장 많은 응답을 받았다. 전체적으로 볼 때도 리더의 자질 중 가장 중요한 요인으로 두드러졌다. 조사마다 비율은 약간씩 다르지만 순위는 똑같았다. 우리가 연구를 시작한 이래로 1순위는 항상 정직함이었다.[2]

사람들이 좋은 성품을 갖춘 리더를 따르려고 하는 것은 당연한 일이다. 믿음이 가지 않는 사람과는 누구도 함께 일하고 싶어 하지 않는다. 그런데 우리가 다른 사람과 일하거나 다른 리더를 따르기 전에 날마다 믿고 따라야 할 사람이 있다. 바로 자기 자신이다! 자신을 믿지 못하면 절대로 성장할 수 없다. 정직함과 올곧음을 바탕으로 좋은 성품을 기르지 않으면 인생의 어떤 영역에서도 성공할 수 없다. 좋은 성품이 없으면 모래 위에 집을 짓는 꼴이다. 성품이 중요한 이유가 여기에 있다.

빌 스롤 Bill Thrall은 직업에 필요한 능력에만 신경 쓰고 성품을 등한시하면 반드시 대가를 치르게 된다고 했다. 그런 사람은 인간관계가 망가지는 것은 물론 일도 잘 풀리지 않는다. 스롤은 이를 두고 힘없는 사다리를 올라가는 것과 같다고 표현했다. 이 경우 높이 올라가면 올라갈수록 사다리가 심하게 흔들리고 결국에는 아래로 추락하고 만다.[3]

장군이었던 노먼 슈워츠코프 Norman Schwarzkopf는 "리더십이 통하지 않는 이유의 99퍼센트는 성품 때문"이라고 했다. 어디 리더십뿐인가. 게으름을 피우다가 마감 기한을 넘기는 사람들이 얼마나 많은가. 공부를 제대로 하지 않아 성적이 저조한 경우는 또 얼마나 많은가. 좋은 책을 읽을 시간이 있음에도 그보다 가치 없는 것에 시간과 돈을 낭비하는 사람은 또 얼마나 많은가. 이는 모두 능력이 아니라 좋은 성품을 갖추지 못해 생기는 일이다. 사람의 성장 수준은 좋은 성품을 얼마나 갖추느냐에 따라 달라진다. 이것이 바로 사다리의 법칙 the Law of the Ladder이다.

인생의 안전장치

성품 사다리 the Ladder of character를 오르기 위해서는 적극적인 실천 의도가 있어야 한다. 가만히 있으면 성품 사다리를 오를 수 없다. 당연한 말이다. 나도 그렇고 누구나 마찬가지다. 나는 올바른 자세를 기르고 어떤 '발판'을 놓아야 내게 도움이 되는지 아는 데 수십 년이 걸렸다. 다음은 내가 성품 사다리를 더 높이 올라가는데 힘이 된 발판들에 대한 내용이다. 당신에게도 분명 도움이 될 것이다.

1. 외면보다 내면을 닦는 데 집중하겠다 — 성품이 중요하다

사람들은 대개 겉으로 드러나는 모습에 신경을 쓴다. 이것이 문제될 것은 없다. 그러나 외면에만 치중하고 내면을 소홀히 하면 탈이 난다. 사람들은 보통 겉모습을 보고 우리를 판단하지만 성품은 내면의 모습을 반영한다. 외면보다 내면을 더 갈고닦으면 시간이 지나면서 외면도 함께 나아진다.

내면이 외면에 영향을 끼친다
2,500여 년 전 잠언서 기록자는 마음자세에 따라 됨됨이가 달라진다고 했다.⁴ 이후 이 고대의 지혜는 수많은 기록자가 되풀이해서 이야기했고 현대과학으로도 입증됐다. 스포츠 코치들은 마음속에 승리를 그리는 게 대단히 중요하다고 가르친다. 심리학자들은 자아상이 사람의 행동에 큰 영향을 미친다고 말한다. 의사들은 긍정적인 태도와 희망이 치유에 도움을 준다고 했다.

중요한 것은 무엇을 믿느냐 하는 것이다. 남들의 시선을 받지 않는 시간, 혼자 있을 때 '하거나 하지 않는 일'이 우리의 됨됨이에 큰 영향을 미친다. 마음, 정신, 영혼을 돌보지 않으면 내면뿐 아니라 외면까지 바뀌고 만다.

내면의 승리가 외면의 승리보다 먼저다
해야 할 일을 그때그때 하다 보면 언젠가는 하고 싶은 일을 그때그때 할 수 있게 된다. 다시 말해 일단 내실을 다져놓으면 무슨 일이든 할 수 있다는 말이다.

나는 겉보기엔 흠잡을 데가 없는데 좀처럼 성공하지 못하는 사람들을 심심치 않게 봐왔다. 그럴 때마다 '저 사람은 내면에 문제가 있구나' 하는 생각이 든다. 겉으로 아무리 좋은 행동을 해도 내면의 동기가 불순하면 성장이 오래가지 않는다. 겉으로 아무리 좋은 말을 해도 내면의 생각이 불순하면 성공이 오래가지 않는다. 겉으로 아무리 애정을 표현해도 내면의 마음이 미움이나 멸시로 가득 차 있으면 평화가 오래 지속되지 않는다. 계속해서 성장하고 성공하려면 겉과 속이 같아야 한다. 이를 위해서는 먼저 내면을 닦아 반듯한 성품을 길러야 한다. 그래야 성장의 토대를 마련할 수 있다.

내면 계발은 우리가 주도할 수 있다
가끔은 우리 힘으로 어떻게 해볼 수 없는 외부의 일도 생기지만 우리의 내면에서 일어나는 일은 우리가 모두 주도할 수 있다. 짐 론은 이렇게 말했다.

> 성품은 청렴, 용기, 인내, 소신, 지혜 등의 특성을 모두 포함하는 한 사람의 특징이다. 이것은 타고난 지문처럼 바꿀 수 없는 것이 아니다. 자기 안에서 만드는 것이므로 책임감을 갖고 갈고닦아야 한다.

성품으로 좌우할 수 있는 선택을 제대로 하지 못하는 것은 결국 자기 삶의 주도권을 포기하는 것이나 다름없다. 이 경우 누가 됐든 우리 삶을 휘어잡는 사람에게 끌려가고 만다. 그런 상황이 좋을 리 없다. 다른 사람이 대신 선택해주는데 어떻게 잠재력을 발현하고 자신의 참모습을 찾을 수 있단 말인가.
내 성품 사다리의 '발판'들은 모두 엄청난 노력으로 이뤄낸 선택의 결과다. 선택하는 것도 선택권을 지키는 것도 쉽지 않았다. 나는 날마다 외부의 목소리, 즉 타협하거나 선택권을 포기하라는 얘기와 싸움을 벌인다. 물론 그런 싸움에서 패배한 적도 있다. 그러나 그럴 때마다 나는 다시 끈질기게 쫓아가 내 선택을 소중한 보금자리로 되돌려놓았다. '소중한 보금자리'란 나 자신의 내면을 말한다.

저술가이자 네트워크 마케팅 전문가인 더그 파이어보는 이렇게 말했다.

"돈을 많이 벌었다는 것이 곧 인생에서의 승리를 의미하진 않는다. …… 중요한 것은 내면의 승리 …… 그리고 자신이 가진 모든 것으로 인생이라는 경기에 성실히 임했다는 자부심이다."

성공하려면 외면보다 내면을 튼튼히 세워야 한다.

10대에 백만장자가 된 파라 그레이Farrah Gray는 몇 년 전 《스무 살 백만장자 그레이》Reallionaire라는 책을 썼다. 리얼리어네어(Reallionaire, 현실의 부자)는 저자가 만든 조어로 '돈은 그냥 소유하기 위한 게 아님을 깨달은 사람, 주머니만 채우는 게 아니라 마음도 채우는 것이 성공임을 아는 사람'이라는 뜻이다.

그는 성품이 올바르지 않으면 많은 돈을 버는 것이 성공이 아니라 파멸로 가는 지름길이라는 것을 어린 나이에 깨달았다. 돈은 많이 벌었지만 마약, 폭력, 이혼 등으로 인생을 완전히 망쳐버린 아역 배우와 젊은 가수가 얼마나 많은지 생각해보기 바란다. 그들은 대부분 인생의 외적인 부분에만 치중하고 내면을 갈고닦지 않아 부와 명예가 굴러들어왔을 때 나락으로 떨어지고 말았다. 그런 운명을 피하려면 외면보다 내면을 더 열심히 다듬어야 한다.

2. 황금률을 따르겠다 – 사람이 중요하다

몇 년 전, 나는 기업 윤리에 관한 책을 써달라는 부탁을 받고 황금률을 기초로 한 《리더가 알아야 할 101가지 윤리》Ethics 101를 썼다.

"여기 간단하지만 유용한 행동 지침이 있다. 사람들이 너희에게 무엇을 해주면 좋겠는지 자문해보아라. 그리고 너희가 먼저 그들에게 그것을 해주어라."[5]

황금률을 따르면 성품을 기르는 데 큰 도움이 된다. 다른 사람에게 관심을 기울일 경우 그의 마음을 읽고 선량하게 행동할 확률이 높기 때문이다. 또한 아무리 어려워도 황금률을 지키면 다른 사람들이 어울리고 싶어 하는 사람이 될 수 있다. 사실 우리는 모든 인간관계에서 상대의 삶에 도움이 되거나 해악을 끼치거나 둘 중 하나다. 황금률은 우리가 상대에게 도움이 되도록 해준다.

3. 내가 믿는 것만 가르치겠다 – 열정이 중요하다

강연자로 나서면 초기에는 대부분 다양한 주제로 강연 요청이 들어온다. 때론 강연 주제나 제목을 보고 그 내용에 대해 '어찌어찌 말하겠지'라고 사람들이 예측하기도 한다. 예를 들어 동기 부여가 주제라면 으레 '믿으면 이룰 수 있다'고 힘주어 말하겠거니 한다.

내가 강연을 시작했을 때 처음에는 나 자신도 다 믿지 못하면서 떠들었던 것이 몇 가지 있었다. 그 내용은 옳고 그름이 명확한 게 아니라 개개인에 따라 견해가 다르기도 한 주관적인 것이었다. 그런데 그런 말이 입 밖으로 튀어나오는 순간 후회가 밀려왔다. 스스로 믿지 못하는 것을 가르치는 강연자를 뭐라고 하는지 아는가? 바로 위선자다!

후회가 쌓이면서 나는 내가 믿는 것만 가르치기로 다짐했다. 그런 다짐은 정직함뿐 아니라 열정에도 보탬이 되었다. 다른 사람에게 빌려온 믿음은 열정이 없기 때문에 힘을 쓰지 못한다. 가령 내가 30년 전쯤에 열정적으로 가르친 '리얼'(REAL, 관계, 훈육, 자세, 리더십)에 대해서 나는 여전히 자부심이 있고 중요하다고 생각하기에 지금도 열정적으로 강연한다. "모든 일의 성패는 리더십에 달려 있다."는 말은 청중에게 처음 말했을 때보다 오히려 지금 훨씬 더 열정적으로 강조한다.

원칙과 열정이 없으면 무미건조한 사람이 되고 만다. 나는 그런 사람이 되고 싶지 않다. 장담하건대 당신도 마찬가지일 것이다.

4. 무엇보다 겸손을 최고의 미덕으로 여기겠다 — 관점이 중요하다

극작가 제임스 배리 James Barrie 는 "인생은 이야기를 하나씩 써가는 일기장이다. 그 일기장을 원래 기대하던 것과 비교해보면 한없이 겸손해질 수밖에 없다."라고 말했다. 자신에게 솔직한 사람은 인생을 돌아보면서 자신이 도달할 수 있고 또 도달해야 하는 지점에 아직 이르지 못했다고 인정한다. 《포레스트 검프》의 대사와 달리 인생은 초콜릿 상자가 아니다. 오히려 인생은 매운 고추가 가득 든 유리병이다. 오늘 무엇을 하느냐에 따라 내일 엉덩이에 불이 날 수도 있다!

실수를 하거나 부족하게 살려고 하는 사람은 아무도 없지만 살다 보면 누구나 그렇게 될 때가 있다. 누구나 뜻하지 않게 바보 같은 짓을 하게 마련이다. 내 친구 앤디 스탠리는 이 문제를 흥미롭게 꼬집고 있다.

"내가 볼 때 일부러 인생을 망치려고 작정하는 사람은 아무도 없다. 문제는 인생을 망치지 않으려고 작정하는 사람도 별로 없다는 데 있다. 이 말은 우리가 행복한 결말을 위한 안전장치를 마련하지 않는다는 의미다."

어떻게 해야 안전장치를 마련할 수 있을까?

큰 그림을 기억한다

먼저 큰 그림을 생각해야 한다. 케네디 대통령은 백악관 집무실 책상에 '오, 하나님. 당신의 바다는 너무 넓고 제 배는 너무 작습니다'라고 쓰인 조그만 목판을 올려뒀다고 한다. 자유세계의 리더로 불린 케네디도 세상에서 자기 위치가 어디인지 잊지 않았던 것이다. 우리도 그렇게 해야 한다.

누구나 약점이 있음을 인정한다

겸손함을 유지하고 싶으면 릭 워런Rick Warren의 조언에 귀를 기울여 보자. 그는 자신의 약점을 인정하고 다른 사람의 약점을 참으며 언제든 지적을 달게 받으라고 했다. 솔직히 나는 이 세 가지 중에서 딱 하나를 잘한다. 나는 내 약점은 잘 인정한다. 약점이 수없이 많기 때문인지도 모른다. 다른 사람의 약점을 참는 것은 훨씬 어렵다. 나는 이해하자고 끊임없이 되뇐다. 또한 좀 더 열린 마음으로 충고를 받도록 나도 틀릴 수 있다고 항상 생각하고, 내게 진실한 말을 해줄 사람과 사귀며 내 인생을 책임지는 체계를 만든다.

배울 줄 아는 사람이 된다

나는 초심자의 마음자세를 유지하는 사람들과 어울리는 것을 좋아한다. 그들은 자신을 숙련자가 아닌 초보자로 여기기 때문에 늘 겸손하고 언제든 배울 자세를 갖추고 있다. 그들은 다른 사람의 시각에서 사물을 보려고 한다. 그들은 새로운 생각에 마음이 열려 있다. 그들은 지식에 목말라하며 질문하고 귀 기울여 듣는다. 그리고 정보를 모을 수 있을 만큼 모은 다음에야 결정을 내린다. 나는 이런 사람들을 존경하며 닮으려고 애쓴다.

기쁜 마음으로 다른 사람을 섬긴다

남을 섬기는 것만큼 겸손을 배우고 올곧은 성품을 갖추는 데 도움이 되는 것도 드물다. 자신보다 다른 사람을 먼저 생각하면 자아가 제 크기를 찾고 균형 잡힌 관점을 얻게 된다(리더는 다른 사람에게 섬김을 받는 데 익숙해져 그것을 당연시하기 쉬우므로 특히 이 점을 명심해야 한다).

잭 웰치는 《잭 웰치 승자의 조건》에서 성공했다고 어깨에 잔뜩 힘을 주고 다니면 타인을 대하는 태도가 나빠진다고 지적했다.

어깨에 힘이 들어간 사람은 온갖 볼썽사나운 짓을 한다. 일단 거만하다. 지위가 비슷하거나 낮은 사람에게는 더욱 그렇다. 일이 잘되면 다 자기 덕이라며 다른 사람들의 노력을 우습게 여기고, 자랑할 생각이 아니면 절대로 아이디어를 나누지 않으며, 남의 말에 귀를 기울이는 법이 없다. 상사들은 이처럼 팀워크를 해치는 행동을 대번에 알아본다. 따라서 어깨에 힘을 주는 사람은 '힘과 권위가 있는' 자들이 자기를 자꾸 못살게 군다고 생각한다. 아무리 똑똑하고 능력이 출중해도 자기만 잘난 줄 아는 사람은 조직의 사기를 떨어뜨리고 결국 성과에도 도움이 되지 않는다.[6]

승승장구하는 사람이 자만심에 빠지지 않으려면 어떻게 해야 할까? 다른 사람을 섬기면 serve 된다. 나에게 섬김의 시작은 아내 마거릿과 가족이다. 1997년부터는 해마다 아무런 대가 없이 섬길 사람을 몇 명 선택해 섬기고 있다. 그리고 날마다 우리 팀을 섬길 방법을 궁리한다. 그들이 매일 나와 우리의 비전을 위해 열심히 일하고 있기 때문이다.

감사한다

나는 내가 인생에서 과분할 정도로 많은 복을 누리고 있음을 안다. 그래서 언제나 감사하는 마음을 간직하려 노력한다. 물론 쉬운 일은 아니다. 다행히 오랫동안 내 멘토가 되어준 컨설턴트 프레드 스미스 Fred Smith에게 이 방면에서 많은 도움을 받았다. 그는 이렇게 말했다.

"우리는 빚을 진 느낌이 싫어서 금방 감사하는 마음을 잊어버린다. 나는 성경에 나오는 '감사로 제사를 드린다'는 말을 잘 이해하지 못했는데, 어느 날 감사란 다른 사람이 나를 위해 내가 할 수 없는 일을 해줬음을 인정하는 것임을 깨닫고 비로소 의문이 풀렸다. 감사는 우리가 약해서 다른 사람에게 의존할 수밖에 없음을 표현하는 말이다."

중국 속담에 "물을 마실 때는 우물을 판 사람을 기억하라."는 말이 있다. 우리가 일하고 성취하고 고비를 넘길 때 무엇 하나 다른 사람의 노력 없이 되는 게 없다. 세상 누구도 혼자 힘으로 성장하고 성공할 수 없다. 이 점을 기억하면 늘 감사하게 된다. 그리고 감사하면 좋은 성품을 갖추기가 한결 수월해진다.

공자는 "겸손은 모든 덕행의 탄탄한 기초다."라고 했다. 다시 말해 겸손은 좋은 성품을 갖추는 길을 닦고 그러면 자연스럽게 성장할 준비가 된다. 겸손과 성품, 성장은 서로 떼려야 뗄 수 없는 관계에 있다.

5. 유종의 미를 거두기 위해 최선을 다하겠다 — 충실함이 중요하다

내 성품 사다리에서 마지막 '발판'은 죽는 날까지 성품을 갈고닦아 최대한 고결하게 살겠다는 다짐이다. 그러기 위해 나는 날마다 좋은 일을 하고 더 나은 사람이 되려고 애쓰고 있다. 좋은 일은 하고 싶을 때만 하는 게 아니다. 감정은 행동을 따라온다. 좋은 일을 하면 기분도 좋아진다. 나쁜 일을 하면 기분도 나빠진다. 주도적으로 행동할 경우 감정은 알아서 그에 맞춘다.

방송인인 토니 에번스Tony Evans는 "더 좋은 가정, 더 좋은 교회, 더 좋은 동네, 더 좋은 도시, 더 좋은 나라, 더 좋은 세상을 원한다면 자신부터 더 좋은 사람이 되어야 한다."고 했다. 시작은 항상 자기 자신이다. 우리가 성품에 관심을 기울이면 세상은 더욱 살기 좋게 변한다.

⚜ 영혼의 성숙

퓰리처상을 받은 알렉산드르 솔제니친Aleksandr Solzhenitsyn은 소련 치하에서 스탈린을 비판하고 8년을 감옥에서 보냈다. 감옥에 들어갈 때 그는 무신론자였으나 나올 때는 신앙인이 되어 있었다. 그는 옥살이를 억울해하지 않았다. 오히려 신앙을 키우고 성품을 갈고닦을 기회를 얻은 것에 감사했다. 그는 그때를 돌아보며 말했다.

"감옥아, 내 너를 축복하노라. 내 삶에 네가 있었음을 축복하노라. 감방의 썩어가는 밀짚 위에 누워 깨달았느니 인생의 목적은 번영이 아니라 영혼의 성숙에 있음이라."

성장해서 잠재력을 발현하고 싶다면 성공보다 성품에 더 신경 써야 한다. 성장이란 그저 지식을 쌓고 기술을 연마하는 게 아님을 깨달아야 한다. 성장은 인간으로서 역량을 키우는 것, 아무리 힘들어도 내면의 진실함을 지키는 것, 자신이 있고 싶은 곳이 아니라 자신이 있어야 할 곳에 있는 것 그리고 영혼을 성숙시키는 것이다.

의사, 저술가로 활동하는 오리슨 스웨트 마든Orison Swett Marden은 성공한 사람을 두고 이런 말을 했다.

"그는 진흙으로 태어나 대리석으로 죽는다. 이를 통해 우리는 재미있는 비유로 다양한 삶을 들여다볼 수 있다. 어떤 사람은 진흙으로 태어나 진흙으로 남는다. …… 어떤 사람은 대리석으로 태어나 안타깝게도 진흙으로 죽는다. 진흙으로 태어나 대리석이 되길 꿈꾸지만 진흙으로 남는 사람도 있다. 그러나 성품이 고귀한 사람들은 진흙으로 태어나 대리석으로 죽는다."

정말 기막힌 비유가 아닌가. 나나 당신의 인생이 끝날 때 대리석이 된다면 좋겠다.

The Law of the Ladder

...

'사다리의 법칙' 적용하기

---

1. 지금까지 가장 많은 관심을 기울인 것이 무엇인지 생각해보자. 내면을 계발하는 것인가, 외면을 가꾸는 것인가? 지난 1년 동안 옷, 보석, 장신구 등에 쓴 돈과 책, 강연 참여 등에 쓴 돈을 비교해보자. 그리고 지난달에 자기계발과 성장에 들인 시간과 외모를 위해 들인 시간을 비교해보자. 혹시 규칙적으로 운동을 하고 있다면 무엇을 바라고 그렇게 하는지 생각해보자. 내면의 건강인가, 외모인가?
내면보다 외면에 치중하는 것으로 나타났다면 겉으로 드러나지 않아도 성장에 힘이 되는 것에 시간, 돈, 관심을 더 쏟아 초점을 바꿀 방법을 마련하자.

2. 앞으로 정기적으로 시간을 내 다른 사람을 도울 계획을 세우자. 내 욕심을 미뤄두고 다른 사람을 먼저 챙기면 겸손, 성품, 이타심을 기를 수 있다. 아직 가족을 위해 일하는 습관이 들지 않았다면 가족부터 시작하자. 1주일에 한 시간 정도 자원봉사를 하는 것도 좋다. 자원봉사 일정을 잡고 봉사 중에는 거기에만 온 정신을 집중하자.

3. 미국 상원의원 댄 코츠Dan Coats의 말을 곰곰이 생각해보자.
"타협과 합리화로 오랜 세월 성품을 낭비하다 보면 정작 위기의 순간에는 좋은 성품을 발휘할 수 없다. 영웅적 면모는 오로지 일상에서만 시험할 수 있다. 한 사람의 인생, 나아가 한 나라를 바꾸는 위대한 결정을 하려면 일상에서의 수많은 결정으로 미리 대비하는 수밖에 없다. 습관은 날마다 성품의 전쟁이 벌어지는 전장이다."
좋은 성품을 갈고닦는 습관을 기르기 위해 날마다 무엇을 하고 있는가? 당신 자신의 영혼에 관심을 기울이고 있는가? 힘들거나 불쾌한 일을 하고 있는가? 황금률을 실천해서 남을 먼저 챙기고 있는가? 성품은 고정적인 것이 아니다. 언제든 개선할 수 있다. 너무 늦었다고 생각하지 말자. 더 좋은 성품을 갖추면 사람이 달라지고 잠재력도 향상된다.

The 15 INVALUABLE LAWS OF GROWTH

THE LAW OF THE RUBBER BAND

| 제 **10** 장 |
고무줄의 법칙

인생의 스트레칭을
잘하고 있는가

오직 평범한 사람만이 늘 최상의 상태에 있을 수 있다.
- 서머싯 몸

스포츠를 좋아한 나는 유년시절부터 농구공을 끼고 살다시피 했고 고등학교 때도 내내 농구를 했다. 대학을 졸업한 후에도 계속 친구들과 길거리 농구를 즐기는 한편 골프에도 재미를 붙였다. 하지만 사회생활을 하면서 30대, 40대가 되다 보니 슬슬 운동을 멀리하게 되었고 건강관리도 제대로 하지 못했다. 그러다가 쉰한 살에 올 것이 오고야 말았다. 바로 심장마비가 나를 덮쳤던 것이다.

그 후로 나는 날마다 규칙적으로 운동을 하고 있다. 공원에서 걷기 운동을 하거나 헬스장의 러닝머신 위에서 달린다. 친구들과 골프를 칠 때도 골프장을 걸어 다닌다. 5년 전부터는 수영을 시작했고 가능한 매일 한 시간씩 하고 있다. 최근에는 마거릿과 필라테스를 시작했다.

이러한 운동은 무엇보다 근력과 유연성을 기르는 데 초점이 맞춰져 있다. 유연성을 기르려면 몸의 스트레칭이 중요하다. 할 수 있는 한 최대로 팔다리를 늘리면서 유연성을 기른다. 지금의 나는 몸 상태가 35년 만에 최고가 아닌가 싶다.

❧ 인생의 유연성

그렇다면 직업적인 면에서는 어떻게 스트레칭을 해야 할까? 10대 때 처음 스트레칭을 접한 뒤, 나는 그 의미에 반해버렸다. 우리 몸은 굳어 있지만 스트레칭을 할수록 유연성이 계발된다. 잠재력도 이와 같지 않을까? 즉, 신이 우리에게 주시는 선물은 잠재력이고, 우리가 신에게 주는 선물은 잠재력 계발이라는 말이다.

잠재력을 계발하려면 어떻게 해야 할까? 안전지대를 벗어나 육체, 정신, 정서, 영혼을 스트레칭해야 한다. 인생은 안전지대 끝에서 시작되는 법이다.

지난 40여 년을 돌아보면 내가 직업적인 면에서 성장할 수 있었던 원동력은 대부분 나 자신의 발전을 독려한 데 있었다. 그중 몇 가지를 소개한다.

1. 독자적인 목회지 선택

나는 내 아버지를 아는 사람이 아무도 없는 교회로 갔다. 당시 아버지는 교구감독이었기 때문에 만약 내가 아버지의 입김이 닿는 곳으로 갔다면 분명 시작이 더 빨랐을 것이다. 하지만 나는 편한 길을 버리고 더 열심히 일해야 하는 길을 택했다. 그뿐 아니라 나 자신을 찾고 내가 정말로 할 수 있는 게 무엇인지 알아내려 했다. 그 덕분에 나는 내 길을 찾을 수 있었다.

나는 마음을 단단히 먹고 비지땀을 흘려가며 일했고, 사람들을 더 잘 이끌고 교회를 성장시킬 방법을 찾고자 창의력을 발휘했다. 특히 첫 번째 교회에서 리더십과 관련해 많은 교훈을 얻었다. 또한 사람들을 더 많이 사랑하는 법도 배웠다.

2. 리더십 교육에 집중하다

내가 처음으로 리더십에 관심을 기울이던 1970년대만 해도 그런 주제를 다루는 목회자는 거의 없었다. 내가 전하는 말이 '세속적'이라며 손가락질하는 사람들도 있었지만, 솔직히 말하면 나는 지금도 그런 비난을 이해할 수 없다. 성경에 역사상 가장 위대한 리더들이 얼마나 많이 나오는가. 아브라함, 모세, 다윗, 예수, 바울 등 몇 명만 꼽아도 쟁쟁하다. 아이러니하게도 그로부터 40년이 지난 지금도 어떤 사람들은 똑같은 이유로 나를 비난한다.

그래도 나는 꿋꿋이 리더십을 가르쳤다. 왜냐하면 목회자는 날마다 사람들을 이끌어야 하는데 그때만 해도 리더십 훈련을 받은 사람이 드물었기 때문이다. 나는 일찍부터 죽을힘을 다해 좋은 리더가 되려고 노력했다. 혹시 다른 사람들도 그렇지 않을까? 나는 이런 생각으로 그들을 도울 방법을 찾았다. 다행히 나는 리더십 교육을 통해 스스로 성장하는 것은 물론 많은 목회자를 돕고 내가 마땅히 전해야 할 숙명 같은 메시지도 찾았다.

3. 국제적으로 소통하는 법을 배우다

처음으로 통역사와 함께 강연을 하던 때가 생각난다. 일본에서 있었던 강연인데 한두 마디 얘기하고 나서 통역사의 말이 끝나길 기다렸다가 또 짧게 몇 마디 하자니 영 불편했다. 여기에다 문화적 차이가 커서 이것까지 신경 쓰다 보니 더욱더 불편했다. 그날은 정말 많이 힘들었다. 강연을 마치고 내려오자 마거릿이 전하길 당시 여덟 살이던 딸 엘리자베스가 중간에 허리를 숙이고 말하더란다.

"아빠가 오늘은 좀 별로죠?"

어린애가 보기에도 내가 청중과 제대로 소통하지 못했던 것이다. 나는 소통을 즐기는 사람이다. 속 편하게 살자면 외국 강연은 거절하는 게 나았을 터다. 영어로 소통하는 법은 이미 몸에 배어 있었으니 말이다. 하지만 나는 그런 일을 겪으면서 더 발전하고 성장할 기회라고 생각했고, 그 기회를 잡으면 언젠가 더 큰 영향력을 발휘할 수 있을 거라고 믿었다.

통역사를 통해 외국인과 소통하는 법을 익히는 데 거의 10년이 걸렸지만 분명 수고한 보람은 있었다. 그렇게 기초를 닦은 덕분에 이큅을 설립할 수 있었고, 현재 이큅은 전 세계 175개국에서 리더들의 트레이닝을 맡고 있다.

4. 새로운 청중에게 다가가다

목회자들에게 10년 정도 리더십을 가르치자 내 리더십 컨퍼런스에 참가하는 경영자가 날로 늘어났다. 우리 교회의 직원뿐 아니라 일반인에게도 오랫동안 리더십을 가르쳐왔으므로 내가 그들을 마다 할 이유는 없었다.

그러던 어느 날 출판사 관계자와 회의를 하던 중에 내 책이 기독교 서점보다 일반 서점에서 더 많이 팔린다는 사실을 알게 되었다. 알고 보니 언제부터인가 판매량이 역전돼 매출의 3분의 2가 일반 서점에서 나오고 있었다.

나는 훨씬 더 많은 사람에게 다가갈 절호의 기회라고 생각했다. 물론 그것이 쉬운 일은 아니었다. 경영자들과 원활하게 소통할 수 있을까? 사람들이 교회에서 목회자에게 들으려고 하는 메시지와 돈을 내고 강연자에게 들으려고 하는 메시지에는 하늘과 땅만큼의 차이가 있었다. 성공한다는 보장은 없었지만 이를 계기로 나는 또 한 번 발전을 경험했다.

5. 유산을 쌓는 데 집중하다

60대에 접어들면서 나는 서서히 속도를 늦출 준비를 했다. 거처도 내가 좋아하는 맑고 따뜻한 곳으로 옮겼고 경제적으로도 어느 정도 여유가 생겼다. 그리고 한 사람의 인생에서 가장 큰 선물이라고 할 수 있는 손자들도 있었다.

물론 저술과 강연 활동을 그만둘 생각은 없었지만 이전처럼 왕성하게 할 수는 없었다. 수십 년을 열심히 노력했으니 이젠 수확할 때였다. 바로 그때 몇 가지 기회가 모습을 드러냈다. 우선 내 책을 내는 출판사가 바뀌었고 코칭 회사를 세워보자는 제안이 들어왔다. 지난 10년 동안 만든 교육 계발 자료를 다시 내 품으로 가져올 기회도 생겼다.

내가 어떻게 했을 것 같은가? 주저하지 않고 나를 다시 성장시킬 그 기회와 도전을 받아들였다. 지금 돌아보면 정말 뿌듯하다. 그냥 수확만 하는 게 아니라 또다시 씨를 뿌릴 기회를 맞았으니 말이다. 이로써 속도를 줄일 때보다 훨씬 더 많은 사람을 도울 수 있으리라 믿는다.

❧ 발전을 위한 마음가짐

오래 전 리더십 컨퍼런스에서 강연할 때, 한번은 참석자들이 앉은 탁자마다 고무줄을 올려놨다. 그리고 강연을 시작하면서 그 고무줄을 사용할 방법을 있는 대로 얘기해보라고 했다. 토론이 끝난 뒤 그 많은 방법에는 한 가지 공통점이 있는데 그게 무엇인지 아느냐고 참석자들에게 물었다. 혹시 눈치 챘는가? 고무줄을 유용하게 쓰려면 쭉 늘여야 한다. 고무줄뿐 아니라 우리의 인생도 마찬가지다.

1. 발전하고 싶어 하는 사람이 별로 없다
어느 물방앗간 주인이 오랫동안 일용직으로 일해 온 샘에게 일자리를 제안했다. 물방앗간 둑에 사향 쥐들이 나타나 골치를 앓고 있으니 그 동물을 처리해달라며 엽총까지 내준 것이다. 샘은 꼬박꼬박 월급이 들어오는 안정적인 일자리가 처음이라 몹시 기뻐했다.

　몇 달 후, 샘의 친구가 찾아왔다. 샘은 총을 무릎 위에 내려놓고 풀 덮인 둑 위에 앉아 있었다.

"어이, 샘. 뭐 하나?"

"일하지. 둑을 지키고 있어."

"뭣 때문에?"

"사향 쥐."

친구가 둑을 둘러보는데 때마침 사향 쥐 한 마리가 나타났다.

"저기! 쏴버려!"

그런데 샘은 꿈쩍도 하지 않았다. 그 사이 사향 쥐는 부리나케 달아나버렸다.

"아니, 왜 쏘지 않는 거야?"

"미쳤어? 나더러 실직자가 되라고?"

이 무슨 실없는 얘기인가 싶겠지만 우리의 현실도 별반 다르지 않다. 대학생 시절에 나는 육류 공장에서 일한 적이 있다. 당시 나는 고기를 냉동고로 가져가 고객이 주문한 대로 처리하는 일을 했지만 공장이 전체적으로 어떻게 돌아가는지도 알고 싶었다. 일을 시작하고 나서 몇 주가 지났을 때, 그곳에서 오랫동안 일해 온 펜스라는 사람이 나를 불러 말했다.

"웬 질문이 그렇게 많아? 아는 게 많으면 그만큼 할 일도 늘어나는 법이야."

그는 공장에서 소를 잡는 일을 하고 있었고 오로지 그 일만 하려고 했다. 그를 생각하면 《월스트리트 저널》 연재만화에서 한 구직자가 인사담당자에게 한 말이 떠오른다.

"저는 이 일에 과분하니 제 능력을 딱 절반만 사용하겠습니다."

수많은 사람이 자기 능력을 조금만 활용하고 잠재력을 발현할 생각은 아예 하지 않는다. 그렇게 하면 성장을 위한 긴장도 없고 발전해야겠다는 마음도 생기지 않는다. 패러퍼블리싱 닷컴ParaPublishing.com의 자료를 보면 고등학교 졸업자 중 남은 생애 동안 책을 한 권도 읽지 않는 사람이 3분의 1이고, 대졸자 중에서도 그런 사람이 42퍼센트로 나타나 있다.[1] 데이비드 고딘David Godine 출판사에 따르면 미국인 중에서 서점에 한 번이라도 가본 적 있는 사람은 고작 32퍼센트밖에 안 된다고 한다.[2] 사람들이 현재 자신이 있는 곳과 도달할 수 있는 곳의 거리를 아는지 나로서는 알 길이 없지만, 그 거리를 줄이려고 책을 읽는 사람은 확실히 극소수에 불과하다.

너무 많은 사람이 아무렇지도 않게 평범함에 안주하려 한다. 그게 뭐가 문제냐고? 에드먼드 가우데트Edmund Gaudet의 글을 읽고 직접 판단하기 바란다.

'평범'Average은 가족과 친구들이 왜 더 성취하지 못했느냐고 물을 때 실패자가 대는 핑계다.

'평범'은 밑바닥의 꼭대기, 가장 나쁜 것 중 가장 좋은 것, 꼭대기의 밑바닥, 가장 좋은 것 중 가장 나쁜 것이다. 당신은 그중 어느 쪽인가?

'평범'은 뻔하고, 그저 그렇고, 있으나 마나고, 시시하고, 별 볼 일 없다는 뜻이다.

'평범'은 게으름뱅이가 인생이라는 무대에 당당히 설 배짱도 없이 그냥 되는대로 살아가면서 하는 변명이다.

'평범'은 아무 목적도 없이 공간만 차지하는 것, 인생에 무임승

차하는 것, 자신에게 투자한 신에게 이자 한 푼 지불하지 않는 것이다.

'평범'은 삶으로 시간을 흘려보내는 게 아니라 시간으로 삶을 흘려보내는 것, 죽을힘을 다해 일하는 게 아니라 그냥 시간을 죽이는 것이다.

'평범'한 사람이 세상을 떠나면 잊히고 만다. 성공한 사람은 기여한 대로 기억되고 실패한 사람은 도전한 까닭에 기억되지만 '평범'한 사람, 침묵하는 다수는 까맣게 잊힌다.

'평범'하게 사는 것은 자기 자신, 인류, 신에게 커다란 범죄를 저지르는 짓이다. 가장 슬픈 묘비명은 이것이다. "평범 씨, 여기 잠들다. 자신이 '평범'하다고 믿지 않았다면 그 손으로 이룰 수 있었던 것도 모두 여기 잠들다."[3]

나는 평범함에 안주하는 것을 질색한다. 당신은 어떠한가? 평범함을 동경하는 사람은 아무도 없다. 탁월한 조직은 평범한 사람을 기용하지 않는다. 평범함은 굳이 애써서 얻을 필요가 없다. 소설가 아널드 베넷Arnold Bennett의 말처럼 "진정한 비극의 주인공은 살면서 일생일대의 분투를 준비하지 않는 사람, 자기 능력을 모두 발휘하지 않는 사람, 자신의 한계에 맞서지 않는 사람이다." 우리는 자신과 잠재력 사이의 장벽을 볼 줄 알아야 하고, 그 장벽에서 오는 긴장을 발판 삼아 보다 나은 사람이 되고자 노력해야 한다.

2. '현상 유지'는 결국 불만족으로 이어진다

사람은 누구나 잠재력을 발현하기보다 안전지대에 편안하게 머물고 싶게 마련이다. 하지만 그렇게 하면 타성에 젖어 똑같은 시간에 똑같은 사람들과 똑같은 방식으로 똑같은 일을 해서 똑같은 결과만 얻게 된다. 안전지대에 있으면 그 순간에는 즐거울지 모르지만 시간이 지나면 평범함에 빠져 불만이 쌓인다.

심리학자 에이브러햄 매슬로 Abraham Maslow는 "자신이 될 수 있는 사람보다 조금이라도 못한 사람으로 남아 있으면 하루하루가 불행의 연속이 될 것"이라고 했다.

'현상 유지'에 만족하며 살다가 왜 인생이 원하는 대로 풀리지 않을까 궁금해한 적이 있는가? 만약 그렇다면 '중간만 가면 된다'는 사고방식을 버리고 용기 있게 안전지대 밖으로 나올 때 비로소 잠재력을 발현할 수 있다는 사실을 깨달아야 한다. 익숙하고 편안하고 안전한 것과 기꺼이 작별해야 한다. 핑계를 버리고 앞으로 밀고 나가야 한다. 잠재력을 발현하기 위해 자신의 발전을 독려할 때 생기는 긴장에 당당히 맞서야 한다. 그렇지 않으면 시인 존 그린리프 휘티어의 말처럼 "입이나 펜에서 나오는 말 중 가장 슬픈 것, '그럴 수 있었는데'"를 입에 달고 살 수밖에 없다.

3. 발전은 언제나 안에서 시작된다

10대 때 나는 아버지의 권유로 제임스 앨런의 《위대한 생각의 힘》을 읽었다. 내 인생에 큰 영향을 미친 그 책을 읽고 나는 잠재력의 발현이 내면에서부터 시작된다는 것을 알게 되었다.

"현재 상황이 마음에 들지 않더라도 이상을 품고 그것을 실현하기 위해 분투하면 곧 변화가 일어난다. 안으로 여행하면서 밖으로는 제자리에 있을 수는 없는 법이다."

 누구에게나 꿈이 있다. 시도 때도 없이 꿈을 말하는 사람도 있고 그것을 마음속 깊이 묻어두는 사람도 있지만, 어쨌든 꿈이 없는 사람은 없다. 그러나 꿈을 좇는 사람은 별로 없다. 내가 꿈을 실현하는 방법을 가르칠 때, 꿈이 있는 사람은 손을 들어보라고 하면 거의 다 손을 든다. 이때 "그 꿈을 좇고 있는 분은 손을 들어 보십시오."라고 하면 손을 드는 사람이 절반에도 미치지 못한다. "꿈을 실현한 분은 손을 들어주세요."라고 부탁하면 군데군데 몇 사람만 손을 들 뿐이다.

 무엇이 사람들을 가로막는가? 아니, 무엇이 당신을 가로막는가? 마커스 버킹엄의 저서 《위대한 나의 발견 강점 혁명》에 실린 갤럽 조사 결과를 보면, 대부분의 사람이 지금 하는 일을 좋아하지 않으면서도 바꿀 생각을 하지 않는다. 무엇이 그들을 가로막는가?

 대다수 미국인은 살을 빼고 싶어 하지만 딱히 노력은 하지 않는다. 책을 쓰고 싶다는 사람은 많아도 "쓰기 시작했습니까?"라고 물으면 거의 다 아니라고 대답한다. 바라고 기다리기만 하지 말고 자신의 내면을 살펴 행동할 이유를 찾아야 한다.

 우리가 처한 상황은 대개 우리의 선택과 행동(혹은 하지 않은 행동)에서 비롯된 것임을 잊지 말자. 나이가 많을수록 자기 상황에 대한 책임도 크다. 자신이 지극히 평범하거나 작년에 비해 별로 진전이 없다는 생각이 든다면 선택은 두 가지다. 하나는 그런 현실에 안주하면서 숨기거나 변명하는 것이고, 다른 하나는 그런 현실을 바꾸면서 성장하거나 새로운 길을 닦는 것이다. 짐 론은 다음과 같이 말했다.

"모든 생명체는 죽을힘을 다해 최대로 성장하려 하지만 인간은 그렇지 않다. 나무는 얼마나 높이 자랄까? 자랄 수 있는 한 가장 높이 자란다. 인간은 선택권이 있는 존엄한 존재다. 우리는 모든 가능성을 발휘할 수도 있고 그렇지 않을 수도 있다. 온 힘으로 난관에 맞서 자신이 어디까지 갈 수 있는지 확인해보지 않겠는가?"

자신을 성장으로 이끌 내면의 추진력은 어디에서 찾을 수 있을까? 자신이 하고 있는 일과 할 수 있는 일을 비교해보자. 자기 자신과 한번 겨뤄보자. 당신이 무엇을 할 수 있는지 모르겠다면 당신을 아끼고 믿어주는 사람들에게 물어보자. 주변에 그럴 만한 사람이 아무도 없는가? 그러면 찾아 나서자. 멘토를 찾아내 그의 도움으로 자신의 현재 모습이 아니라 '가능성'을 보자. 그리고 그 그림에서 힘을 얻어 자신을 성장시키자.

4. 발전하려면 언제나 변화가 필요하다

내가 한창 성장을 시도하던 때는 모두 변화를 위한 도전의 시기였다. 나라고 그런 순간이 좋았을 리 없다. 나도 편하고 익숙한 걸 좋아하는 성격이라 늘 성장을 거부하고 싶은 유혹에 시달린다. 하지만 안전지대에 머물면 성장할 수 없다. 변화를 피하면서 개선을 바라면 안 된다.

변화를 받아들이고 안전지대를 박차고 나오려면 어떻게 해야 할까? 먼저 어깨너머로 뒤돌아보는 것을 멈춘다. 시선을 과거에 고정한 채 현재에서 변화를 일으킬 수는 없다. 내 책상 위에는 오랫동안 함께해온 한 문장이 있다.

'어제는 어젯밤에 끝났다.'

이 문장을 읽을 때마다 나는 현재에 집중하고 '오늘' 할 수 있는 일을 더 잘하기 위해 힘썼다. 바로 그것이 중요하다. 저술가이자 《영혼을 위한 닭고기 수프》 시리즈에 도움을 준 앨런 코헨Alan Cohen은 이렇게 말했다.

"성장하려면 과거와 완전히 다른 현재와 미래를 만들어가야 한다. 과거는 과거일 뿐 운명이 아니다."

그다음으로 나는 '밀고 나가는 힘'을 키운다. 항공 시대가 열렸을 때 항공사진 분야를 개척한 앨프리드 버크햄Alfred Buckham의 말을 빌리자면 '신중함의 끔찍한 대가는 무미건조함'이다. 성장 혹은 변화하고 싶다면 위험을 감수할 줄 알아야 한다.

혁신과 진보는 대개 변화를 위해 밀고 나가는 사람들에게서 시작된다. 퀴즈쇼《제퍼디!》Jeopardy!의 진행자 알렉스 트레벡Alex Trebek은 이렇게 말했다.

"성공한 사람들은 하나같이 자신의 현실이 불만족스러운 나머지 좀이 쑤셔서 견디지 못했다. 그들은 새로운 도전을 하고 싶어 했다. 벌떡 일어나 나가고 싶어 했다. …… 그게 성공한 이유 중 하나다."

안타깝게도 언제부터인가 '사업가'라는 말이 어떤 사람에게는 '도박꾼'과 같은 뜻으로 통하고 있다. 그러나 위험에는 장점도 있는 법이다. 위험을 감수하는 사람은 그렇지 않은 사람보다 더 많은 것을 빨리 배운다. 대개는 경험의 폭이 넓고 깊어지며 문제를 해결하는 방법도 터득하게 된다. 이는 모두 성장의 자양분이다.

설령 불편하더라도 전혀 해본 적 없는 일을 하면서 그 어느 때보다 강하게 자신을 밀어붙이는 순간, 우리는 인생에서 가장 크게 성장하게 된다. 이를 위해서는 용기가 필요하다. 비록 쉽지 않은 일이긴 해도 그렇게 하면 불가능한 줄 알았던 방식으로 성장이 일어난다. 소설가 조지 엘리엇 George Elliot 은 "너무 늦었다고 생각하지 마라. 지금이라도 하면 된다."라고 말했다.

5. 발전하면 돋보이는 사람이 된다

어찌된 노릇인지 중간만 가도 좋다고 생각하는 사람이 갈수록 늘고 있다. 물론 모든 사람이 그런 것은 아니지만 '적당히 좋으면 그만'이라는 생각으로 최선을 다하지 않는 사람이 늘어나고 있다. 이처럼 평범함을 추구하는 자세가 이 사람 저 사람에게로 전염되면 국가 전체가 위기에 처할 수도 있다.

남다른 인물이 되려면 고무줄의 법칙을 따르고 자신이 지금 있는 곳과 도달할 수 있는 곳 사이의 긴장을 발판 삼아 성장을 추구해야 한다. 《잭 웰치 승자의 조건》에서 이 문제를 다루고 있다. 이제 막 경영계에 발을 들여놓은 한 젊은이가 물었다.

"어떻게 하면 금방 두각을 나타내 승자로 우뚝 설 수 있겠습니까?"

잭 웰치는 다음과 같이 대답한다.

우선 학교에서 익힌 기초적인 습관은 잊자. 스물두 살이든 예순두 살이든, 직장생활이 처음이든 다섯 번째든, 일단 현실세계에 발을 들여놓은 이상 남보다 앞서 가려면 초과달성 외에는 답이 없다.

우리는 오랫동안 구체적인 기대치를 충족시키는 것이 중요하다고 배웠다. 또한 선생님이 내는 문제에 모두 충실히 답하면 A를 받았다. 이제 그런 시절은 지나갔다. 기업에서 A를 받으려면 조직의 기대치를 높이고 그것을 뛰어넘어야 한다. 선생님이 내는 문제에 모두 충실히 답하는 것은 물론, 그가 미처 생각지 못한 온갖 문제에도 답해야 한다. 나아가 자신의 능력, 창의력, 직감 등으로 상사의 능력, 팀의 능률, 회사의 경쟁력을 키우는 것을 목표로 삼아야 한다. ……

상사가 회사 제품의 내년 전망을 보고하라고 하면 분명 본인에게 확실하다 싶은 답이 있기 때문에 그러는 것이다. 그렇다면 그의 예상에만 들어맞는 그저 그런 보고서를 쓰지 말자. 좀 더 조사하고 자료를 찾고 발품을 팔아 그가 들으면 생각의 폭이 넓어질 만한 답을 제시하자. ……

다시 말해 상사가 깜짝 놀라 감탄할 만한 답, 새롭고 흥미로워 상사의 상사에게 보고할 만한 답을 제시하는 것이다. 때가 되면 그런 아이디어로 회사는 성장하고 우리는 좀 더 위로 올라갈 수 있게 된다.

자신을 개선하는 것은 팀에도 도움이 된다. 성공한 사람들은 다른 사람에게도 필요한 개선 활동을 누구보다 먼저 시작하기 때문에 자연스럽게 돋보인다. 한 사람이 발전하면 그 주변 사람들에게 보탬이 되는 법이다. 평범함과 마찬가지로 탁월함도 전염력이 있다. 조직에 긍정적인 요인이든 부정적인 요인이든 그것은 모두 한 사람에게서 시작된다. 우리가 발전하면 다른 사람들도 발전한다.

6. 발전이 습관이 될 수 있다

나는 발전을 멈추는 순간 인생도 멈춘다고 믿는다. 물론 숨은 계속 쉴 수 있고 심장도 뛸 것이다. 그러나 내면은 죽어버리고 크나큰 잠재력도 시들어버린다. 제임스 테리 화이트 James Terry White는 이렇게 말했다.

"자연을 관찰하면 여기저기에서 게으름에 대한 반발을 볼 수 있다. 노력하지 않고 활동을 멈춘 것은 모두 급속도로 상태가 나빠진다. 이상을 위해 노력하고 끊임없이 더 높이, 더 멀리 나아가려는 움직임이 성품과 인격을 발달시킨다."

나는 점점 나이를 먹고 있다. 이제는 늘 최상의 상태로 움직이지는 못할 터다. 그래도 나는 죽을 때까지 계속해서 읽고, 질문하고, 재미있는 사람들과 이야기하고, 열심히 일하고, 새로운 경험을 할 작정이다. 세상에는 숨만 붙어 있지 사실은 죽은 것이나 다름없는 사람이 얼마나 많은가! 우크라이나의 랍비 나흐만 Nahman은 "오늘보다 내일 더 낫지 않을 거라면 내일이 왜 필요한가?"라고 꾸짖었다. 나는 절대로 성장을 포기하지 않을 것이다.

다음의 글은 지금의 내 심정을 콕 집어 표현하고 있다.

나는 지금 있어야 할 곳에 있지 않고
내가 되고자 하는 사람도 아니지만
예전의 나와는 다른 사람이다.
어떻게 도달해야 하는지 그 방법은 배우지 못했어도
계속 걸어가는 방법만큼은 배웠다.

나는 더 성장할 수 없을 때까지 계속해서 성장할 것이다. 오늘 성공하고 말고는 중요하지 않다. 성공을 맛본 후에 성장을 멈추지도 않을 것이다. 경영 전문가 피터 드러커는 "내일의 성공을 가로막는 가장 큰 적은 오늘의 성공이다. 노벨상을 받고 나서 세상에 큰 영향을 끼친 사람은 아무도 없다."라고 말했다. 나는 크든 작든 성공 때문에 성장의 길에서 벗어나고 싶지는 않다.

7. 발전은 비범함에 이르게 한다

간디는 "우리가 하는 일과 할 수 있는 일의 차이만 알아도 세상의 거의 모든 문제를 해결할 수 있다."고 했다. 그 차이가 바로 좋음과 탁월함의 차이다.

'좋음' 쪽에 있는 사람들은 허용 범위 안에서만 살아가며 나쁜 짓을 하지 않는다. 또한 규범을 잘 지키고 분란을 일으키지 않는다. 그러나 고무줄의 법칙을 따르기만 하면 영향력을 발휘할 수 있음에도 그렇게 하지 않는다.

차이를 뛰어넘어 '탁월함'으로 나아가자. 그곳은 가능성의 땅으로, 사람들은 그곳에서 남다른 성취를 이룬다. 이것이 정말 내 힘으로 이룬 것인가 싶을 만큼 큰일을 하고 영향력을 발휘한다. 어찌된 일인가, 어떻게 하면 또 발전할 수 있을까 하고 끊임없이 궁리하기 때문이다. 이들은 점점 가능성의 영역을 향해 발전해나간다.

철학자 키르케고르는 "가능성은 신이 우리에게 주는 암시다. 우리는 반드시 그것을 따라야 한다."라고 말했다. 그 가능성의 길에서 하나님은 우리에게 영향력을 발휘할 기회를 주신다. 그 길을 따라 걸으면 우리는 더 이상 자신이 어떤 사람인지 고민하지 않고 '어떤 사람이 될 수 있을까'를 고민하게 된다.

어제 한 일에 뿌듯해할 수는 있지만 그것을 떠받들어서는 안 된다. 과거의 성취가 아무리 커도 미래의 가능성만큼은 아니다. 앞을 내다보면 기운이 샘솟는다. 그런 의미에서 로버트 루이스 스티븐슨 Robert Louis Stevenson의 말은 우리의 마음을 울린다.

"자신의 참모습을 찾고 잠재력을 모두 실현하는 것이 인생의 유일한 목표다."

누구나 비범함의 씨앗을 품고 있다. 우리가 주저하지 않고 성장을 위해 노력할 경우 그 씨앗이 자라 우리 삶에 열매가 열린다. 어디 그뿐인가. 우리 안에서 변화가 일어나면 주변 사람에게 변화를 권하고 싶고, 또 우리 안에서 성장이 일어나면 다른 사람도 성장할 수 있다는 믿음이 생긴다. 우리가 처한 환경에서 그런 일이 일어나 모든 사람이 발전하고 성장하면 무관심이 관심으로 바뀌고, 관심은 변화로 이어진다. 그러면 온 세상이 바뀌기 시작한다.

❧ 사소한 차이

내가 가장 좋아하는 스포츠 영웅은 메이저리그 역대 최고의 타자로 불리는 테드 윌리엄스Ted Williams다. 그는 시즌 타율 4할대를 기록한 마지막 타자로 통산 521개 홈런, 타율 3할4푼4리로 은퇴했다. 테드는 주로 34온스 방망이를 썼는데 무게가 0.5온스만 달라져도 구별할 수 있었다고 한다. 한번은 들여온 방망이들의 손잡이 느낌이 좋지 않다고 몽땅 돌려보냈다. 알고 보니 모두 두께가 0.005인치 모자랐다. 그는 타석에서 공의 실밥이 흔들리는 모습을 보고 구질을 감별할 수 있을 정도로 실력이 뛰어났다.

테드는 정말로 공을 치는 게 좋아 공을 쳤고, 무엇 하나 그냥 넘기는 법이 없었다. 그래서 그런지 숨을 거둘 때까지 그 분야에서 꾸준히 배우고 끊임없이 발전했다. 1950년대에 테드는 스포츠계의 또 다른 전설인 보스턴 셀틱스 농구팀의 레드 아워백Red Auerbach 감독을 만났다. 야구와 농구를 넘나들며 이런저런 얘기를 나누던 테드가 물었다.

"그쪽 사람들은 경기가 있는 날 무얼 먹습니까?"

"알아서 뭘 하게요? 지금도 잘하고 있는데."

"더 잘할 방법이 없을지 늘 그걸 고민합니다."

훗날 레드 감독은 테드를 두고 이렇게 말했다.

"그는 사소한 것까지도 신경을 썼다. 훌륭한 선수가 되려면 당연히 그렇게 해야 한다. 어떤 선수는 남보다 좀 낫다 싶으면 그냥 거기에 안주해버린다. …… 하지만 그는 최고의 타자라고 불리면서도 항상 어떻게 하면 손톱만큼이라도 실력을 더 향상시킬 수 있을지 고민했다."

나는 여기저기에서 다양한 선수에 관해 읽었지만 테드만큼 고무줄의 법칙을 충실히 지킨 사람을 발견하지 못했다. 그는 지금 있는 곳과 도달할 수 있는 곳 사이에서 긴장이 사라지면 성장도 멈춘다는 사실을 알았다. 사람들은 대개 시간이 지나면 성장의 발판이 되는 긴장의 끈을 놓아버린다. 조금이라도 성공하고 나면 더욱더 그렇다.

그러나 긴장이 줄어들면 생산성도 줄어든다. 이 경우 성장 동력이 떨어져 잠재력을 발현하기가 어려워진다. 놀랍게도 테드는 타자로서 긴장의 끈을 놓아버린 적이 없다. 은퇴하고 한참이 지나서도 그는 관심을 보이는 사람이면 누구와도 타격에 관해 이야기를 나눴다. 그는 쉬지 않고 배웠고 배운 것을 끊임없이 다른 사람과 나눴다. 우리는 그런 자세를 본받아야 한다.

The Law of the Rubber Band

'고무줄의 법칙' 적용하기

---

1. 인생에서 발전 가능성을 외면하고 안주해버린 영역이 있는가? 그게 무엇이든 내면에서 그 이유를 찾아 긴장을 회복하고 다시 발전해나가야 한다. 마음속의 불만을 다시 생각해보자. 어떤 영역에서 잠재력을 발휘하지 못하고 있는가? 이룰 수 있음을 알면서도 모른 척한 목표는 무엇인가? 앞으로 나아가지 못하도록 막는 습관은 무엇인가? 어떤 영역에서 과거의 성공이 승리의 발걸음을 멈추게 했는가? 변화가 없으면 성장도 없다는 사실을 명심하자. 지금 걸음을 멈춘 곳이 어디든 불만을 동력으로 삼아 다시 걸음을 떼자.

2. 지금 있는 곳과 도달할 수 있는 곳 사이에서 팽팽한 긴장을 유지하기 위해 끊임없이 중간 수준의 목표를 세우자. 목표가 너무 단기적이면 금방 달성해서 긴장을 잃어버린다. 반대로 너무 수준이 높으면 힘에 부친다는 생각에 주저앉기 십상이다.

기간이 어느 정도면 긴장을 유지하기에 좋을까? 3개월? 6개월? 1년? 자신의 성격에 맞춰 직접 목표를 설정하고 그 기간이 끝날 때마다 다시 살펴보자. 목표는 달성하기가 너무 쉬워도, 아주 불가능해서도 안 되고 손에 닿을락 말락 한 정도가 좋다. 물론 그 수준을 정확히 맞추려면 숙련된 솜씨가 필요하다. 만약 그렇게 할 수 있다면 말로 다할 수 없을 만큼 큰 이득이 될 것이다.

3. 계속해서 발전할 수 있도록 인생의 모든 영역을 아우르는 목표를 정해야 한다. 자신이 잠재력을 모두 발휘했을 때만 할 수 있는 뜻 깊은 일을 생각해보자. 꿈을 크게 꾸고 그 꿈을 평생의 목표로 삼자.

The 15 INVALUABLE LAWS OF GROWTH

THE LAW OF TRADEOFFS

| 제 11 장 |

내려놓음의 법칙

당신은 오늘 하루 동안 무엇을 포기했는가

사람들은 변화해서 더 좋은 것을 얻으려 하지 않고
더 나쁜 일이 생길까 두려워서 그냥 불만족스러운 삶의 방식을 고수한다.
- 에릭 호퍼

다음 단계로 가려면 무엇이 필요할까? 비전? 물론이다. 그밖에 열정과 노력도 필요하다. 그렇다면 가장 사랑하고 아끼는 것을 놓아버리는 것은? 이것 역시 필요하다. 믿기 힘들겠지만 어느 정도 성공을 거둔 사람들은 대개 이 부분에서 발목이 잡힌다.

사회에 첫발을 내디뎠을 때는 더 올라가기 위해 손에 쥔 것을 포기하는 게 별로 어렵지 않다. 사실 기회만 잡을 수 있다면 모든 것을 포기할 수도 있다. '모든 것'이라고 해봐야 얼마 되지 않으니 말이다! 그러나 이런저런 것이 손에 들어온 다음에는 얘기가 달라진다. 당신은 좋아하는 일, 후한 봉급, 안락한 집, 좋은 사람들과의 관계 등을 갖추게 되었을 때 당신 안의 잠재력에 한 걸음 더 가까이 다가가기 위해 그것을 과감히 포기할 수 있겠는가?

❦ 아메리칸 드림을 이루다

내려놓을 줄 알아야 더 큰 성공을 거두고 잠재력을 발현할 수 있다. 얼마 전에 나는 이러한 사실을 삶으로 보여준 한 사업가의 이야기를 읽었다. 밤낮없이 일해 근근이 생계를 꾸리는 가난한 노동자의 아들로 태어난 그는 고학으로 수학과를 졸업했다. 그런 다음 공무원 생활을 잠깐 하다가 경영계에 입문했다. 그가 처음으로 선택한 곳은 그의 아버지가 운전기사로 일하던 코카콜라였다. 관리직으로 들어갔으나 그곳에서는 운전기사의 아들이라는 꼬리표 때문에 과소평가를 받고 승진에도 한계가 있을 것 같았다. 그는 기회를 살피고 필스베리의 본사로 이직했다.

상사는 코카콜라 시절부터 알고 지내던 사람이었는데, 그에게 회사가 고비에 있다며 제대로 손을 쓰지 못하면 모두 다른 일자리를 알아봐야 할 판이라고 했다. 그는 두렵지 않았다. 그의 말을 빌리자면 그는 "언제나 실패의 두려움보다 성공의 가능성을 따르는 사람"이기 때문이었다.[1] 그는 열심히 일했고 마흔 살까지 부사장이 되겠다고 결심했다.

필스베리에 들어갈 때 팀장이던 그는 곧 부장이 되었고, 이후 경영정보시스템 국장을 거쳐 마침내 시스템 부사장 자리에 올랐다. 그리고 미니애폴리스 도심에 필스베리 세계 본사가 될 40층짜리 쌍둥이 건물을 짓는 일을 진두지휘해 예산보다 적은 비용을 들여 일찍 완공시켰다.

그는 목표로 한 나이를 4년 남겨둔 상태에서 꿈을 이뤘다. 부사장이 된 그는 36층의 전망 좋은 집무실에서 일했고 초라한 시작을 뒤로하고 까마득하게 높이 올라섰다. 그러나 그 정도로는 성에 차지 않았다.

감사하게도 나는 아주 많은 것을 빠르게 성취했지만, 아직 서른여섯 살이었고 거기서 멈추면 안 된다는 것을 알았다. 그래서 상상하기 시작했다. 내가 의사결정권자가 되어 사업을 운영하면 얼마나 신이 날까! …… 필스베리 경영시스템/서비스 부사장으로 몇 년간 성공을 누린 나는 더 큰 꿈을 꿔야 한다는 생각을 했다. 그것은 바로 '사장'이 되는 꿈이었다.[2]

그 자리에 가만히 있으면 결코 필스베리의 사장이 될 수 없었다. 물론 그는 성공가도를 달리며 남다른 실력으로 모든 일을 잘 처리했지만 회사의 손익과 직결된 업무는 맡아본 적이 없었다. 어떻게 해야 할까? 어떻게 해야 꿈을 이룰 수 있을까?

⚜ 부사장에서 버거킹 직원으로

그는 필스베리의 최고운영책임자에게 사정을 털어놓고 논의한 끝에 그럴듯한 해법을 얻었다. 필스베리의 한 사업부로 자리를 옮기는 것이었다. 바로 버거킹이었다. 비록 장밋빛 미래를 꿈꾸긴 했지만 한편으로는 포기하기 힘든 것들을 포기해야만 했다.

버거킹에서 일하려면 내가 땀 흘려 올라간, 그리고 모두가 탐내는 부사장 자리에서 내려와야 했다. 보수도 대폭 줄어들고 스톡옵션이 사라지는 것은 물론, 처음 접하는 사업을 밑바닥부터 배워야 했다. 여기에다 설령 성공할지라도 내 뜻과 다르게 다른 지역으로 전근을 가야 할 수도 있었다.[3]

한마디로 인생이 뿌리째 뒤집힐 판이었다. 이것이 바로 내려놓음의 법칙이다. 올라가려면 포기할 줄 알아야 한다.

결단하는 과정에서 그는 버거킹에 가면 사장이 되겠다는 꿈에 더 가까이 다가갈 수 있을지 자신에게 물어보았다. 이때 그는 현명하게 처신했다.

"나는 새 일이 얼마나 힘들까, 내가 패스트푸드점에서 햄버거를 만들고 있으면 친구들이 뭐라고 할까, 새 일이 뜻대로 풀리지 않으면 어쩌나 등 부정적인 질문은 하지 않으려 노력했다."[4]

그는 내려놓아야 할 것을 과감히 내려놓고 한번 도전해보기로 했다. 먼저 버거킹 학교에 들어가 이제 막 대학을 졸업한 청년들, 부점장이 될 기회를 잡은 식당 종업원들과 함께 공부했다. 이른바 '만학도'였다. 그곳에서 그는 그릴 작동법, 와퍼 조리법, 손님 응대법 등을 비롯해 매장 운영에 필요한 모든 것을 배웠다. 교육 과정이 끝난 뒤 매장의 부점장으로 발령받았는데, 하필이면 그곳이 부사장으로 있던 곳에서 자동차로 15분 거리였다.

시간이 흐르면서 그는 부점장에서 점장, 지역 관리자, 필라델피아 부사장으로 승진했다. 물론 그 길이 평탄했던 것은 아니다. 시련도 많았고 사내에 그가 성공하는 것을 시기하는 사람도 있었다. 하지만 그는 꿋꿋이 버텼고 결국 성공했다.

"지금 와서 생각해보면 버거킹에서 부딪친 뜻밖의 걸림돌은 모두 도전의 탈을 쓴 축복이 아니었나 싶다. 그런 걸림돌을 미리 알았더라면 나는 내 꿈을 쳐다보려 하지 않았을지도 모른다."[5]

그는 '무엇을 하든' 사장이 되겠다던 꿈을 이뤘을까? 물론이다. 필스베리 본사에서 버거킹으로 직장을 옮긴 지 4년 만에 그는 필스베리가 인수한 회사를 맡게 되었다. 바로 망해가던 갓파더 피자였다. 그 사업가는 바로 허먼 케인Herman Cain이다. 그는 내려놓음의 법칙을 알고 손에 쥔 것을 포기한 덕분에 올라가고 또 올라갈 수 있었다.

❧ 새로운 성장의 기회

살아가면서 우리는 오르막과 내리막이 나뉘는 갈림길을 수없이 만난다. 이러한 갈림길에서 우리는 선택을 한다. 때론 인생에 어떤 것을 더하고 빼며, 또 때로는 손에 쥔 것을 내주고 다른 것을 받기도 한다. 이 세 가지를 때맞춰 절묘하게 하는 사람은 남다른 성공을 거둔다. 당신이 내려놓음의 원리를 이해하고 그 기회를 잘 포착해 활용했으면 좋겠다. 다음은 내려놓기를 할 때 알아둬야 할 사항이다.

내려놓기는 평생 끝나지 않는다

나는 초등학교 때 처음으로 내려놓음의 법칙을 경험했다. 당시 나는 구슬치기를 아주 좋아했다. 점심시간과 쉬는 시간 내내 구슬치기만 한 적도 있었다. 친구들의 구슬을 따는 것이 그렇게 재미있을 수 없었다. 그 시절에 한 친구가 크고 예쁜 고양이 눈 구슬을 갖고 있었다. 나는 그것이 무척 탐났지만 친구가 그걸 내놓지 않아 따고 싶어도 딸 수가 없었다. 친구는 그 구슬을 손에 꼭 쥐고 있다가 보여주기만 했다.

그 구슬이 맘에 든 나는 전략을 세웠다. 맞교환을 제안한 것이다. 처음에는 나에게 있는 구슬 중에서 원하는 것을 하나 주겠다고 했다. 그 친구는 콧방귀도 뀌지 않았다. 그래서 두 개를 주겠다고 했다. 그다음은 세 개였다. 그다음은 네 개. 일곱 개쯤 가서야 승낙을 받아냈다. 그 친구는 구슬이 일곱 개나 생겼다고 좋아했다. 나는 평범한 구슬 몇 개를 포기하고 예쁜 구슬을 얻은 것에 기뻐했다.

의식하든 하지 않든 누구나 갖고 있는 것을 내려놓고 다른 것을 받으며 살아간다. 문제는 그걸 잘하느냐 못하느냐에 있다. 내가 생각하기에 사람들은 이런 자세를 보인다.

- 성공하지 못하는 사람들은 내려놓기를 못한다.
- 평범한 사람들은 내려놓기를 거의 하지 않는다.
- 성공하는 사람들은 내려놓기를 잘한다.

지금까지 내 인생에 큰 영향을 끼친 내려놓기는 스무 번 정도 있었던 것 같다. 그중에서 두 번은 최근 3개월 내에 있었다! 나는 예순네 살에 계속 성장하고 잠재력을 발현하려면 굵직굵직한 내려놓기를 해야 한다는 생각에 이르렀다. 내려놓기를 그치면 인생에서 막다른 길에 다다르게 된다. 이때 성장도 끝난다. 그날이 오면 전성기는 막을 내리고 가능성도 모두 시들어버린다.

내려놓기는 성장의 기회다

성공하는 사람과 실패하는 사람의 가장 큰 차이는 선택에 있다. 그런데 인생의 갈림길에서 잘못된 선택을 하거나 두려움 때문에 아예 선택을 포기하는 바람에 인생이 더 힘들어지는 경우를 종종 본다. 우리는 인생이 자신의 바람과 어긋날 때는 있어도 선택과 어긋날 때는 없음을 기억해야 한다.

　내려놓을 기회가 생길 때마다 나는 나 자신에게 다음과 같은 두 가지 질문을 던진다.

내려놓을 때 얻는 것과 잃는 것은 무엇인가

　갈림길에 섰을 때 이점을 보지 않고 두려움을 따라가면 기회를 놓치고 만다. 선택의 기로에 설 경우, 나는 이해득실을 따져봄으로써 두려움을 한결 쉽게 물리친다. 현실을 냉정하게 바라보면 우리가 지금 갖고 있는 것의 가치를 과대평가하고, 포기함으로써 얻을 수 있는 것의 가치는 과소평가하는 경향이 있음을 알게 된다.

변화를 그냥저냥 견딜 것인가, 아니면 변화를 통해 성장할 것인가? 울며 겨자 먹기로 내려놓기를 하면 안 된다. '잘 풀리면 좋겠다'며 수동적인 자세를 취하는 것도 곤란하다. 오히려 내려놓기를 성장의 기회로 보고 그 기회를 절대로 놓치지 않겠다는 능동적인 마음자세가 필요하다. 어차피 내려놓기로 이득을 보는 것은 우리 자신이다.

변화를 통해 성장하면 우리는 적극적인 사람이 된다. 또한 다른 사람에게 휘둘리지 않고 자신의 태도와 감정을 잘 다스리게 된다. 한마디로 자기 인생에서 변화의 주체가 되는 것이다. 저술가 데니스 웨이틀리는 다음과 같이 말했다.

"자신의 결정이 보상과 결과로 돌아온다는 사실을 받아들이면 지혜롭고 성숙한 사람이 되는 길이 열린다. 인생을 책임져야 할 사람은 자기 자신이며, 자신이 어떤 선택을 하느냐에 따라 인생의 모습이 달라진다."

내 생각도 데니스와 다르지 않다. 나는 오래 전에 다른 사람은 용기 없는 삶을 살지라도 나는 그러지 않겠다고, 다른 사람은 피해의식 속에 살더라도 나는 그러지 않겠다고, 다른 사람은 남의 손에 자기 미래를 맡겨도 나는 그러지 않겠다고, 다른 사람은 인생을 그냥저냥 살아가도 나는 성장하며 살아가겠다고 결심했다. 나는 누가 뭐래도 이런 선택을 바꾸지 않을 것이다.

내려놓기는 어려운 변화에 도전하게 한다

내 주위에는 '내 처지가 바뀌었으면' 하고 바라는 사람이 꽤 있다. 그런데 기꺼이 변화하지 않으면 지금 있는 곳에 계속 머물 뿐 원하는 곳으로 갈 수 없다. 지금까지 가져본 적 없는 것을 갖고 싶다면 지금까지 해본 적 없는 것을 해야 한다. 그렇지 않으면 늘 같은 결과만 나올 뿐이다.

우리가 주저 없이 기회를 붙잡을 때 인생이 변한다. 물론 이것이 쉬운 일은 아니다. 하지만 다음을 명심하면 어려움을 극복하는 데 큰 도움이 될 것이다.

변화는 남의 일이 아니다 – 인생을 변화시키려면 나 자신부터 변해야 한다.
변화는 가능하다 – 누구나 변할 수 있다.
변화는 이롭다 – 변화에는 보상이 따른다.

변화가 항상 쉬운 것은 아니지만 그렇다고 불가능한 일도 아니다. 심리학자이자 홀로코스트 생존자인 빅토르 프랑클은 "더 이상 상황을 변화시킬 수 없으면 자기 자신을 변화시켜야 한다."고 했다. 그 열쇠는 우리 손에 있다.

한편 기꺼이 변화를 일으키려는 자세도 중요하지만 '언제' 변화를 일으키는가도 중요하다.

변화를 위한 변화는 상처를 남긴다.
변화가 필요해지기 전에 변화하면 큰 보상이 따르지만 쉬운 일은 아니다.
제때 변화하면 보상이 따른다.

뒤늦게 변화하면 피해를 본다.

변화를 거부하면 잠재력이 시들어버린다.

1978년 나는 인생에서 가장 힘든 변화의 시기를 겪었다. 당시 나는 인생의 갈림길에 서 있었다. 강연을 통해 사람들을 돕고 있긴 했지만 그 영향력이 너무 미미했고, 기껏해야 직접 만나 이야기하는 사람들의 인생에만 도움을 줄 수 있을 뿐이었다. 그때 나는 책을 써야겠다고 생각했다.

나는 책을 써본 적도 없고 어떻게 써야 하는지도 몰랐다. 책을 쓰기 위해서는 엄청난 시간과 노력이 필요했으나 나는 기꺼이 도전하기로 했다. 먼저 수십 시간을 투자해 작가들을 만나는 것은 물론 강의를 듣고 오디오북을 들었다. 이어 수백 시간을 들여 글을 쓰고 다듬었다. 그렇게 거의 1년간 땀 흘린 결과 100쪽 분량의 짧은 원고를 완성할 수 있었다.

그런데 찾아가는 출판사마다 거절을 했다. '헛수고 했나?' 하는 생각을 숱하게 한 끝에 결국 내 노력은 빛을 보게 되었다. 내 생애 최초의 책 《존 맥스웰 자기 경영의 법칙》Think on These Things이 세상에 나온 것이다. 내가 글을 쓰면서 잠재력을 모두 발현했을까? 그렇지 않다. 그러나 잠재력 발현으로 가는 길에 들어설 수는 있었다. 나아가 첫 책을 펴낸 덕분에 계속 글을 쓰고 발전할 수 있었다.

지금까지 내 손을 거쳐 나온 책이 60권이 넘고 모두 2,000만 부 넘게 팔렸다. 만약 내가 책을 쓰겠다는 생각만 하고 변화를 회피했다면 지금까지 단 한 권의 책도 쓰지 못했을 것이다. 나아가 내가 도움을 준 사람들에게 다가가지도 못했을 것이다.

내려놓고 나서 오랫동안 상실감을 느낀 후에야 얻는 것도 있다

몇 년 전 아들 조엘의 집에 갔을 때의 일이다. 그때 세 살배기 손자 제임스가 입술을 삐죽 내밀고 세탁실에 앉아 있었다. 제 담요가 마르기를 기다리는 중이었다. 자신이 애지중지하는 담요가 자기 손을 벗어나 탈수 중이라 잔뜩 뿔이 난 것이었다.

우리도 제임스와 크게 다르지 않다. 우리는 변화를 원하지만 참을성 있게 결과를 기다리진 않는다. 그리고 갖고 있던 것은 내려놓는 순간 사라져버리는데 손에 들어와야 할 것은 며칠, 몇 주, 몇 달, 몇 년 심지어 몇 십 년이 지나도 들어오지 않는 까닭에 뼈저리게 상실감을 느끼기도 한다.

이런 과도기가 무척 힘들게 느껴질 수도 있다. 우리는 얼른 결과를 얻고 싶어 한다. 하지만 우리가 아끼는 것의 끝을 직시하고 또한 그 끝과 우리가 바라는 새로운 시작 사이의 불확실성을 직시해야 한다. 이러한 변화는 상실로 다가오기도 한다. 개중에는 불확실한 시기를 잘 넘기는 사람도 있고 그렇지 않은 사람도 있다.

어떤 사람은 변화에서 오는 스트레스를 금방 털어버리는가 하면 또 어떤 사람은 오랜 시간이 걸린다. 이는 성격과 태도에 달린 문제다. 성격은 우리가 바꿀 수 없지만 태도는 그렇지 않다. 긍정적인 태도로 내려놓기가 안겨줄 이득에 시선을 고정시키면 과도기를 잘 헤쳐 나갈 수 있다.

아무 때나 얻을 수 있는 것도 많다

인생에는 내려놓기만 잘하면 아무 때나 얻을 수 있는 것도 많다. 예를 들어 나쁜 습관은 결단만 내리면 언제든 사라지고 대신 좋은 습관을 얻을 수 있다. 잠을 충분히 자는 것, 게으름을 이기고 운동하는 것, 건강을 위해 식습관을 개선하는 것은 특별히 기회를 기다리지 않아도 마음만 먹으면 할 수 있는 것이다. 물론 일찍 결단할수록 좋지만 그렇다고 시간을 다투는 일도 아니다.

사람들은 좋은 것을 내려놓고 오히려 엉뚱한 것을 얻고 나면 돌이킬 수 없는 실수를 했다고 생각해 안절부절하지 못한다. 사실은 그렇지 않다. 대부분의 경우 선택만 잘하면 돌이킬 수 있다. 내가 겪어봐서 잘 알고 있다. 나도 내려놓기를 잘못한 경우가 꽤 많지만 수없이 뒤로 돌아가 상황을 되돌려 놓았다.

잘못된 선택을 했어도 다시 현명한 선택을 하면 얼마든지 만회할 수 있다. 여기에 내가 좋아하는 카를 바르트Carl Bard의 시를 옮긴다.

> 벗이여, 누구도 다시 돌아가서
> 새로운 시작을 할 수는 없지만
> 누구나 지금부터 시작해서
> 새로운 마무리를 할 수는 있다네.

선택을 잘못했다고 해서 다 틀렸다고 생각하지 말자. 틀린 것은 바로잡으면 된다. 인생은 가능성의 씨앗들을 잔뜩 심어놓은 기름진 땅이다. 틀렸다고 아예 경작을 그만두는 것이야말로 틀린 선택이다.

그때가 아니면 얻을 수 없는 것도 있다

변화의 시기야말로 결단을 내릴 절호의 기회다. 때론 변화의 시기가 일생에 딱 한 번 올 경우도 있다. 그 시기를 놓치면 기회는 영영 오지 않는다. 인텔의 회장을 지낸 앤디 그로브Andy Grove는 이렇게 경고했다.

"어느 회사든 극적으로 변화해야만 다음 단계로 올라서는 시기가 최소한 한 번은 온다. 그런데 그 순간을 그냥 지나치면 몰락의 길로 접어든다."

나도 몇 년 전에 그런 일을 겪었다. 나는 10년 넘게 넬슨 만델라를 간절히 만나고 싶어 했다. 결국 몇 년 만에 그와 하루를 보내기로 약속을 잡을 수 있었다. 그런데 약속일이 가까워졌을 때 만델라가 골반을 다치는 바람에 약속이 취소되고 말았다. 내가 일정을 바꿔 그가 있는 곳으로 갈 수도 있었지만 그러자면 케냐 강연을 취소해야 했다. 많은 사람과의 강연 약속을 어기고 일정을 바꾸는 것은 내가 용납하기 힘든 일이었다. 그러나 만델라의 나이를 생각하면 아마도 그와 만날 기회를 영영 놓쳐버린 것 같다.

높이 올라갈수록 내려놓기가 어려워진다

앞에서도 말했지만 시작할 때는 누구나 포기할 게 별로 없다. 하지만 지위가 올라가고 좋은 것이 어느 정도 쌓이면 내려놓기에 값비싼 대가가 따른다. 미 국무부장관을 지낸 헨리 키신저Henry Kissinger는 "성공이란 더 어려운 문제로 가는 차표를 사는 것일 뿐"이라고 말했다.

밑바닥에 있을 때 우리는 밑져야 본전이라는 심정으로 갖고 있는 것을 어렵지 않게 내려놓는다. 또한 아주 의욕적으로 변화에 달려든다. 그러나 지위가 올라가면 기분이 내킬 때만 변화를 꾀한다. 지위가 좀 더 올라가면 딱히 변화의 필요성을 느끼지 못하고 현실에 안주한다. 이때는 아무것도 내려놓으려 하지 않는다.

성공하고 나면 배움의 자세를 잃어버리기도 한다. 많은 사람이 어느 정도 성공했으니 그냥저냥 살아도 되지 않을까, 그만 성장해도 되지 않을까 하는 유혹에 빠진다. 또한 성공하는 법을 알 만큼 안다고 생각해 게으름을 피우기 시작한다. 여기에다 나름대로 혁신과 성장의 공식을 만들어 그것만 따른다. '한 번 성공했는데 또 못하겠어?' 하는 생각 때문이다. 그러나 이것은 착각이다. 우리를 '이곳'으로 데려온 기술이 '저곳'으로 데려가리라는 보장이 없기 때문이다. 요즘처럼 하루가 멀다 하고 세상이 바뀔 때는 더욱더 그렇다.

5년 전만 해도(이 글을 쓰는 현재 시점에서) 트위터는 존재하지 않았다. 그런데 지금은 그것이 우리 문화와 기업에 얼마나 큰 영향을 미치고 있는가. 4년 전만 해도 아이폰은 없었다. 지금은 이 고성능 컴퓨터 겸 통신장치를 모두들 주머니 속에 넣고 다닌다.

지금까지 아무리 큰 성공을 거뒀을지라도 변화를 거부하면 안 된다. 꾸준히 배워 성장하고 싶다면 계속 내려놓아야 한다. 헨리 데이비드 소로 Henry David Thoreau는 "무엇이든 그 값어치는 우리가 그것을 위해 내놓으려고 하는 인생의 분량과 같다."고 했다. 무언가를 얻으려면 쥐고 있는 뭔가를 내줘야 한다.

내려놓으면 절대로 제자리걸음을 하지 않는다

경영 전문 작가 루이스 분Louis Boone은 자신 있게 말했다.

"실패가 두려워서 새로운 시도를 거부해서는 안 된다. 서글픈 인생은 '할 수 있었는데', '할 뻔했는데', '해야 했는데'라는 세 마디로 요약된다."

누구나 자기 뜻대로 선택할 수 있다. 그리고 반드시 선택의 영향을 받게 마련이다. 선택이 우리를 변화시키는 것이다. 설령 잘못된 선택일지라도 그것을 통해 생각이 명확해지고 진짜 자신을 보게 된다면, 결과적으로는 좋은 쪽으로 변화하는 계기가 될 수 있다.

선택은 본질적으로 경계선을 기준으로 어느 쪽에서 살고 싶은지 결정하는 것이다. 일단 선택을 하고 나면 우리는 한때 붙들고 있던 것과 영영 이별하게 된다. 그러니 어느 쪽을 선택하든 우리는 전과 같은 사람일 수 없다.

무조건 내려놓는다고 능사는 아니다

나는 내려놓기를 정말로 중요하게 생각한다. 이제는 내려놓기 없는 삶은 상상할 수조차 없을 정도다. 하지만 내 인생에는 절대로 내려놓을 수 없는 것도 있다. 나는 결코 일을 위해 결혼생활을 내려놓지 않을 것이다. 부 혹은 명예 때문에 내 아이들이나 손자들과의 관계를 내려놓지도 않을 것이다. 내 가치관도 어떤 이유로든 내려놓을 수 없다. 혹시라도 이런 것을 내려놓는다면 후회할 게 불을 보듯 뻔하다. 더구나 그 모든 것은 되찾기가 쉽지 않다.

성경에 나오는 야곱과 에서의 이야기를 보면 내려놓기를 잘못할 때 어떤 일이 벌어지는지 잘 알 수 있다. 형인 에서는 아버지 이삭에게서 장자의 권리, 축복, 대부분의 재산 등 좋은 것은 다 받기로 되어 있었다. 그런데 어느 날 주린 배를 채우기 위해 그 모든 것을 내려놓고 말았다.

어느 날 야곱이 죽을 쑤고 있는데 에서가 허기진 배를 움켜쥐고 들에서 돌아왔다. 에서가 야곱에게 말했다.
"그 붉은 죽을 내게 좀 다오. 너무 배가 고프다!"
그가 에돔(붉은색)이라고 불리게 된 것은 이 때문이다. 그때 야곱이 말했다.
"형, 나와 거래해. 내가 끓인 죽과 형이 갖고 있는 장자의 권리를 맞바꾸는 게 어때?"
에서가 대답했다.
"배가 고파 죽을 지경인데, 장자의 권리가 무슨 소용이 있어?"
야곱이 말했다.
"그럼 먼저 나한테 맹세해."
에서는 맹세를 했고 장자의 권리를 팔아넘겼다. 야곱은 에서에게 빵과 팥죽을 건넸다. 에서는 먹고 마신 다음 일어나 그곳을 떠났다. 그렇게 에서는 장자의 권리를 내던져버렸다.[6]

사람들은 소중한 것을 무심코 내려놓고는 나중에 가서야 때늦은 후회를 한다. 그런 일을 방지하려면 체계를 만들고 선을 긋는 게 중요하다. 내 경우에는 너무 일에만 매달리는 것을 막기 위해 마거릿에게 내 일정을 거부할 권한을 줬다. 또한 나는 가족 이외의 여성과는 가능한 단둘이 있으려고 하지 않는다. 그뿐 아니라 날마다 기도를 통해 내 가치관이 인생의 중심에 굳게 서도록 한다. 이렇게 자신만의 기준점이 확실히 있어야 한다.

내려놓기의 다섯 가지 원칙

지금까지 살면서 어떤 식으로 내려놓기를 해왔는가? 내려놓기에 관해 진지하게 생각해본 적 있는가? 무엇을 내려놓고 무엇을 얻을지 결정하는 데 도움이 되는 기준이 있는가? 그런 기준을 마련하는 데 도움이 될 만한 내려놓기 원칙 다섯 가지를 소개한다.

1. 나는 내일의 가능성을 위해 오늘의 경제적인 안정을 기꺼이 포기한다

의사이자 작가인 조지 크래인 George Crane은 "어떤 일에도 미래는 없다. 미래는 그 일을 하는 사람에게 달려 있다."라고 말했다. 나는 이 말을 한 번도 의심해본 적이 없다. 내가 언제든 좋은 기회가 보이면 재정이 불안정해지거나 벌이가 줄어들어도 나 자신을 믿고 그 기회를 좇았기 때문이다.

내 경력에는 굵직한 변화가 일곱 번 있었는데 그중 다섯 번은 소득이 줄어들었다.

첫 번째는 처음으로 직업을 선택했을 때였다. 대학 졸업 후 두 교회에서 목회자 자리가 들어왔을 때 나는 둘 중에서 임금이 적은 쪽을 택했다. 그곳의 성장 가능성이 더 크다고 생각했기 때문이다(맞벌이를 하겠다는 아내 마거릿의 결정도 큰 힘이 되었다).

두 번째 목회지는 규모가 좀 더 커서 그런지 보수도 더 높았다. 그때가 1972년이었다. 이후로 자리를 옮기면서 벌이가 더 좋아진 적은 딱 한 번밖에 없었다. 그것이 2010년의 일이다! 나는 왜 일자리를 옮길 때마다 보수가 줄어들어도 개의치 않았을까? 안정보다 기회를 중요시했기 때문이다. 물론 일을 하다 보면 더 많은 돈을 벌 수 있으리라는 믿음도 있었다.

내 친구이자 마이크로소프트의 최고운영책임자인 케빈 터너Kevin Turner는 "직업의 안정성을 확보하려면 성장에 매진하는 수밖에 없다."고 했다. 그렇게 하면 언제나 좋은 대가가 따르게 마련이다.

2. 나는 성장을 위해 즉각적인 만족을 기꺼이 포기한다

나는 무척이나 낙천적이고 놀기를 좋아한다. 혹시 어릴 적에 나를 봤다면 아마도 '커서 뭐가 되려고 저러나' 싶었을 것이다. 나는 개구쟁이였고 친구들과 공놀이를 하며 노는 것밖에 몰랐다. 하지만 커가면서 오페라 가수 베버리 실스Beverly Sills의 말처럼 "갈 만한 가치가 있는 곳에는 지름길이 없다."는 것을 깨달았다.

즉각적인 만족과 성장은 양립할 수 없다. 대런 하디가 저술한 《누적 효과》에는 사람들이 즉각적인 만족을 주는 것과 가장 보탬이 되는 것을 놓고 저울질하면서 겪는 내면의 갈등이 나온다.

설탕을 듬뿍 바른 타르트는 누가 봐도 날씬한 허리의 적이다.

밤에 세 시간씩 《댄싱 위드 더 스타》와 《NCIS》를 보면 당연히 좋은 책을 읽거나 훌륭한 음악을 들을 시간이 세 시간씩 줄어든다. 좋은 운동화를 산다고 당장 마라톤에 나갈 수 있는 것은 아니다. 우리는 '합리적인' 종種이다. 적어도 스스로는 그렇게 생각하고 있다. 그런데 왜 몹쓸 습관에 비합리적으로 종속되어 있는가? 즉각적인 만족을 바라는 마음을 이기지 못하면 생각 없이 그저 반사적으로 행동하는 동물이 될 수밖에 없다.

즉각적인 만족은 십중팔구 성장과 성공의 적이다. 우리는 당장의 만족감에 젖어 제자리걸음을 할 수도 있고, 만족을 뒤로 미루고 성장할 수도 있다. 이것은 자신의 선택에 달린 일이다.

3. 나는 바람직한 삶을 위해 쾌락을 좇는 삶을 기꺼이 포기한다

우리의 문화는 스타를 떠받들고 대저택에 군침을 흘리며 여행이라고 하면 무조건 좋은 줄 안다. 또한 언젠가는 동경하는 라이프스타일을 누릴 수 있지 않을까 하는 기대로 복권에 손을 댄다. 그것은 대개 허상이며 마치 포토샵으로 이곳저곳을 뜯어고친 표지모델과 같다. 한마디로 현실이 아니다.

나는 바람직한 삶을 위해 쾌락을 좇는 삶을 포기한다. 바람직한 삶이란 무엇일까? 리처드 라이더와 데이비드 샤피로가 쓴 《인생의 절반쯤 왔을 때 깨닫게 되는 것들》에 바람직한 삶의 공식이 나온다.

"자신이 속한 곳에서 사랑하는 사람들과 함께하며 목적을 갖고 올바른 일을 하는 것."[7]

머릿속에 쏙 들어오는 설명이다. 나는 여기에 알베르트 슈바이처의 말을 덧붙이고 싶다.

"성공의 비결은 어떤 일이 닥쳐도 지치지 않고 인생을 헤쳐 나가는 것이다."

나는 지치지 않기 위해 역량을 키우고 인생에 여백을 두려 노력한다. 당신도 그렇게 하고 싶다면 다음과 같이 해보기 바란다.

- 더 열심히 일하는 게 아니라 더 현명하게 일하기 위해 다른 사람에게 업무를 위임한다.
- 가장 잘할 수 있는 일만 하고 나머지는 그만둔다.
- 남에게 끌려 다니지 말고 직접 일정을 관리한다.
- 좋아하는 일을 하면서 힘을 얻는다.
- 활력이 떨어지지 않도록 좋아하는 사람들과 함께 일한다.

이렇게 행동하면 사랑하는 사람들과 함께 목적에 맞는, 바람직한 삶을 살 수 있다.

4. 나는 뜻 깊은 일을 위해 안정을 기꺼이 포기한다

나는 정서적·신체적·재정적 안정 등 오로지 안정만 바라고 살아가는 사람들을 많이 알고 있다. 하지만 안정을 기준으로 발전도를 평가하는 것은 현명한 자세가 아니다. 그보다는 얼마나 뜻이 깊은가를 기준으로 삼는 편이 훨씬 현명하다.

대다수 사람들이 밥벌이에 발목이 잡혀 살아가는데, 이런 삶은 대개 변화가 없고 안정적이다. 변화를 불러오는 것은 '뜻 깊은 일'이다. 위인들이 위대한 까닭은 무언가를 손에 넣었기 때문이 아니라 안정을 버리고 인생을 바쳐 무언가를 성취했기 때문이다. 내려놓기는 언제나 우리의 참모습을 찾기 위한 도전이다. 내려놓기를 잘하면 다른 사람들도 참모습을 찾도록 기회를 줄 수 있다. 이것이 바로 뜻 깊은 일이다!

5. 나는 곱하기를 위해 더하기를 기꺼이 포기한다

사회생활을 시작했을 때 나는 성취하는 사람이었다. 좋아하는 일을 한 덕분에 늘 기대감으로 활력이 넘쳤고 잠자는 시간도 아까워했다. 당연히 일에 임하는 자세가 적극적이었고 다른 사람을 도와야겠다는 의욕도 충만했다.

초창기 내 마음자세를 한마디로 표현하자면 '다른 사람들을 위해 무엇을 할 수 있을까?'였다. 그러나 그것은 더하기였다. 리더십을 배우면서 내 질문은 '다른 사람들과 함께 무엇을 할 수 있을까?'로 바뀌었다. 이것은 곱하기다.

내가 곱하기를 위해 가장 많은 시간, 정력, 자원을 쏟는 곳은 이큅이다. 이큅은 내가 전 세계 사람들에게 리더십을 가르치기 위해 세운 비영리기구다. 우리는 다른 사람들과 손을 잡고 더 많은 사람을 돕겠다는 자세로 스스로에게 다음과 같이 물었다.

리더십 기관이 날마다
리더와 조직의 가치를 키우려고 애쓴다면,

협력 관계를 중시하고 적극적으로 협력한다면,

자원과 지식을 꽁꽁 감추지 않고 나눈다면,

성취가 누구의 공으로 돌아가든 신경 쓰지 않는다면,

자신만을 위한 것이 아니라 다른 사람을 돕는 강물이 된다면,

어떻게 될까?

이렇게 행동하면 곱하기가 된다! 지금까지 이큅은 전 세계 157개국에서 500만 명 이상의 리더를 훈련시켰다. 그야말로 내가 내려놓은 것들이 전혀 아깝지 않을 정도가 아닌가.

아직도 자신이 리더라는 생각이 들지 않는다면 리더로서 역량을 기를 방법을 찾아보기 바란다. 활기차게 성장하면서 날로 능력을 향상시키는 사람도 다른 사람을 이끄는 법을 배우면 영향력을 더 크게 키울 수 있다.

만약 자신에게 리더가 될 소질이 없다고 생각한다면 멘토가 되는 쪽을 고려해보자. 다른 사람에게 공을 들일 경우 효과가 곱절로 늘어나고 그러면 그 시간이 전혀 아깝지 않다.

대부분의 사람들이 인생 여정에서 많은 것을 움켜쥐려고 한다. 아무것도 포기하지 않고 계속해서 더 차지하려고 한다. 하지만 그럴 수는 없다. 하루에 쓸 수 있는 시간은 정해져 있으므로 하고 싶다고 다 할 수 있는 것이 아니다. 어느 시점에서는 한계에 부딪힐 수밖에 없다. 덧붙여 잊지 말아야 할 사실은 '우리가 변하지 않으면 아무것도 변하지 않는다'는 것이다.

체커 게임checker game을 하다 보면 내려놓기와 관련해 배울 점이 많다. 누군가가 말했다.

"하나를 내주고 두 개를 먹는다. 한 번에 하나씩만 움직인다. 위로 올라갈 수는 있지만 내려올 수는 없다. 꼭대기에 도착하면 원하는 대로 자유롭게 움직일 수 있다."[8]

잠재력을 발현하고 싶으면 기꺼이 내려놓는 사람이 되어야 한다. 저술가 제임스 앨런은 "적게 이루고 싶은 사람은 적게 희생하고, 많이 이루고 싶은 사람은 많이 희생해야 한다."라고 말했다.

The Law of Tradeoffs

...

'내려놓음의 법칙' 적용하기

---

1. 당신 자신만의 내려놓기 원칙을 적어보자. 이 장에서 소개한 원칙을 참고로 하면 도움이 될 것이다.

   나는 내일의 가능성을 위해 오늘의 경제적인 안정을 기꺼이 포기한다.
   나는 성장을 위해 즉각적인 만족을 기꺼이 포기한다.
   나는 바람직한 삶을 위해 쾌락을 좇는 삶을 기꺼이 포기한다.
   나는 뜻 깊은 일을 위해 안정을 기꺼이 포기한다.
   나는 곱하기를 위해 더하기를 기꺼이 포기한다.

과거에 내려놓기를 해서 보람을 얻었던 때를 떠올려보고 앞으로 계속 그렇게 해도 좋은 것이 무엇인지 생각해보자. 또한 잠재력을 발현하려면 무엇이 필요하고 그것을 달성하기 위해 무엇을 포기해야 하는지도 생각해보자.

2. 우리는 기꺼이 포기할 수 있는 것뿐 아니라 그렇게 하면 안 되는 것이 무엇인지도 알아야 한다. 자신의 삶에서 절대로 타협할 수 없는 것을 찾아 적어보자. 그리고 각각을 포기했을 때 치러야 할 가장 값비싼 대가가 무엇인지 밝히고, 그런 일을 방지하기 위한 기준점을 마련하자.

3. 그동안 마음이 내키지 않아 피했지만 지금 당장 내려놓고 얻어야 할

것은 무엇인가? 많은 사람이 현실에 적응해 내려놓기만 하면 없앨 수 있는 한계나 장벽을 그대로 안고 살아간다. 당신은 무엇을 얻기 위해 무엇을 포기해야 하는가?

THE LAW OF CURIOSITY

| 제 **12** 장 |

호기심의 법칙

인생을 신기한 것이 가득한 곳으로 만들어라

어떤 사람은 사물을 있는 그대로 보면서 왜 그런지 묻는다.
또 어떤 사람은 현실에 없는 것을 꿈꾸면서 안 될 게 뭐가 있느냐고 묻는다.
- 조지 버나드 쇼

대학교 1학년 때 심리학 개론 시간에 다른 학생들과 함께 창의력 검사를 받은 적이 있다. 그 결과는 처참하게도 거의 꼴찌 수준이었다. '그게 뭐 어때서? 창의력이 뒤떨어지는 사람이 어디 한둘인가?'라고 생각하는 사람도 있을 것이다.

하지만 말로 먹고살 궁리를 하던 나에게는 그게 큰 문제일 수밖에 없었다. 청중에게 지루한 말만 늘어놓는 것만큼 몹쓸 짓도 없다. 문제를 그대로 놔두면 분명 앞길에 걸림돌이 될 텐데 어떻게 극복해야 할까? 고민스러웠다.

나는 결국 해답을 찾아냈는데 그것은 남부럽지 않은 호기심으로 극복하자는 것이었다. 나는 어린 시절부터 호기심이 왕성했다. 청소년기는 모든 면에서 또래와 다를 바 없었지만 딱 한 가지 예외가 있었다. 늦잠자기를 좋아하는 친구들과 달리 나는 아침마다 일찍 일어났다. 왜 그랬을까? 침대에 계속 누워 있으면 뭔가 재미있는 일을 놓칠 것만 같았다! 지금 생각하면 피식 웃음만 나온다. 그 작은 마을에 별일이 있어봐야 얼마나 있다고 아침 일찍 일어났는지. 어쨌든 그런 면이 나는 친구들과는 좀 달랐다.

창의력 검사로 충격을 받은 이후 나는 몸에 밴 호기심을 발휘해 인용문, 이야기, 아이디어를 모으기 시작했다. '따분한 사람이 되지 않으려면 따분하지 않은 사람들이 한 말을 활용하는 게 좋을 것'이라고 판단했기 때문이다. 나는 재미있는 생각, 기발하고 감동적인 표현을 찾기 시작했다.

그렇게 몇 년을 지내자 변화가 일어났다. 그들의 말과 이야기가 '왜' 그렇게 재미있는지 연구하게 된 것이다. 왜 매력적일까? 왜 웃기는 걸까? 왜 혁신적일까? 왜 공감을 자아내는 걸까? 한동안 이런 질문에 몰두하자 인용문을 그냥 모으는 게 아니라 그 속에서 배울 만한 점을 발견하게 되었다. 또한 그런 말을 한 사람들과 똑같은 관점에서 내 생각이 사람들의 귀에 쏙 들어가도록 기억에 남는 말로 풀어낼 수 있었다.

덕분에 내 의사소통 능력은 한 단계 뛰어올랐고 자기계발과 성장도 더욱 활기를 띠게 되었다.

❧ 호기심과 상상력

호기심은 타고난 것일까, 아니면 다른 데서 들어온 것일까? 나도 모른다. 어쨌든 나는 평생 여기저기에 호기심을 보였고 또 계속 호기심을 길러왔다. 이건 아주 좋은 점이다. 호기심이 있어야 평생 배우고, 계속 배워야 꾸준히 자기계발을 해서 성장할 수 있기 때문이다.

호기심이 많은 사람은 늘 지식에 목말라한다. 인생, 사람, 생각, 경험, 사건에 관심이 많고 항상 더 배우고 싶어 한다. 또한 끊임없이 '왜?'라고 묻는다. 호기심만큼 자발적인 학습을 촉진하는 것도 없다. 호기심이 강한 사람은 누가 시키지 않아도 자나 깨나 질문하고 탐구한다. 그리고 그것을 그칠 줄을 모른다. 이들은 발견의 결과도 가슴 뛰게 하지만 과정 또한 그만큼 설렌다는 사실을 잘 안다. 발견에 이르는 길에는 감탄하며 배울 만한 게 많이 있기 때문이다.

호기심이 있으면 평범함 너머에 있는 가능성을 생각하고 그것을 확장하게 된다. 그리고 '왜?'라는 물음은 상상력에 불을 지피고 우리를 발견으로 이끈다. 나아가 여기저기에 있는 기회의 문을 열어준다.

또한 호기심은 평범함을 넘어 비범한 존재가 되게 한다. 사람들은 다리를 건널 필요가 없으면 애써 건너지 말라고 하지만, 누군가의 말처럼 "세상을 쥐락펴락하는 사람은 남들보다 먼저 상상 속에서 다리를 건넌 사람들"이다. 아인슈타인이 "의미 있고 오래가는 변화는 먼저 상상력에서 시작되어 바깥으로 나온다."고 한 배경도 같은 맥락이 아닐까 싶다. 아인슈타인은 강한 호기심 덕분에 많은 것을 발견할 수 있었다. 그 자신도 호기심과 상상력을 자신의 가장 큰 재능으로 꼽았다.

♧ 호기심을 기르는 방법

나는 호기심 많은 사람들과 어울리며 이야기하기를 좋아한다. 그들과 함께 있으면 지식과 배움에 대한 열망이 전염된다. 그런데 왜 호기심이 있는 사람보다 없는 사람이 더 많은 걸까? 우리 주위에는 세상사에 무관심한 사람이 생각보다 많다. 왜 '왜?'라고 묻지 않는 걸까? 날 때부터 배우고 싶은 욕구가 없어서? 그냥 머리 쓰기가 귀찮아서? 날마다 틀에 박힌 일만 하면서 사는 데 익숙해져서? 그런 사람들도 정신을 '일깨우고' 호기심을 키우면 성장의 습관이 몸에 배지 않을까?

여기에 호기심을 기르는 열 가지 방법을 제시한다.

1. 호기심 많은 사람이 될 수 있음을 믿는다

많은 사람이 자신을 제한하는 신념을 잔뜩 안고 살아간다. 자신감과 자존감이 부족해 스스로 장벽을 쌓고 생각에 제한을 두는 것이다. 그 결과는 어떨까? 잠재력을 발현하지 못하게 된다. 능력이 없어서가 아니라 신념을 뛰어넘어 새로운 지평을 열고 싶어 하지 않기 때문이다.

우리는 속으로 하는 생각과 겉으로 하는 행동이 다를 수 없다. 속으로 '나는 그런 사람이 아닌데' 하면 겉으로도 그런 사람이 될 수 없다. 그렇다고 낙담할 필요는 없다. 생각을 바꾸면 인생도 바뀐다.

호기심을 기르자. 왕성한 호기심으로 성장하는 사람과 그렇지 않은 사람의 가장 큰 차이는 자신이 배우고 성장하고 변화할 수 있다는 믿음을 가지고 있는지의 여부다. 의도성의 법칙에서 설명했듯 우리는 성장을 추구해야 한다. 지식, 이해, 지혜가 찾아오기를 기다리기만 해서는 안 된다. 직접 뛰어나가 손에 넣어야 한다. 그럴 때 가장 유용한 수단이 호기심이다.

2. 초심자의 마음자세를 유지한다

삶과 배움을 대하는 자세는 나이와 아무런 상관이 없다. 중요한 것은 마음자세다. 초심자의 마음자세란 항상 이유를 궁금해 하고 답을 얻을 때까지 수없이 질문하는 것이다. 이들은 열린 자세로 유연하게 행동한다.

초심자의 마음자세를 유지하는 사람은 고정관념을 고집하지 않고 잘 보이고자 하는 욕구보다 더 배우고 싶어 하는 욕구가 강하다. 또 기존의 규칙이나 상식에 얽매이지 않는다. 피터 드러커는 "컨설턴트로서 내 가장 큰 장점은 아는 척하지 않고 이것저것 물어보는 것"이라고 했다. 그게 바로 초심자의 마음자세다.

초심자의 마음자세를 유지하는 사람들은 아이처럼 호기심 어린 눈으로 인생을 바라본다. 마치 엄마에게 쉴 틈 없이 질문하는 꼬마와 같다. 이럴 때 엄마는 결국 짜증을 낸다.

"얘, 궁금한 게 왜 그렇게 많니? 옛말에 호기심 많은 고양이가 먼저 죽는댔어."

꼬마는 골똘히 생각하다가 또 묻는다.

"근데 그 고양이는 뭐가 궁금했대요?"

초심자의 마음자세를 유지하는 사람과 정반대되는 사람은 아는 체하는 사람이다. 그런 사람은 자신을 전문가로 여긴다. 교육을 잘 받아 아는 것 많고 경험도 풍부하다 보니 질문과 경청을 멀리한 채 먼저 말하고 답을 늘어놓는다. 질문보다 답을 더 많이 하는 사람은 자신도 모르게 성장의 기회를 놓치고 있는 것이다.

3. '왜'를 즐겨 쓴다

아인슈타인이 말했다.

"우리는 질문을 멈추지 않아야 한다. 호기심은 존재 이유가 있다. 영원, 생명, 현실의 놀라운 구조 등의 신비를 깊이 생각해보면 누구든 경외감에 휩싸이게 마련이다. 날마다 이런 신비를 조금이라도 이해하려 한다면 하루를 잘 살았다고 할 수 있다. 신성한 호기심을 절대 잃지 말자."

'신성한 호기심'을 지키는 비결은 늘 '왜?'라고 묻는 것이다. 처음 리더가 됐을 때만 해도 나는 대답하는 기계가 되어야 하는 줄만 알았다. 나는 누가 무엇을 묻든 자신만만한 표정으로 지시를 내리고 명확한 답을 내놓았다. 내가 무슨 짓을 하는지도 모르면서 그럴 때도 있었다! 그러다가 좀 더 성숙해지면서 성장하는 리더는 대답보다 질문을 더 많이 한다는 사실을 알게 되었다.

내가 질문을 많이 할수록 우리 팀의 성과는 좋아졌다. 나 역시 질문하고 싶은 욕구가 더욱 샘솟았다. 브라이언 트레이시는 질문에 대해 이런 견해를 피력했다.

"창조적 사고에 가장 좋은 자극제는 초점이 있는 질문이다. 짜임새 있는 질문은 문제의 핵심을 꿰뚫고 새로운 아이디어와 통찰을 부르는 힘이 있다."

초점이 있는 질문은 흔히 '왜?'로 시작한다. '왜'가 문제의 핵심을 꿰뚫는다. 질문을 어떻게 하느냐는 매우 중요하다. 피해의식에 사로잡힌 사람들은 보통 '왜 하필 나야?' 하고 묻는다. 정말 이유를 알고 싶어서가 아니라 그냥 자신이 불쌍하다고 생각해서다. 반면 호기심 많은 사람들이 질문하는 이유는 해법을 찾아 계속 발전하고 싶기 때문이다.

독일의 물리학자 게오르크 크리스토프 리히텐베르크Georg Christoph Lichtenberg는 "지혜로 가는 첫걸음은 모든 것에 질문을 던지는 것이고, 마지막 걸음은 모든 것을 받아들이는 것"이라고 했다. 이 두 가지는 지속적인 성장을 떠받치는 버팀목이다.

'왜냐고 묻는다, 탐구한다, 그 결과를 분석한다, 다시 전 과정을 되풀이한다.'

이것은 꽤 괜찮은 성장 공식이다. 이 공식을 절대로 잊지 말자. 누군가가 답을 모두 안다고 생각한다면 그는 질문을 제대로 하지 않은 것이다.

4. 호기심 많은 사람들과 어울린다

호기심, 성장, 배움이라고 하면 혹시 정규교육이 떠오르는가? 내가 볼 때 저학년 때는 호기심을 장려하지만 그 이후로는 아닌 것 같다. 정규교육은 보통 질문보다 답변을 중시한다. 심지어 대학에서도 교수가 학생들에게 진도를 나가야 하니 질문하지 말고 기다리라고 하는 경우가 얼마나 많은가? 대개는 탐구보다 정보 전달에 비중을 두기 때문이다.

그렇다면 경영계에서 열린 마음으로 탐구하는 자세를 찾아볼 수 있을까? 생각보다 쉽지 않다. 기업도 대부분 호기심을 자극하려 들지 않는다. 다음은 제리 허시버그 Jerry Hirshberg가 쓴 《창조적 우선순위: 현실 세계에서 혁신 기업 이끌기》The Creative Priority: Driving Innovative Business in the Real World에서 발췌한 내용이다.

> 기업에 일부러 혁신적 사고를 억누르는 사람은 없다. 하지만 전통적인 관료제 구조는 예측 가능성, 선형 논리, 규범 준수를 중요시하고 '장기적' 비전 선언문의 영향을 받으므로 거의 완벽에 가까운 아이디어 파괴 장치 노릇을 한다. 또한 구성원들은 익숙하고 정돈된 구조가 주는 안정감 속으로 뒷걸음질 친다. 창조적인 사람들이라고 해서 예외는 아니다. 그것이 더 편하고 모호성, 예측 불가능한 것이 주는 공포, 낯선 것의 위험성, 직관과 감정이 일으키는 혼란을 피하게 해주기 때문이다.[1]

어떻게 해야 호기심을 기르고 성장을 촉진할 수 있을까? 가장 좋은 방법은 호기심 많은 사람들과 어울리는 것이다.

2년 전에 우리 부부는 요르단을 여행했다. 역사와 예술에 관심이 많은 우리는 이미 오래 전부터 사암으로 둘러싸인 고대 도시 페트라의 이야기를 듣고 읽어왔다. 영화 《인디아나 존스 최후의 성전》을 보면 성배가 있는 곳으로 들어가는 암벽 입구가 나오는데, 그 장면을 찍은 곳이 바로 페트라의 보물창고라고 불리는 알카즈네 앞이다.

페트라에 도착한 우리는 수 킬로미터를 걸었다. 당시 무릎 관절이 좋지 않았던 나로서는 정말 힘이 들었다. 점심때가 되었을 무렵 완전히 녹초가 되었고 무릎이 끊어질 듯 아팠다. 식사를 하는 중에 가이드가 암벽 속에 아름다운 장소가 하나 더 있다고 알려주었다. 모두들 호기심을 보였지만 산을 하나 넘어야 한다는 말에 손사래를 쳤다. 그만큼 지쳐 있었기 때문이다. 물론 나도 싫다고 했다.

그런데 점심을 먹고 나자 몇몇 사람이 그곳에 다녀오겠다며 짐을 챙겼다. 그 모습을 보자 나도 좋은 기회를 놓치고 싶지 않았다. 그들은 호기심 어린 표정으로 잔뜩 들떠 있었고 그런 설렘이 나를 자극하면서 기운을 북돋웠다. 결국 마거릿과 나도 그들을 따라가기로 했다. 산을 오르는 데 한 시간, 돌아오는 데 두 시간이 걸렸지만 그곳은 그럴 만한 가치가 있었다. 저녁 내내 호텔 방에서 무릎을 찜질하면서도 고생한 보람이 있다고 여길 정도였다.

호기심이 많은 사람과 함께 있으면 호기심이 전염된다. 호기심을 키우고 지키는 데 이보다 더 좋은 방법이 있을까 싶다.

5. 날마다 새로운 것을 배운다

호기심을 유지하려면 무엇보다 새로운 것을 배우고 경험하거나 모르는 사람을 만나겠다는 각오로 하루를 시작하는 게 좋다. 이를 위해서는 세 가지가 필요하다.

첫째, 새로운 것에 열린 자세로 임해야 한다. 또한 하루를 다양한 기회가 있는 배움의 장으로 생각해야 한다.

둘째, 늘 눈과 귀를 열어두어야 한다. 성공하지 못하는 사람들은 대부분 하루를 무심히 보내고 그냥저냥 살아가면서 별 탈 없기를 바란다. 성공하는 사람들은 하루를 꽉 휘어잡고 집중하면서 주의를 빼앗는 것을 무시해버린다. 성장하는 사람들은 집중력을 유지하면서도 민감하게 주변을 살펴 언제든 새로운 경험을 받아들인다.

셋째, 되돌아봐야 한다. 새로운 것을 접해도 따로 시간을 내서 생각하지 않으면 그다지 도움이 되지 않는다. 마찬가지로 새로운 것을 들어도 적용하지 않으면 아무 소용이 없다. 새로운 것을 제대로 배우려면 하루를 마칠 때 조용히 자신에게 질문하고 배운 것을 생각해보는 것이 좋다. 나는 이미 오래 전에 날마다 하루를 돌아보고 중요한 교훈을 찾는 습관을 들였다. 최고의 스승은 단순한 경험이 아니라 평가를 거친 경험이라는 사실을 기억하자.

6. 실패의 열매를 음미한다

호기심 많고 성장하는 사람들은 실패에 대한 관점이 남다르다. 사람들은 대개 실패, 실수, 잘못을 나약함의 증거로 여긴다. 이들은 실패하면 "다시는 안 해!"라고 하지만, 성장하는 사람들은 실패를 발전의 증거로 받아들인다. 끊임없이 시도하다 보면 때로 실패하기도 한다는 것을 알기 때문이다. 호기심의 길에는 실패도 존재한다. 그래서 그들은 실패를 친구로 본다.

실패를 친구로 삼으면 "어떻게 해야 이 경험을 되풀이하지 않을까?"라고 묻지 않는다. 대신 "왜 이런 일이 일어났지? 여기서 뭘 배울 수 있을까? 어떻게 하면 이 일을 발판 삼아 성장할 수 있을까?" 하고 묻는다. 따라서 실패도 학습도 재시도도 빠르다. 그리고 이러한 성향은 성장과 미래의 성공으로 이어진다.

7. 유일한 정답을 찾겠다는 생각을 버린다

나는 문제 앞에서 늘 여러 대안을 궁리하는 타입이다. 나와 달리 어떤 문제가 발생하면 '유일한' 정답을 찾으려고 하는 사람도 있다. 그러나 '유일한 해법'만 찾으려고 하면 배우고 성장하는 데 차질이 생길 수밖에 없다. 어떤 문제든 해법이 하나만 있는 경우는 거의 없기 때문이다.

정답이 하나뿐이라고 믿는 사람은 그것을 찾지 못하면 좌절하고, 반대로 그것을 찾았다고 생각하면 아예 탐색을 중단해 더 좋은 아이디어를 놓칠 수 있다. 심지어 '유일한' 정답이라고 믿는 것을 찾을 경우 현실에 안주해버리고 만다.

완벽한 아이디어는 없다. 아무리 좋은 아이디어도 언제나 개선의 여지가 있게 마련이다. 어쩌면 이런 말을 들어봤을지도 모른다.

"망가지지 않았다면 고치지 마라."

이 말을 처음 한 사람은 분명 성장에 별로 관심이 없었을 것이다. 당신도 지금까지 그런 생각으로 살아왔다면 다음과 같이 생각을 해보는 것은 어떨까?

- 망가지지 않았다고 해도 어떻게 하면 더 나아질까?
- 망가지지 않았다고 해도 앞으로 언제쯤이면 망가질까?
- 망가지지 않았다고 해도 나날이 변화하는 세상에서 언제까지 쓸모가 있을까?

호기심이 많은 사람들은 끊임없이 질문하고 배운다.

몇 년 전, 나는 저술과 강연에 더 많은 시간과 노력을 들이겠다는 생각으로 그동안 소유하고 있던 회사들을 매각했다. 그런데 얼마 지나지 않아 후회했다. 사람들의 성장, 자기계발, 학습을 도우려고 수년간 공들여 만든 자원이 내 생각과 달리 사람들에게 효과적으로 전달되지 않았기 때문이다. 2011년 나는 회사를 모두 재인수해 존 맥스웰 컴퍼니를 설립했다.

우리 팀은 작고 빠르고 집중력 있고 수완이 좋다. 나는 모든 일을 팀원들에게 맡기고 자율적으로 처리하게 한다. 그리고 출근할 때 자신이 하는 모든 일에 개선의 여지가 있음을 믿으라고, 개선 방법을 가르쳐줄 사람을 찾고 상황을 이전보다 더 낫게 발전시키겠다는 다짐을 하라고 말한다. 우리 팀은 정말로 그렇게 하고 있다!

《크리에이티브 싱킹》A Whack on the Side of the Head의 저자 로저 본 외흐Roger von Oech는 "예술, 요리, 의약, 농사, 공학, 마케팅, 정치, 교육, 디자인에서 발전이 있었던 것은 대부분 누군가가 기존의 규칙에 반발해 다른 시도를 했을 때였다."고 했다.[2] 편안함에 길들여져 제자리걸음을 하고 싶지 않다면 계속 질문하고 기존의 틀에 도전하자. 일을 더 잘할 방법이 있는지 끊임없이 찾아보자. 물론 현실에 안주하는 게으른 사람들은 이것을 성가시다고 여긴다. 반면 성장하는 사람들은 그런 자세로부터 힘과 자극, 영감을 받는다.

8. 자기 자신을 극복한다

실패를 개의치 않고 끊임없이 질문을 하면 때로 어리석은 사람으로 보일 수도 있다. 이것은 하나의 걸림돌이 되기도 하지만 그래도 스스로를 극복해야 한다. 로저 본 외흐의 말대로 "우리가 놀림감이 될 만한 일을 아무것도 하지 않았다면 아직도 동굴에서 살고 있었을 것"이다.

오히려 우리는 어린아이 같은 호기심을 유지해야 한다. 나는 아이들이 앞뒤 재지 않고 그냥 묻는 게 좋다. 아이들은 질문이 한심하게 들릴까 봐 걱정하지 않고 그냥 묻는다. 새로운 시도를 하다가 손가락질받는 것은 아닌지 걱정하지도 않는다. 아이들은 그냥 저지르고 그런 자세로 배운다. 샤퍼 이미지The Sharper Image를 세운 리처드 탈하이머Richard Thalheimer는 "모르는 것처럼 보이는 게 정말로 모르는 것보다 낫다. 자존심을 누르고 끊임없이 질문하라."고 말했다. 참으로 훌륭한 조언이다.

9. 틀에서 벗어난다

나는 에디슨의 명언을 아주 좋아한다.

"정해진 규칙은 없다. 우리는 성취를 위해 땀 흘릴 뿐이다!"

에디슨은 항상 혁신을 추구하며 틀에서 벗어나려 했다. 혁명적인 아이디어는 대부분 기존의 규칙을 깨뜨리고 탄생해 오래된 질서를 뒤흔든다. 랠프 월도 에머슨은 이런 말을 남겼다.

"인생은 실험이다. 실험은 많이 할수록 좋다."

나는 혁신적인 사고가 중요하다고 본다. 그래서 자기가 만든 틀에서 벗어나려 하지 않는 사람들을 보면 가슴이 답답해진다. 누군가가 "지금까지 그렇게 한 적이 없는데요.", "그건 내 소관이 아니에요."라고 말하면 그냥 관을 하나 짜주고 싶다. 그런 사람은 이미 죽었고 그저 다른 사람이 확인해주기만 기다리는 셈이기 때문이다.

좋은 아이디어는 어디에나 있지만 틀에서 벗어나지 않으면 보이지 않는다. 반대로 틀에서 벗어나면 여기저기에서 아이디어를 찾아낼 수 있다. 그러자면 풍요 중심의 마음자세가 필요하다. 안타깝게도 틀에 갇혀 생각하는 사람들은 대개 결핍 중심의 마음자세로 살아간다. 그들은 이것저것 살펴볼 게 많은데도 그렇지 않다고 생각한다. 심지어 자신은 할 수 없다고 믿는다. 저술가 브라이언 클레머 Brian Klemmer 는 말했다.

"풍요의 열쇠 중 하나는 해법을 지향하는 마음자세로 살아가는 것이다. 사람들은 보통 자신이 긍정적이라고 생각하지만 그다지 해법 지향적이지는 않다."

다시 말해 사람들은 대부분 틀에 갇혀 살아간다. 제약을 안고 살아간다는 말이다. 여기에 클레머의 말을 옮긴다.

> 사람들이 "내가 이걸 할 수 있을까?"라고 자문할 때, 대개는 자기 눈에 보이는 상황을 기준으로 삼는다. …… 그러나 풍요롭게 생각하는 사람들은 전혀 다른 질문을 한다. "어떻게 하면 이걸 할 수 있을까?" 이렇게 말을 조금만 바꿔도 모든 게 달라진다. 좋든 싫든 해법을 찾게 되는 것이다.[3]

나태한 정신을 일깨우려면 무엇보다 기존의 질서를 뒤흔들어 틀에서 벗어나야 한다.

10. 인생을 즐긴다

나는 왕성한 호기심으로 계속 성장하려면 인생을 즐겨야 한다고 본다. 《초우량 기업의 조건》을 쓴 톰 피터스는 "호기심 많고, 살짝 미치고, 채워지지 않는 배움의 열정이 있으며, 물불 가리지 않는 사람이 승자가 된다."고 했다. 나는 우리가 인생을 즐기면서 잘 살면 신도 기뻐하신다고 믿는다. 인생을 즐기고 잘 산다는 것은 무얼 말하는 걸까? 위험을 감수하며 실패도 하고 성공도 하면서 늘 배우는 것이다. 인생을 즐기면 일과 놀이의 경계가 허물어진다. 자신이 좋아하는 일을 하고 그 일을 사랑하게 되기 때문이다. 그러면 모든 경험에서 교훈을 얻을 수 있다.

⚜ 리처드 파인만이 지닌 가장 큰 능력

박사학위를 받고 일류대학 교수로 지내면서 노벨물리학상을 받았다면 그는 어느 정도 잠재력을 발현했다고 볼 수 있을까? 그가 겨우 20대에 맨해튼 프로젝트에 합류해 세계 최초의 원자폭탄을 발명하는 데 기여했다면? 그야말로 눈이 휘둥그레지는 이력이 아닌가.

이런 사람의 성공 비결은 무엇일까? 지능일까? 그런데 이 과학자는 아이큐가 125로 그냥 평균을 조금 웃도는 수준이었다고 한다.[4] 물론 명석하긴 했지만 그가 성장하고 성공할 수 있었던 비결은 만족을 모르는 호기심 덕분이었다. 그는 바로 리처드 파인만Richard Feynman이다.

뉴욕에서 제복 가게 아들로 태어난 그는 어린 시절부터 질문하고 스스로 생각하는 법을 배우며 자랐다. 열한 살 때 전기회로를 만들어 집에서 실험했고, 얼마 지나지 않아 온 동네에 라디오를 고칠 줄 아는 아이로 소문이 났다. 늘 궁리하고 배우고 질문하는 것은 그의 트레이드마크였다.

파인만은 초등학교 때 대수학을 배우기 시작했다. 그리고 열다섯 살 때 삼각법과 미분, 적분을 다 뗐다.[5] 그에게 수학은 놀이나 다름없었다. 고등학교 때는 물리 선생님이 그에게 책 한 권을 건네며 말했다.

"이 말도 많고 시끄러운 녀석! 그럴 만도 하지. 따분하니까. 이 책에 파고들어 봐. 이 책의 내용을 다 이해하면 그때 다시 얘기하자."

그 책은 대학교 4학년 강의에 쓰는 고등 미적분학 교재였다![6] 파인만은 거기에 완전히 빠져들었다. 그로서는 세상을 배우는 도구가 하나 더 늘어난 셈이었다. 그는 평생 퍼즐과 암호 해독을 즐겼다. 고등학교 때 친구들이 그런 성향을 알아보고 온갖 퍼즐, 방정식, 기하학 문제, 난제를 가져다주면 그는 하나도 남김없이 풀어버렸다.[7]

❧ 마음 가는 대로

파인만은 항상 '왜 그럴까?'를 생각하며 특유의 탐구욕으로 닥치는 대로 파고들었다. 그는 물리학과 수학에만 관심이 있는 게 아니었다. 모든 것이 그의 관심사였다.

MIT 학부생 시절에는 여름방학 때 약국에서 일하며 호기심을 채웠고, 프린스턴에서 박사 과정에 있을 때는 점심시간마다 다른 과 대학원생들과 식사하며 그들이 어떤 질문을 하고 어떤 문제를 해결하는지 알아봤다. 그러다 보니 결국 철학과 생물학 박사 과정까지 밟게 되었다.

이러한 호기심은 평생 가실 줄을 몰랐다. 어느 해 여름에는 유전학을 열심히 탐구했다.[8] 또 언젠가는 과테말라에 가서 독학으로 고대 마야어 해독 방법을 익힌 다음 고대 문헌에서 수학, 천문학과 관련된 중대한 내용을 발견하기도 했다.[9] 예술 쪽으로도 전문가 뺨칠 만큼 지식을 쌓았고 회화도 배워 개인전까지 열었다.[10] 그는 평생 배우는 사람이었다.

그런 파인만도 잠깐 호기심이 시들해진 때가 있었다. 몇 년간 맨해튼 프로젝트에 온 힘을 쏟고 지칠 대로 지친 상태에서 침체기가 찾아왔다. 이제 기력이 소진됐다는 생각이 들면서 탐구 의지도 사라졌다. 하지만 그는 곧 문제의 원인을 알아냈다.

예전에는 물리학과 '재미있게' 놀았다. 물리학은 나에게 '놀이'였기 때문이다. …… 핵물리학 발전이 중요한가, 아닌가가 아니라 내가 즐겁고 신나게 놀 수 있는지가 중요했다. 고등학교 때 수도꼭지에서 나오는 물줄기가 점점 가늘어지는 것을 보고 그 곡선을 결정짓는 요인을 알아낼 수 있을까 하는 궁금증이 일었다. 알고 보니 별로 어렵지 않았다. 그건 내 '의무'도 아니고 과학 발전과 상관이 없는데다 이미 다른 사람이 해버린 일이기도 했다.

그래도 아무 상관없었다. 그냥 내가 재미있어서 이것저것 만들고 놀았을 뿐이니까.

나는 자세를 바꾸기로 했다. 이제 기력이 소진돼 아무것도 이룰 수 없을 테니 그냥 마음이 내킬 때마다 '놀이' 삼아 물리학을 하겠다고 말이다. 중요하든 말든 그건 내 알 바 아니었다.[11]

마음을 바꾸자 다시 호기심에 불이 붙었고 '기력 쇠진'도 저절로 치료되었다. 파인만은 다시 이것저것 묻기 시작했다. 얼마 지나지 않아 그는 대학 식당에서 누군가가 접시를 허공에 던져 빙글빙글 돌리는 모습을 봤다. 그는 왜 접시가 그런 식으로 돌아가면서 흔들리는지 궁금해졌다. 그는 재미삼아 그 원리를 수학적으로 밝히고 도표로 그렸다. 그의 말을 빌리자면 "흔들리는 접시로 시간을 때우며" 만든 도표와 공식이 훗날 노벨물리학상을 받는 초석이 되었다.[12] 그렇게 그는 과학사에 중대한 업적을 남겼다. 그가 그럴 수 있었던 이유는 순전히 자신의 성장과 만족을 위해 '왜?'라고 묻는 습관이 있었기 때문이다!

파인만은 호기심의 법칙대로 살았다. 당신은 어떠한가? 답을 알고 싶으면 당신 자신에게 다음과 같이 열 가지 질문을 해보자.

1. 호기심 많은 사람이 될 수 있다고 믿는가?
2. 초심자의 마음자세를 유지하고 있는가?
3. '왜'를 즐겨 쓰는가?
4. 호기심 많은 사람들과 어울리는가?

5. 날마다 새로운 것을 배우는가?

6. 실패의 열매를 음미하는가?

7. 유일한 정답을 찾겠다는 생각을 버렸는가?

8. 자기 자신을 극복했는가?

9. 틀에서 벗어났는가?

10. 인생을 즐기는가?

    열 가지 질문에 긍정적으로 대답했다면 당신은 호기심의 법칙대로 살고 있는 것이다. 만약 그렇지 않다면 변화가 필요하다. 물론 당신은 얼마든지 변화할 수 있다. 호기심의 법칙은 지능, 재능, 기회와는 아무 상관이 없다. 살아가면서 주저 없이 '왜?'라고 묻는 습관을 들이면 누구나 호기심의 법칙대로 살 수 있다.

    재치 있는 작가로 이름을 날린 도로시 파커Dorothy Parker는 말했다.

    "권태의 약은 호기심이다. 호기심에는 약도 없다."

    정말 그렇다. 호기심을 품으면 온 세상이 활짝 열려 아무런 제한 없이 배우고 자기계발을 할 수 있다.

The Law of Curiosity

...

'호기심의 법칙' 적용하기

---

1. 인생에서 가장 많은 시간과 노력을 들이는 영역을 3~5개 생각해보자. 각 영역에서 자신을 어떻게 보는가? 전문가로 여기는가, 초심자로 여기는가?
혹시 전문가로 여긴다면 그것이 성장에 걸림돌이 될 수 있다. 초심자는 자신이 배울 게 많다고 생각하고 모든 아이디어에 열려 있다. 언제든 틀에서 벗어날 준비가 되어 있다. 무엇보다 선입견에 얽매이지 않고 주저 없이 새로운 시도를 한다.
당신이 어떤 영역에서 초심자의 마음자세를 보인다면 무슨 수를 써서라도 그것을 지키자. 자신을 전문가로 생각하고 있다면 조심해야 한다! 어떻게 하면 다시 배우는 사람의 자세를 취할 수 있을지 궁리해보자. 그 영역에서 자기보다 앞서 있는 멘토를 찾자. 아니면 리처드 파인만처럼 다시 재미를 찾자.

2. 한 주 동안 가장 많이 어울린 사람들의 명단을 작성해보자. 그리고 각각의 호기심 수준을 평가하자. 주위 사람들이 질문하기를 좋아하는가? '왜?'라고 즐겨 묻는가? 새로운 것을 배우고 싶어 하는가? 만약 아니라면 호기심 많은 사람들과 어울리도록 의도적으로 변화를 일으키자.

3. 호기심과 학습의 가장 큰 장애물은 남들 눈에 바보처럼 보이지 않을까 해서 망설이는 자세다. 자기 인생에 그런 문제가 있는지 알고 싶으면

두 가지를 보면 된다. 첫째, 실패를 두려워하지 않는가? 둘째, 자신을 너무 심각하게 대하지 않는가?

THE LAW OF MODELING

| 제 **13** 장 |

본보기의 법칙

닮고 싶은 사람, 닮고 싶은 인생을 찾았는가

자기를 알기 위해서는 남을 먼저 알아야 한다.
- 뵈르네

　의도성의 법칙에서 얘기했다시피 나는 1972년에 성장 계획이 있는 사람을 찾아 자기계발법을 배우려고 하다가 실패했다. 그 대안으로 커트 캠프마이어의 교재를 구입해 의도적인 성장의 길에 들어섰다. 출발이 좋긴 했지만 솔직히 내 자기계발법은 주먹구구식이어서 시행착오를 통해 배워 나갔다.
　일단 긍정적인 면을 보자면 성장이 최우선순위가 된 점을 꼽을 수 있다. 나는 어떤 책을 읽고 어떤 수업을 듣고 어떤 컨퍼런스에 참석할지 선택하는 방법을 배웠다. 처음에는 그저 마음이 끌리는 대로 읽고 듣고 참석했지만 곧 내가 원하는 만큼 속도가 붙지 않는다는 사실을 깨닫게 되었다. 그제야 성장의 초점을 내 강점 영역(리더십, 관계, 의사소통)에 맞춰야 한다는 생각이 들었다. 그리고 실제로 그렇게 하자 성장 효과가 눈에 띄게 좋아졌다.

나는 실속 있게 공부하는 법도 터득했다. 아무리 좋은 자원도 거기에서 자신에게 필요한 알맹이를 끄집어내야 가치가 있는 법이다. 그러자면 유익한 내용을 메모하고 인용문을 모으며 배운 내용을 되돌아봐야 한다. 나는 괜찮은 책을 읽으면 표지 안쪽에 읽은 내용을 요약하고 행동 방침을 적었다. 그밖에도 날마다 예화와 인용문을 수집하고 분류해서 철했다. 또한 배운 게 있으면 기회가 닿는 대로 실천했다.

이러한 습관은 날마다 지켜야 할 원칙으로 자리 잡았고 지난 40년 동안 변치 않았다. 내 차는 테이프와 CD를 듣는 강의실이 됐다. 서재 책상에는 늘 내가 탐독하는 책들이 잔뜩 쌓여 있다. 정리파일은 나날이 부피가 늘어났다. 덕분에 내 리더십은 성장하고 발전했으며 직업적으로도 나날이 성과가 향상되었다.

그렇다고 긍정적인 면만 있었던 것은 아니다. 그즈음 나는 멘토의 도움이 없으면 딱 그 정도가 성장의 한계점이라는 사실을 깨달았다. 내가 바라는 리더가 되려면 나보다 앞서 있어서 본보기가 되고 배울 점이 있는 사람을 찾아야만 했다. 자기 자신만 따르는 사람은 발전하기 어렵기 때문이다. 이것이 본보기의 법칙이다.

⚜ 누구를 따라야 하는가

나는 한 번도 만난 적 없는 사람들에게 많은 것을 배웠다. 데일 카네기는 중학교 때 읽은 《카네기 인간관계론》으로 내게 대인관계 기술을 가르쳐줬다. 제임스 앨런은 《위대한 생각의 힘》으로 내 자세와 사고방식이 인생에 어떤 영향을 끼칠지 알게 해줬다. 그리고 오스왈드 샌더스는 《영적 지도력》Spiritual Leadership을 통해 처음으로 리더십의 중요성을 일깨워줬다.

성장하기로 결단하는 사람들은 대부분 책 속에서 첫 번째 멘토를 찾는다. 책은 멘토링을 시작하기에 아주 좋은 도구다. 멘토링을 지속하기에도 좋다. 나는 지금도 해마다 일면식도 없는 수십 명에게 가르침을 받고 있다. 그러나 어느 시점이 되면 직접 알고 지낼 멘토를 찾아야 한다. 책이 모든 걸 해결해주지는 않기 때문이다.

감사하게도 나는 본받을 만한 리더들을 많이 만났다. 특히 컨설턴트 프레드 스미스, 연설가 지그 지글러, 농구 감독 존 우든 같은 사람들에게 말로 다할 수 없는 큰 도움을 받았다. 반면 멀리서 보기에는 괜찮았지만 실제로 알고 나니 실망스러웠던 사람들도 있었다. 그러므로 멘토가 될 만한 사람은 신중하게 선택해야 한다.

어느 부랑자 두 사람이 공원에 앉아 햇볕을 쬐고 있었다. 그중 한 사람이 말했다.

"내가 여기에 있는 건 어떤 사람의 말도 듣지 않았기 때문이오."

그러자 다른 한 사람이 대꾸했다.

"내가 여기에 있는 건 모든 사람의 말을 들었기 때문이오."

둘 중 어느 쪽도 도움이 안 된다. 우리는 멘토를 주의 깊게 선택해야 한다. 사실 나는 멘토를 만나는 과정에서 좋은 경험과 나쁜 경험을 두루 다 해보았다. 그러다 보니 내게 본받을 '가치'가 있는 사람을 판단하는 기준이 생겼다. 당신이 멘토를 올바르게 선택하는 데 도움이 됐으면 하는 마음으로 그 기준을 소개한다.

1. 좋은 멘토는 모범이 된다

누군가를 존경하고 따르다 보면 그 사람을 닮게 마련이다. 따라서 멘토를 택할 때는 신중에 신중을 기해야 한다. 멘토는 능력이 출중하고 배울 만한 기술을 갖추고 있을 뿐 아니라, 본받고 싶을 만큼 성품이 좋아야 한다. 요즘 운동선수, 명사, 정치인, 사업가들 중에는 이미 많은 사람이 자신을 따르거나 흉내 내고 있음에도 스스로는 본보기가 되지 못하는 경우도 꽤 있다. 종교 지도자 고든 힝클리Gordon Hinckley는 이렇게 권면했다.

> 공적인 리더십과 사적인 행동을 분리하는 것은 현명하지 않을 뿐 아니라 애당초 가능하지도 않다. 물론 '깨친' 사람이라면 그렇게 해야 한다고 설파하는 사람들도 있긴 하지만 그건 옳지 않다. 그런 생각은 착각이다. 진정한 리더십에는 본질적으로 모범이 되어야 한다는 부담이 따른다. 유권자의 손으로 뽑은 정부 관리에게 리더십의 일반적인 영역은 물론 품행에서도 대중의 모범이 되어달라고 하는 게 무리한 요구인가? 윗사람이 가치관을 확실히 해서 철저하게 지키지 않으면 아랫사람의 행동이 심각하게 타격을 입는다. 가족, 기업, 사회, 국가를 막론하고 그런 가치관을 간과하는 조직은 언젠가 아예 사라져버릴 것이다.

모범의 대상과 멘토를 찾을 때는 공적인 성과와 함께 사적인 삶도 세밀하게 들여다보자. 우리는 그들의 가치관에 영향을 받게 마련이므로 자신이 따를 사람을 절대 섣불리 선택하면 안 된다.

2. 좋은 멘토는 만나는 데 부담이 없다

철강왕 앤드루 카네기는 "나이가 들수록 나는 사람들이 하는 말에 관심을 덜 기울인다. 그저 그들이 하는 행동만 지켜본다."라고 말했다. 본보기가 되는 사람을 가까이에서 관찰하려면 어떤 식으로든 연이 닿아야 한다. 다시 말해 그 사람과 어울릴 수 있어야 한다. 특히 적극적으로 멘토링을 받고 싶다면 멘토와 함께 시간을 보내며 질문을 하고 그의 대답에서 교훈을 얻어야 한다.

내가 멘토링을 할 때 멘티와 공식적으로 만나는 것은 1년에 몇 번밖에 안 된다. 하지만 이따금 사적으로 만나 시간을 보낸다. 멘티들이 내게 하는 질문은 내 말이 아니라 행동에서 비롯되는 경우가 많다. 그러니 내가 겸손하려 애쓰는 것은 당연하다. 가끔은 나도 내가 가르치는 이상이나 가치와 거리가 먼 행동을 하는 경우가 있기 때문이다. 매번 하는 말이지만 리더십과 관련해 내가 가장 애를 먹는 부분은 나 자신을 인도하는 일이다. 사람들에게 이래라저래라 하기는 쉽지만 그대로 본을 보여주기는 매우 어렵다.

멘토를 찾을 때는 처음부터 너무 높은 사람을 만나지 말라고 권하고 싶다. 처음으로 정계 입문을 고려하는 사람이 굳이 대통령의 조언을 들을 필요는 없다. 첼로를 전공할까 생각 중인 고등학생이라면 굳이 요요마(YoYo-Ma, 세계적인 첼리스트-옮긴이)에게 멘토링을 받지 않아도 된다. 또 이제 막 학교를 졸업하고 입사한 사람이 최고경영자에게 장시간 멘토링을 받을 수 있을 거라고 기대하면 곤란하다.

어쩌면 '왜 안 돼? 정상에 있는 사람부터 시작하면 왜 안 된다는 거야?'라고 생각할지도 모른다. 그 이유는 크게 두 가지로 요약할 수 있다.

첫째, 이제 막 어느 분야에 입문한 사람의 질문은 굳이 10단계가 아니라 2, 3단계 위에 있는 사람도 얼마든지 답해줄 수 있다. 더구나 그런 사람은 같은 문제를 겪은 지 얼마 되지 않았기 때문에 생생한 답을 해준다.

둘째, 최고경영자는 그 정도 지위의 리더가 되기 직전에 있는 사람의 질문에 답해야 한다. 그렇다고 정상을 꿈꾸지 말라는 얘기는 아니다. 내 말은 가급적 자신이 잘 어울릴 수 있고 기꺼이 시간을 내주려 하며, 자신의 현재 수준에 맞는 사람과 많은 시간을 보내라는 뜻이다. 물론 성장을 하면 그 수준에 맞는 멘토를 새로 찾아야 한다.

3. 좋은 멘토에게는 검증된 경험이 있다

잠재력을 발현하기 위해 앞으로 나아갈 때마다 우리는 새로운 지평을 열어야 한다. 그 방법은 어떻게 알 수 있을까? 다른 사람의 경험을 보면 된다. 중국 속담에 "앞에 있는 길을 알고 싶으면 돌아오는 사람에게 물어보라."는 것이 있다.

1970년대 초, 목회하던 교회가 급속도로 성장하자 나는 아직 한 번도 가본 적 없고, 내가 아는 사람들도 전혀 겪어본 적 없는 새로운 영역에 들어섰음을 느끼게 되었다. 그 영역에서 좀 더 나은 리더가 되고 싶었던 나는 전국 곳곳에서 더 큰 교회를 이끌고 있는 리더들을 찾아 나섰다. 나는 그들에게 사례비로 100달러를 낼 테니 30분만 시간을 내달라고 했다. 고맙게도 많은 사람이 나를 만나주었다. 나는 질문이 빼곡히 적힌 노트로 무장하고 그들의 지혜를 싹싹 긁어모았다. 그런 만남으로 얼마나 많은 것을 배웠는지 말로 다 표현할 수 없을 정도다.

나는 새로운 사업에 뛰어들 때마다 검증된 경험이 있는 사람들에게 조언을 구했다. 처음으로 사업을 시작했을 때는 성공한 사업가들과 대화를 나눴다. 처음으로 책을 쓰기로 했을 때는 성공한 작가들에게 가르침을 받았다. 보다 효과적으로 의사소통하는 법을 배우려 했을 때는 성공한 연설가들을 연구했다.

그들에게 나쁜 경험을 들으면 내가 그 길을 걸을 때 부딪칠 수 있는 문제를 알게 되었다. 반대로 좋은 경험을 들으면 내 앞에 다가올 기회를 기대하게 되었다.

나는 자신보다 경험이 많은 사람들에게 배우지 않고도 성공한 사람을 아직까지 한 명도 보지 못했다. 성공하는 사람들은 경험 많은 사람들의 발자취를 따르기도 하고 그들의 조언으로 새로운 지평을 열기도 한다. 전 뉴욕시장 루디 줄리아니 Rudy Giuliani는 리더의 특징을 이렇게 설명한다.

"모든 리더는 자기가 존경하는 사람의 영향을 받는다. 사람들에게 힘을 주는 리더는 자기가 존경하는 사람에 관해 읽고 그의 특징을 연구하면서 자연스럽게 자기만의 리더십을 계발한다."

4. 좋은 멘토는 지혜롭다

어느 회사에서 설비 고장으로 생산이 아예 중단되자 전문가를 불러 생산설비를 봐달라고 부탁했다. 전문가는 작은 가방 하나만 달랑 들고 나타났다. 몇 분 동안 말없이 기계 주위를 맴돌던 그는 기계의 어느 한 부분에서 멈춰 섰다. 그리고는 그곳을 뚫어지게 쳐다보더니 가방에서 작은 망치를 꺼내 살살 두드렸다. 그러자 기계가 다시 돌아가기 시작했고 전문가는 조용히 자리를 떴다.

다음 날 청구서를 받은 설비 담당자는 얼굴이 시뻘게졌다. 수리비가 무려 1,000달러에 달했기 때문이다. 그는 당장 전문가에게 메일을 보냈다.

"이게 말이 됩니까? 상세한 명세서를 보내주지 않으면 절대로 지급할 수 없습니다."

곧바로 다음과 같은 청구서가 도착했다.

망치질 — 1달러

망치질이 필요한 지점을 파악한 것 — 999달러

이것이 바로 지혜의 값어치다! 지혜로운 멘토는 어디를 두드려야 하는지 알려준다. 그의 안목, 경험, 지식의 도움을 받으면 우리가 혼자서는 애를 먹었을 문제를 훨씬 더 빠르게 해결할 수 있다.

프레드 스미스는 내 인생에 필요한 많은 지혜를 전수해준 고마운 멘토다. 언젠가 그에게 왜 크게 성공한 사람들이 인생과 일을 망치는 경우가 많은지 물어본 적이 있다. 그는 조용히 대답했다.

"한 사람의 재능을 됨됨이와 혼동하지 말게. 재능 덕분에 놀라운 일을 이룰지라도 그 사람의 됨됨이가 좋지 않으면 결국엔 해를 입게 되어 있지."

그의 지혜로운 답변은 내게 큰 도움이 되었다. 우선 재능 있는 사람들과 함께 일하는 법, 그들이 자기계발을 하도록 돕는 법을 알게 되었다. 더불어 나 자신을 더욱 다잡게 되었다. 어떤 분야에 재능이 있을지라도 원칙이나 성품 문제에서 벗어날 수 없다는 것도 알게 되었다.

지혜로운 사람은 정곡을 찌르는 몇 마디로 우리가 더 배우고 발전하게 한다. 또한 혼자서는 볼 수 없던 세상을 보도록 눈을 뜨게 한다. 시련을 헤쳐 나갈 힘을 줄 뿐 아니라 자칫하면 놓치고 말았을 기회도 보게 한다. 한마디로 우리가 좀 더 지혜로운 사람이 되게 해준다.

5. 좋은 멘토는 좋은 친구이자 후원자다

멘토를 만났을 때 멘티들이 가장 먼저 묻는 말은 이것이다.

"저를 아끼나요?"

그 이유는 명백하다. 누가 자신에게 무관심한 사람에게 지도받고 싶어 하겠는가? 이기적인 사람은 자신에게 이익이 되는 만큼만 남을 지도한다. 그러나 좋은 멘토는 좋은 친구이자 후원자로서 순수한 마음으로 멘티가 잠재력을 발현하도록 돕는다. 비즈니스 코치이자 저술가로 활동하고 있는 제임스 뷰콜로 James Vuocolo는 좋은 멘토의 마음가짐을 잘 표현하고 있다.

"자신을 신이 다른 사람에게 주는 선물이라고 생각하지 말고, 다른 사람을 신이 자신에게 주는 선물이라고 생각하면 분명 놀라운 일이 일어난다."

언젠가 걸스카우트 대표를 지낸 프랜시스 헤셀바인Frances Hesselbein, 저술가 짐 콜린스와 저녁을 먹으며 즐겁게 이야기를 나눈 적이 있다. 두 사람 모두 현대 경영학의 아버지로 불리는 피터 드러커가 멘토라고 했다. 나도 드러커에게 가르침을 받은 적이 있긴 하지만 두 사람은 오랫동안 그를 알고 지냈다. 내가 무엇을 배웠느냐고 묻자 그들은 전문가적 지혜보다 인간적인 우정을 꼽았다. 그날 짐 콜린스가 내게 해준 말은 드러커 사후에 쓴 그의 글에 간단하게 정리되어 있다.

드러커가 내게 준 가장 큰 교훈은 책이나 강의가 아니라 그의 인생에서 나온 것이다. 1994년 나는 우리 시대의 최고 경영 사상가에게 지혜를 얻겠다는 생각으로 마치 순례자처럼 캘리포니아 클레어몬트에 갔다가 한 인자한 어른을 뵈었다는 감동을 안고 돌아왔다. 그가 의욕적으로 써낸 천재적인 글들은 모두 부수적인 것에 지나지 않았다. 우리는 권위자로 추앙받는 사람이 아니라 언제든 학생들을 자신의 소박한 집에 맞아들여 따뜻하고 힘이 되는 얘기를 들려주던 사랑하는 교수를 잃었다. 피터 드러커는 그럴듯한 말을 하려는 욕망이 아닌 자신이 만나는 모든 학생에게 무엇이든 배우겠다는 열망으로 평생을 살았다. 그는 우리 시대에 가장 영향력 있는 스승이었다.[1]

만일 멘토링을 해주려는 사람이 든든한 후원자이자 친구가 되어주지 않는다면, 그 관계는 멘티에게 도움이 되지 않는다. 든든한 뒷받침이 없는 지식은 아무 소용이 없고, 끈끈한 우정이 없는 조언은 차갑게 느껴지게 마련이다. 따뜻한 애정이 없는 정직함은 잔인하지만, 아끼는 사람의 도움은 마음을 따뜻하게 해준다.

6. 좋은 멘토는 좋은 영향을 주는 코치다

나에게는 다른 사람들의 가치를 높이고 그들의 삶에 영향을 주고 싶다는 바람이 있다. 그 방법 중 하나가 멘토링이다. 그러나 내 시간은 한정적이기 때문에 멘토링은 고작 몇 명에게만 할 수 있을 뿐이었다.

다행히 나는 해법을 알아냈다. 2011년 나는 친구들의 도움을 받아 존 맥스웰 팀이라는 코칭 회사를 세웠다. 덕분에 나는 코치들을 육성하고 공인해 그들과 함께 많은 사람에게 인생의 원리를 가르치고 그들의 가치를 높이게 되었다. 물론 타인의 삶에 영향을 주고 싶다는 바람도 만족스럽게 실현하고 있다. 우리는 모두 힘을 합쳐 사람들의 삶에 변화를 일으키고 있다.

나는 '코치'라는 말을 좋아한다. 예전에 케빈 홀의 책 《열망》에서 읽었는데, 이 말은 15세기 헝가리의 콕스 지방에서 개발된 마차 coach에서 따왔다고 한다. 마차는 원래 왕족의 이동 수단이었지만 시간이 지나면서 귀중품, 우편물, 일반 승객도 수송하게 됐다. 케빈에 따르면 "'코치'는 귀한 사람을 지금 있는 곳에서 그 사람이 가고자 하는 곳으로 데려가는 사물 혹은 사람을 뜻하는 말로 남았다."고 한다. 그러므로 코치가 있는 사람은 자신이 원하는 목적지에 이르리라고 확신해도 좋다. 케빈은 '코치의 다른 이름'이라는 글에서 코치가 어떤 사람인지 설명하고 있다.

다른 문화와 언어권에서는 코치가 다른 이름과 직함으로 알려져 있다.

일본에서 '센세이'는 길을 앞서 간 사람이다. 무술에서는 사부를 지칭한다.

산스크리트어권에서 '구루'는 탁월한 지식과 지혜를 갖춘 사람이다. '구'는 어둠, '루'는 빛을 뜻하므로 구루는 어둠에서 빛으로 이끄는 사람이다.

티베트에서 '라마'는 영성이 깊고 권위 있는 가르침을 주는 사람이다. 티베트 불교에서 달라이 라마는 최고의 스승이다.

이탈리아에서 '마에스트로'는 음악의 대스승이다. 이는 '마에스트로 디 카펠라'의 약어로 본뜻은 성가대 지휘자다.

프랑스에서 '튀퇴흐'는 개인교사다. 이 말의 어원은 14세기로 거슬러 올라가며 본래는 후견인을 가리켰다.

영국에서 '가이드'는 길을 알고 알려주는 사람이다. 더 나은 길을 보고 가르쳐주는 능력을 암시한다.

그리스에서 '멘토르'는 현명하고 믿음직한 조언자다. 호메로스의 《오디세이아》에서 멘토르는 상대를 보호하고 지지해주는 조언자를 의미한다.

이 모든 말은 '앞서 가서 길을 보여주는 사람'을 뜻한다.[2]

뭐라고 부르든 코치는 다른 사람의 삶에 영향을 준다. 코치는 다른 사람의 성장을 돕고 잠재력을 향상시키며 생산성을 높인다. 이러한 코치는 사람들이 긍정적인 변화를 일으키는 데 없어서는 안 될 존재다. 내 친구 앤디 스탠리는 《넥스트》The Next Generation Leader라는 책에서 이렇게 썼다.

"코칭을 받지 않으면 어떤 영역에서든 자신의 잠재력을 극대화할 수 없다. 물론 좋은 성과를 낼 수는 있다. 다른 사람보다 더 나은 성과를 낼 수 있을지도 모른다. 하지만 외부의 영향이 없으면 절대로 자신의 최대치를 발휘할 수 없다. 누구나 다른 사람이 자신을 지켜보고 평가할 때 더 좋은 성과를 내는 법이다. …… 자기 평가도 유익하긴 하지만 타인의 평가가 반드시 필요하다."[3]

좋은 코치에게는 아래와 같은 다섯 가지 공통점이 있다.

- 코칭받는 사람을 아낀다.
- 그 사람의 자세, 행동, 성과를 관찰한다.
- 그 사람이 강점을 발휘해 최고의 성과를 내게 한다.
- 그 사람의 성과를 이야기하고 피드백을 준다.
- 그 사람이 생활과 성과를 개선할 수 있도록 돕는다.

지금까지 수백 명이 내게 성장의 본보기가 되고 자신의 성공을 토대로 나를 멘토링했다. 또한 위의 다섯 가지 특성을 발휘해 내가 더 나은 성과를 내도록 코칭을 해주었다. 나는 그들에게 큰 빚을 진 셈이다.

멘토의 도움으로 성장하는 과정을 보면 일종의 패턴이 있다. 일단 시작은 '인지'다. 자기 자신만 따르면 효과적으로 성장할 수 없으니 도움이 필요하다는 사실을 깨닫는 것이다. 감사하게도 나는 사회 초년생 시절에 그 사실을 깨달았다. 그때 당시 나는 잠재력을 계발해본 적도 없고 주변에 본보기가 되어 도와줄 사람도 없다는 것을 알게 되었다.

이러한 현실을 깨달으면 결과는 둘 중 하나다.

첫째, 괜한 자존심을 내세우며 다른 사람에게 도움을 청하지 않는다. 아주 흔한 반응이다. 심리학자 스럴리 블로트닉 Srully Blotnick의 《회사 생활이라는 장애물 경주》The Corporate Steeplechase를 보면 사회생활을 시작하는 20대에는 대다수가 질문을 창피하게 여겨 꺼린다고 한다. 30대가 되면 독립심을 기르겠다는 생각으로 동료에게 조언을 구하지 않는다. 그래봐야 자기만 손해다. 무식하게 보이지 않으려고 무식한 사람이 되는 꼴이다.

둘째, 겸손하게 '당신의 도움이 필요합니다'라고 말한다. 그리 흔치 않은 반응이다. 이 경우 더 많은 것을 알게 될 뿐 아니라 더욱 성숙한 사람이 된다. 사람은 사회 초년생 시절은 물론 평생 다른 사람의 도움이 필요한 법이다. 척 스윈돌 Chuck Swindoll은 《화룡점정》The Finishing Touch에서 이를 설득력 있게 표현했다.

혼자서 사슬을 이룰 수 있는 사람은 없다. 한 사람 한 사람이 연결고리다. 연결고리가 하나만 빠져도 사슬은 끊어진다.

혼자서 팀을 이룰 수 있는 사람은 없다. 한 사람 한 사람이 선수다. 선수가 한 명만 빠져도 경기에서 몰수패를 당한다.

혼자서 오케스트라를 이룰 수 있는 사람은 없다. 한 사람 한 사람이 연주자다. 연주자가 한 명만 빠져도 교향곡은 미완성이 된다. ……

이쯤이면 눈치챘을 것이다. 우리는 서로를 필요로 한다. 나는 네가 필요하고 너는 내가 필요하다. 우리는 외딴섬이 아니다.

인생을 제대로 살려면 우리는 서로 기대고 받쳐줘야 한다. 서로 말하고 들어야 한다. 서로 주고받아야 한다. 서로 고백하고 용서해야 한다. 서로 팔을 뻗어 끌어안아야 한다. 서로 풀어주고 의지해야 한다. ……

홀로 온전하고 전능한 초인은 없으므로 이제 그런 척하지 말자. 그렇지 않아도 외로운 인생을 그런 바보짓으로 더 외롭게 하지 말자.

술래잡기는 끝났다. 이제 다 함께 손을 잡자.

❖ 내 인생의 멘토들

나는 한 번도 만난 적 없는 사람들에게 많은 것을 배웠다. 내 인생의 성장 여정에서 가장 큰 자산은 사람들이다. 동시에 사람들은 가장 큰 부채이기도 하다. 우리가 따르는 사람, 우리가 흉내 내려고 하는 본보기, 우리가 조언을 구하는 멘토는 모두 우리 자신을 다듬는 데 도움을 준다. 우리에게서 무언가를 빼앗아가는 사람, 우리를 업신여기는 사람과 어울리면 앞으로 내딛는 걸음걸이가 힘겨워진다. 반대로 현명한 리더, 좋은 본보기, 긍정적인 친구를 찾으면 그들의 도움으로 성장 여정의 발걸음이 가벼워진다.

나는 인생길에서 훌륭한 멘토를 많이 만났다. 내가 처음 본보기로 삼은 사람은 내 부모님이었다. 나는 두 분에게서 진실함과 조건 없는 사랑을 배웠다. 엘머 타운스와 지그 지글러는 내가 자란 작은 사회를 벗어난 이후 처음으로 가르침을 준 사람들이다. 나는 엘머에게 교회 성장법을 배웠다. 지그는 내가 처음으로 따른 성장 전문 연설가다. 이후 두 사람은 모두 좋은 친구가 되었다.

톰 필립Tom Philippe과 형 래리 맥스웰은 경영 분야에서 내 멘토였다. 레스 스토비는 내가 첫 책을 쓸 수 있게 유익한 가르침을 줬다. 피터 드러커는 사람들을 육성해 내 자리를 대신할 수준으로 끌어올리는 것이 얼마나 중요한지 알게 해줬다. 프레드 스미스는 리더십 능력을 갈고닦는 데 도움을 줬다. 빌 브라이트Bill Bright는 경영 사상가가 신앙의 세계에 어떤 영향을 줄 수 있는지 보여줬다. 존 우든은 보다 나은 사람이 되는 법을 가르쳐줬다.

당신이 어떤 사람이든, 무엇을 이루었든, 지금 어떤 지위에 있든, 멘토가 있으면 도움을 받을 수 있다. 지금까지 멘토가 한 명도 없었다면 멘토가 더 나은 삶에 얼마나 큰 영향을 미치는지 모를 것이다. 반면 멘토가 있었다면 이미 그 사실을 알고 있을 것이다. 이제부터는 당신이 직접 멘토가 되어 지금까지 받은 것을 다른 사람에게 전해야 한다. 그들 역시 자기 자신만 따르면 발전하기 어렵기 때문이다.

The Law of Modeling

...

'본보기의 법칙' 적용하기

---

1. 다음 단계의 멘토를 찾자. 직업상 당신의 현재 위치가 어디인지, 어떤 방향으로 나아가고 싶은지 생각해보자. 당신이 존경하고 같은 길에서 두세 걸음 앞선 사람을 찾아보자. 꼭 같은 조직에 있어야 하는 것은 아니다. 그 사람이 좋은 멘토의 조건을 갖추고 있는지 다시 말해 모범이 되는지, 어울릴 수 있는지, 검증된 경험이 있는지, 지혜로운지, 든든한 후원자가 되어주려고 하는지, 코칭 기술이 있는지 알아보자. 만일 합격이라면 멘토가 되어달라고 부탁하자.

언제든 멘토를 만나기 전에 골똘히 궁리해서 질문 서너 개를 준비하자. 그 질문에 대한 멘토의 답은 큰 도움이 된다. 멘토를 만난 뒤에는 배운 것을 자신의 상황에 적용하자. 그러기 전에 또 만나자고 해서는 안 된다. 그다음에 만날 때는 이전에 배운 것을 어떻게 적용했는지부터 밝히자(아니면 어떤 식으로 적용하려다 실패했는지 이야기해서 무엇이 잘못되었는지 배우자). 그런 다음 새로운 질문을 하자. 이 경우 멘토도 자신의 노력에 보람을 느껴 계속 도와줄 수 있다.

2. 누구에게나 강점을 갈고닦거나 문제를 해결하는 데 도움을 줄 사람이 필요하다. 결혼, 양육, 영적 성장, 원칙, 취미 등과 관련된 의문이 생기면 누구와 상의하는가? 한 사람이 그 모든 질문에 답을 줄 수는 없다. 우리에게는 도움을 줄 개인 '컨설턴트'가 여러 명 필요하다.

시간을 내 두 가지를 목록으로 만들어보자. 하나는 잠재력을 발현하기 위해 계발하고 싶은 강점 및 기술이다. 다른 하나는 꾸준히 길을 안내받아야 하는 문제 영역이다. 그런 영역과 관련된 전문가를 찾아 질문이 있을 때 답을 해줄 용의가 있는지 물어보자.

3. 오랫동안 지켜보고 따르고 가르침을 받은 본보기 대상이 있는가? 아니면 오로지 자기 자신만 따르며 발전을 꾀하고 있는가? 이제껏 성장 여정에서 다른 사람에게 도움을 구하지 않았다면 이제라도 그렇게 해야 한다. 사람들은 보통 책에서 본보기가 될 만한 사람을 찾는다. 책으로 시작하는 것도 좋지만 그 정도로 그쳐서는 안 된다. 당신을 기꺼이 자기 삶으로 맞아들일 사람들을 찾아보자.

내게는 존 우든이 그런 사람이었다. 나는 수십 년간 멀찌감치 떨어져 그에게 가르침을 받았다. 나는 TV 중계로 그의 팀이 경기하는 모습을 지켜봤고 그의 경력을 따라갔다. 또한 그가 쓴 책을 한 권도 빠짐없이 읽었다. 그러다가 그가 90대에 접어들었을 때 몇 년간 1년에 두 번씩 만나는 특권을 누리며 많은 것을 배웠다. 두고두고 잊지 못할 고마운 시간이었다.

멘토를 찾을 때 주의할 점이 있다. 간혹 멀리서 볼 때는 괜찮았는데 가까이서 보니 존경하기 힘든 점이 드러나는 경우가 있다. 그렇다고 낙심할 필요는 없다. 세상에는 존 우든처럼 진실하고 존경스러우며 따를 만한 사람이 얼마든지 있다. 포기하지 않고 찾으면 분명 그런 사람이 나타날 것이다.

The 15 INVALUABLE LAWS OF GROWTH

THE LAW OF EXPANSION

| 제 14 장 |

확장의 법칙

당신 안에 감춰 둔 가능성의 끝은 대체 어디인가

꿈꿀 수 있다면 이룰 수 있다.
한계는 바로 당신 자신 안에 있다.
– 브라이언 트레이시

역량을 극대화했는가? 잠재력을 모두 발현했는가? 혹시라도 그렇다면 지금 이 책을 읽고 있을 필요가 없다. 숨을 쉬고 건전한 정신이 살아 있는 한 우리는 계속해서 역량을 키울 수 있다. 《깨지지 않았으면 깨뜨리자!》If It Ain't Broke …… Break It!에서 로버트 크리겔Robert Kriegel과 루이스 패틀러Louis Patler는 다음과 같이 썼다.

> 사람들의 한계는 짐작도 할 수 없다. 세상의 온갖 검사, 스톱워치, 결승선으로도 인간의 잠재력은 측정할 수 없다. 꿈을 좇는 사람은 한계로 여겨지는 지점을 넘어 훨씬 더 멀리까지 나아간다. 우리의 잠재력에는 한계가 없고 대개는 아직 고스란히 묻혀 있다. …… 한계는 우리가 생각하는 순간 만들어진다.[1]

잠재력 발현을 목표로 과감히 전진하면서 끊임없이 역량을 키우려면 어떻게 해야 할까? '외면'의 성과를 키우는 방법에 관해서는 나도 꽤 많은 책을 썼다. 한마디로 다른 사람들과 손잡고 함께 일하는 방법을 익히면 된다. 그러나 '내면'의 역량을 기르려면 성장을 대하는 자세를 바꾸는 수밖에 없다. 자기계발과 관련된 생각과 행동을 바꿔야 한다.

❦ 사고 역량을 키우는 방법

전문가들에 따르면 대부분의 사람은 잠재력을 겨우 10퍼센트만 쓴다고 한다. 이럴 수가! 만약 이 말이 사실이라면 평범한 사람도 발전의 여지가 어마어마하게 많다는 뜻이다. 수십만 평에 이르는 가능성의 땅이 있으면서도 고작 500평 정도만 경작하는 셈이 아닌가. 그러면 어떻게 해야 나머지 90퍼센트를 쓸 수 있을까? 그 답은 생각과 행동을 바꾸는 데 있다. 우선 역량을 키우기 위해서는 어떤 식으로 생각해야 하는지부터 살펴보자.

1. '열심히'가 아닌 '효과'를 생각한다

사람들에게 '어떻게 해야 역량을 키울 수 있느냐'고 물어보면 대개 '더 열심히 일하면 된다'고 대답한다. 이런 생각에는 문제가 있다. 더 열심히 일한다고 해서 역량이 늘어난다는 보장은 없기 때문이다. 현재보다 더 나은 것을 원할지라도 현재와 똑같은 일을 더 열심히 하는 것으로는 같은 결과만 더 많이 나올 뿐이다.

사회 초년생 시절에 나도 똑같은 함정에 빠졌다. 언제부터인가 사람들이 내게 더 성공하도록 도와달라고 부탁하기 시작했는데, 그때마다 나는 더 열심히 일하라고 대답했다. 나는 그들이 나만큼 부지런하지 않다고 생각했고 그저 더 열심히 일하면 성공하게 될 줄 알았다. 그러다가 저개발국가들을 다니면서 많은 사람이 비지땀 흘리며 일해도 노력에 비해 결실이 보잘것없는 현실을 보고 내 생각이 잘못됐음을 깨달았다. 열심히 일하는 게 능사는 아니었다.

나는 내 일을 돌아보았다. 당시 혈기왕성하던 나는 몇 시간을 일하든 매우 열심히 했다. 그러나 생각만큼 효과적이지 않았다. 그제야 효과보다 노력을 중시하는 게 문제임을 알게 되었다. 올바르게 일해야 하는 줄도 모르고 무조건 많이 하면 좋은 줄 알았던 것이다. 그런 이유로 나날이 할 일은 늘어나는데 영향력은 제자리걸음이었던 것이다. 나는 내가 하는 일을 다시 살펴보고 스스로에게 물었다.

"효과가 있는 게 뭐지?"

지금 자신에게 무엇이 효과가 있는지 말이다. 어렵게 생각할 것 없이 다음의 세 가지를 따져보면 된다.

어떤 일을 하고 있는가?
어떤 일을 할 때 가장 성과가 좋은가?
어떤 일을 할 때 가장 보상이 큰가?

이런 질문을 해보면 해야 하는 일과 정말로 하고 싶은 일에 집중할 수 있다.

2. '할 수 있을까?'가 아닌 '어떻게 할 수 있을까?'를 생각한다

언뜻 '할 수 있을까?'와 '어떻게 할 수 있을까?'는 별반 차이가 없는 것 같다. 그러나 그 결과에는 하늘과 땅만큼의 차이가 있다. '할 수 있을까?'는 망설임과 의심이 가득한 질문으로 한계를 만든다. 자꾸만 이 질문을 하는 사람은 시작도 하기 전에 힘을 깎아 먹는 셈이다. 인생에서 많은 것을 이룰 수 있음에도 의심하는 마음으로 '할 수 있을까?'에 '아니'라고 대답해 제대로 시도조차 하지 못하는 사람이 세상에 얼마나 많은가.

반면 '어떻게 할 수 있을까?'라고 물으면 성취할 가능성이 생긴다. 사람들이 역경을 이기지 못하는 이유는 대부분 제대로 부딪혀보지 않기 때문이다. 그들은 자신의 한계를 시험하지도 않고 역량을 끝까지 밀어붙이지도 않는다. 방법이 있으리라고 믿지 않으면 '어떻게 할 수 있을까?'라는 물음은 나올 수 없다.

젊은 시절 나는 로버트 슐러의 말을 접한 뒤 리더로서 자극을 받았다.

"만일 실패하지 않는다는 것을 안다면 무엇을 시도해보겠는가?"

나에게는 분명한 답이 있었다.

"지금 시도하고 있는 것보다 훨씬 더 많은 것을 시도하겠다!"

슐러의 물음 덕분에 나는 틀에서 벗어나 생각하게 되었다. 더 많은 위험을 감수하고 더 많은 경계를 넘어 내 한계를 시험해보기로 했다. 그러자 내 한계가 대부분 능력이 아니라 믿음이 부족한 데서 비롯됐다는 사실을 깨닫게 되었다. 미국 여성 최초로 에베레스트 산을 등정한 샤론 우드Sharon Wood는 당시를 돌아보며 이렇게 말했다.

"중요한 것은 체력이 아니라 정신력이었다. 내 마음의 전장에서 내가 만들어놓은 한계라는 장벽을 돌파해 전리품을 차지해야 했다. 그 전리품은 우리가 활용하지 않고 방치해둔 90퍼센트의 잠재력이었다."

방치해둔 90퍼센트를 활용하고 싶다면 '어떻게 할 수 있을까?'라고 묻자. 그러면 더 크게 성취할 수 있느냐 없느냐는 신경 쓸 필요가 없다. 오로지 언제, 어떻게 성취할 것인가만 생각하면 된다.

얼마 전 친구에게 프라이스 프리쳇Price Pritchett의 《당신²》You²이라는 책을 선물로 받았다. 거기에 이런 내용이 실려 있었다.

당신의 회의주의는 합리적인 생각과 자신에 대한 객관적인 평가에 근거하는 것 같지만, 사실 그 뿌리는 정신의 오물이다. 당신의 의심은 예리한 생각이 아니라 습관적인 생각의 산물이다. 오래 전 잘못된 판단을 옳은 것으로 받아들인 당신은 자신의 잠재력에 대한 비뚤어진 생각을 진리로 여기기 시작했다. 그런 까닭에 이미 어린 나이에 온갖 획기적인 행동을 일으키는 대담한 실험을 중단하고 말았다. 이제 예전에 당신이 자신에게 품었던 믿음을 되찾을 때다.[2]

부정적인 환경에서 자랐거나 학대당한 적이 있으면 생각을 바꾸기가 어려울 수 있다. 그러나 이 책을 여기까지 읽은 당신이라면 충분히 '난 할 수 없어'라는 말을 '어떻게 할 수 있을까?'로 바꿀 수 있을 것이다. '모든' 사람에게는 성장하고, 발전하고, 성취할 수 있는 잠재력이 있다고 믿는다. 그 길로 걸어가는 첫걸음은 당신이 할 수 있다고 믿는 것이다. 나는 당신을 믿는다!

그다음으로 끈기가 필요하다. 처음에는 별로 진전이 없어 보일 수도 있다. 그래도 괜찮다. 포기하지 말자. 프리쳇은 어떤 일이든 도중에는 실패한 것처럼 보인다고 했다.

"케이크를 만들다 보면 부엌은 난장판이 되게 마련이다. 수술 도중에는 수술실이 살인 현장처럼 보인다. 달로 가는 로켓은 항로를 이탈해 있는 시간이 전체의 90퍼센트다. 끊임없이 실패와 교정을 반복하면서 달에 이르는 것이다."[3]

당신은 생각을 바꿀 수 있다. 당신은 자신의 잠재력을 믿을 수 있다. 실패를 발판 삼아 역량을 향상시킬 수도 있다. 정신의학자 프리츠 펄스Fritz Perls는 "배움이란 어떤 것이 가능하다는 사실을 알아내는 것"이라고 했다. 확장의 법칙은 배우고 성장하고 역량을 키우는 것을 주축으로 한다.

위대한 예술가 미켈란젤로가 어느 날 라파엘로의 작업실에 놀러 갔다. 그는 라파엘로의 초기 그림 하나를 보고 잠깐 생각하더니 분필을 잡고 라틴어로 '암플리우스'Amplius라고 썼다. '더 크게' 혹은 '더 많이'라는 뜻이었다. 즉, 더 넓게 생각하라는 권유였다. 지금 우리에게도 그런 자세가 필요하다.

3. '하나의 문'이 아닌 '많은 문'을 생각한다

성장하려면 '하나의 문'에만 미래를 걸어서는 안 된다. 그 문이 열리지 않으면 어쩌려고? 가능성의 영역을 넓게 보고 모든 질문에 여러 가지 답을 찾아보아야 한다. 하나만 고집하지 말자.

나도 사회 초년생 시절에는 하나의 문만 찾는 실수를 했다. 큰 교회를 세우고 싶어서 나를 성공으로 이끌어줄 열쇠를 찾아다녔다. 비법을 전수해줄 사람을 찾을 수 있을 거라는 기대로 여러 사람을 만나 이야기를 들었다. 소원을 들어줄 사람을 찾아다닌 셈이었다.

그것은 완전히 그릇된 생각이었다. 나는 다른 사람에게 꿈을 실현하는 공식을 알아내 그것을 실천하면 되는 줄로 착각하고 있었다. 그러나 어느 순간 나는 꿈을 실현하려면 일단 행동으로 옮긴 다음 그때그때 세부적인 공식을 만들어야 한다는 사실을 깨달았다. 나는 계속 움직인 덕분에 앞으로 나아갈 수 있었고, 새로운 땅을 밟을 때마다 전략을 다듬을 수 있었다.

나는 '선택권'이라는 말을 중시하며 어딘가에 '갇히는 것'을 끔찍하게 싫어한다. 내가 선택권을 중시하는 이유는 단순히 정신적인 폐소공포증을 피하기 위해서가 아니라 역량을 키우고 싶은 마음이 간절하기 때문이다. 다행히 세월이 흐를수록 창조적인 대안을 살펴보고 싶은 마음은 커지고, 반대로 다른 사람의 틀에 의존하고자 하는 생각은 점점 줄어들고 있다.

다음은 내가 '많은 문'을 생각하고 여러 대안을 살펴보는 법을 익히면서 알게 된 사실이다.

- 어떤 일을 성공적으로 해내는 방법은 절대로 하나가 아니다.
- 목적지가 어디든 창의성과 융통성이 있으면 그곳에 도달할 확률이 높아진다.
- 의도를 품고 움직이면 여기저기에서 가능성이 보인다.
- 실패와 문제상황은 훌륭한 학습 도구가 될 수 있다.
- 미래는 원래 알기 어렵고 통제할 수 없다.
- 현재는 꼭 알아야 하고 통제할 수 있다.
- 성공은 계속 행동하면서 끊임없이 잘못을 바로잡은 결과다.

당신에게 주어진 가장 큰 과제는 정신을 확장하는 것이다. 그것은 넓은 미개척지로 들어가는 것과 같다. 당신은 당당하게 미지의 땅에 발을 들여놓고 지금껏 본 적 없는 것에 맞서 의심과 두려움을 극복해야 한다. 쉽진 않겠지만 기운을 내자. 생각을 바꾸면 인생이 바뀐다. 올리버 웬들 홈스Oliver Wendell Holmes가 말했듯 "인간의 정신은 새로운 생각으로 확대되고 나면 원래 크기로 줄어드는 법이 없다." 역량을 키우고 싶으면 무조건 정신부터 키워야 한다.

❦ 행동 역량을 키우는 방법

잠재력과 역량을 향상시키려면 먼저 생각을 바꿔야 한다. 그러나 생각만 바꾸고 행동은 그대로라면 잠재력 발현은 불가능하다. 행동 역량을 키우기 위해서는 다음의 3단계를 따르는 것이 좋다.

1. '했던 일'을 넘어 '할 수 있고 해야 하는 일'을 한다

성공으로 가는 첫 번째 단계는 할 줄 아는 일을 잘하는 것이다. 그런 일을 하다 보면 자신이 '할 수 있는' 다른 일도 발견하게 된다. 만약 그 일이 괜찮은 것이라면 결정을 해야 한다. 늘 했던 일을 계속하겠는가, 아니면 새로운 시도를 하겠는가? 새로운 일은 혁신과 새로운 발견으로 이어지고 그런 발견 속에서 자신이 꾸준히 '해야 하는' 일이 모습을 드러낸다. 그 일을 하면 지속적으로 성장하고 잠재력을 향상시킬 수 있다. 그 반대의 경우에는 잘해야 제자리걸음밖에 하지 못한다.

케빈 홀은 《열망》에서 이러한 발견과 성장 과정을 설명하면서 은퇴한 교수이자 자신의 멘토이던 아서 왓킨스Arthur Watkins와 나눈 대화를 소개했다. 그들의 화제는 한 사람이 도제에서 명장으로 성장하는 과정이다.

그는 하룻밤 새에 명장이 되는 사람은 없다고 했다. 명장이 되려면 거쳐야 하는 과정이 있게 마련이다. 일단 도제로 시작해 장인이 된 다음에야 비로소 명장이 될 수 있다. 도제, 장인, 명장. 이 세 단어를 보면 필수 과정을 거치면서 진정한 리더십에 걸맞은 겸손함을 기르는 것이 얼마나 중요한지 알 수 있다. 아서는 태곳적 진리라도 밝히려는 것처럼 눈을 반짝이며 물었다.

"'도제'apprentice의 뜻이 '배우는 사람'이라는 걸 아는가?"

덧붙여서 그는 그 말의 어원이 배운다는 뜻의 프랑스어 '아프헝드흐'apprendre라고 했다. 원래 도제는 직업을 선택한 다음, 마을에서 그 직업에 필요한 기술을 가르쳐줄 명장을 찾았다. 그리고 마을의 명장에게 배울 수 있는 것을 모두 배우고 나면 더 많은 것을 배우고자 다른 지방으로 떠났다. 그런 여정을 통해 도제는 장인이 되었다.

장인은 흔히 먼 길을 돌아다니다가 기술을 연마하는 데 가장 큰 도움을 줄 명장을 찾아 그 밑에서 일했다. 그렇게 세월이 흐르다 보면 자신도 명장으로 성장하고 그러면 또 다른 사람이 처음부터 똑같은 과정을 반복했다.[4]

잠재력을 향상시키는 과정은 끝없이 반복된다. 기회가 계속해서 생기고 사라지기 때문이다. 우리가 스스로 세우는 기준 역시 끊임없이 변한다. 우리가 발전하면 우리가 '할 수 있는' 일도 변하고, 우리가 '해야 하는' 일도 진화한다. 우리는 오래된 것을 뒤로하고 새로운 것을 시작해야 한다. 쉽진 않겠지만 마음먹고 부딪치면 인생이 달라지는 기쁨을 얻을 수 있다.

1974년 나는 모든 일이 리더십에 따라 흥하기도 하고 망하기도 한다는 사실을 확신하게 되었다. 그러자 리더십에 대한 열정이 강해졌고 덕분에 사람들을 이끌고 감동을 주는 방법을 의욕적으로 배울 수 있었다. 그렇게 몇 년이 지나자 사람들을 이끌고 가르치는 능력이 안정 단계에 접어들었다.

나는 즐겁게 일하면서 어느 정도 성공도 맛보고 있었다. 그런데 그때부터 새로운 기회, 즉 내가 '할 수 있는' 일들이 보이기 시작했다. 잘하면 더 많은 사람에게 다가갈 수 있었다. 다시 말해 나는 인생을 즐길 것인가, 아니면 확장에 도전할 것인가 하는 선택의 기로에 서 있었다.

인생을 확장하려면 안전지대를 떠나야 한다. 나는 교육 자료를 만들고 함께 일할 사람들도 길러내야 했다. 직접 만날 수 없는 사람들에게 다가가려면 글 쓰는 법도 익혀야 했다. 또한 해외에서 의사소통할 수 있도록 여러 나라를 돌아다니며 관습과 문화를 배워야 했다. 그 모든 일에는 시간이 걸렸고 실수도 많이 했다. 힘에 부칠 때가 한두 번이 아니었다. 그 시절에는 "나는 언제나 내가 할 수 없는 일을 하면서 그 방법을 배우고 있다."는 파블로 피카소의 말이 뼈저리게 와 닿았다.

적응과 확장의 과정은 오늘날까지도 이어지고 있다. 최근에는 더 많은 사람에게 다가가기 위해 소셜 미디어를 배웠고 회사도 두 개 차렸다. 코칭 사업을 시작하는 방법도 터득했다. 그리고 여러 나라 사람들과 소통하는 법도 계속 배우고 있다.

나는 배움을 그칠 생각이 전혀 없다. 죽을 때까지 내 인생을 확장하고 잠재력을 키우는 동시에 기술을 갈고닦으며 스스로를 성장시킬 생각이다. 노먼 빈센트 필은 "당신을 창조하신 하나님께 계속 재창조를 부탁하라."고 했다. 나는 그렇게 살고 싶다.

2. 기대 충족을 뛰어넘는다

우리는 아무런 보탬이 되지 않아도 보여주기showing을 잘하면 상을 주는 문화 속에 살고 있다. 이런 까닭에 기대만 충족시키면 그만이라고 생각하는 사람이 많다. 하지만 그러한 태도는 잠재력을 발현하거나 역량을 키우는 데 도움이 되지 않는다. 그 정도로는 어림도 없다.

GE의 최고경영자였던 잭 웰치는 군계일학이 되라고 했다. 두각을 나타내고 경력을 쌓으려면 더 많은 일을 하고 더 큰 사람이 되어야 한다. 평균 이상으로 우뚝 솟아야 한다. 이를 위해서는 어떻게 해야 할까? 자신에게 다른 사람들이 요구하는 것보다 더 많은 것을 요구한다. 자신에게 다른 사람들이 기대하는 것보다 더 많은 것을 기대한다. 자신을 다른 사람들이 믿는 것보다 더 굳게 믿는다. 다른 사람들이 해야 한다고 생각하는 것보다 더 많은 일을 한다. 다른 사람들이 줘야 한다고 생각하는 것보다 더 많은 것을 준다. 다른 사람들이 도와야 한다고 생각하는 것보다 더 많은 사람을 돕는다.

권투선수 잭 존슨Jack Johnson이 남긴 명언이 있다.

"자신의 의무와 타인의 기대보다 '더 많은' 일을 하는 것이 바로 탁월함이다! 그러려면 최선을 다하고 '최고' 수준의 기준을 유지하며 '사소한' 것 하나까지 챙기면서 '더 먼' 길을 가야 한다. 탁월함이란 모든 일에 온갖 방법을 동원해 젖 먹던 힘까지 다 쓰는 것이다!"

기대보다 많은 것을 하면 능력을 인정받아 동료와 차별화될 뿐 아니라 탁월함을 습관으로 발전시킬 수 있다. 물론 그 효과는 시간이 갈수록 누적된다. 그렇게 계속해서 탁월함을 발휘하면 역량과 잠재력이 향상된다.

3. 어쩌다 한 번이 아니라 날마다 중요한 일을 한다

"인생은 커다란 화폭이므로 칠할 수 있는 물감은 다 칠해야 한다."

는 말을 들어본 적 있는가? 의욕적인 자세는 높이 사지만 이것은 그리 좋은 조언 같지는 않다. 그림을 물감 범벅으로 만들 생각이 아니라면 말이다. 그보다는 인생을 걸작으로 만드는 편이 낫다. 이를 위해서는 깊이 생각한 후 캔버스에 어떤 물감을 칠할지 정해야 한다. 어떻게 해야 하는가? 바로 날마다 중요한 일을 하는 것이다.

헨리 데이비드 소로는 이렇게 썼다.

> 사람이 꿈을 향해 당당히 나아가면서 생각하는 대로 살려고 노력하면 전혀 예상치 못했던 성공이 찾아온다. 그의 주변과 내면에는 보이지 않는 경계를 넘어 새롭고 보편적이며 더욱 자유로운 법이 자리를 잡는다. 이에 따라 그는 좀 더 높은 존재의 질서 속에서 살게 된다.

여기서 '꿈을 향해 당당히 나아가는 것'은 날마다 중요한 일을 하는 것을 의미한다. 날마다 중요하지 않은 일을 하면 아무 소용이 없다. 그냥 시간만 허비할 뿐이다. 또한 어쩌다 한 번씩만 중요한 일을 해서는 끊임없이 성장하고 인생을 확장할 수 없다. 날마다 중요한 일을 해야 한다. 하루하루의 성장이 인생의 확장으로 이어지는 법이다. 시인 헨리 워즈워스 롱펠로는 자신의 성장을 사과나무에 빗대었다.

"저 사과나무의 목표는 해마다 작은 가지를 새로 내는 것이다. 내 계획도 그렇다."

그런 생각을 담아 쓴 시구도 있다.

기쁨과 슬픔은 우리가 숙명처럼 얽매인 목적도 길도 아니니
우리의 길이요, 목적은 오늘보다 발전한 내일을 위해 사는 것.

날마다 중요한 일을 하면 이 시가 현실이 될 수 있다.

♣ 위대한 영향력

저술과 강연 활동을 하면서 가장 보람을 느낄 때는 나에게서 긍정적인 영향을 받은 사람의 이야기를 들을 때다. 최근에는 콜로라도 스프링스의 카운티 보안관청에서 경사로 일하는 팀 윌리엄스의 편지를 받았다. 그는 의도적인 성장으로 어떻게 역량을 향상시켰는지 알려주고 싶어서 편지를 쓴다고 했다.

2005년 진급시험을 위한 필독서로 《존 맥스웰 리더십 불변의 법칙》을 읽게 되었습니다. 저는 책을 한 번 읽고 다시 읽은 후 빠르게 훑으면서 형광펜으로 핵심 내용에 줄을 그었습니다. 사실 이 책을 처음 읽었을 때는 별다른 감흥이 없었습니다. 하지만 다시 읽으면서 그 진가를 확인하게 되었고 거의 모든 내용에 공감했습니다. 그다음에 훑어볼 때는 제가 그동안 리더십이 뭔지도 모르고 살았다는 것을 깨달았습니다. 저는 보안관청으로 오기 전에 20년 동안 특전사에서 부사관으로 복무했기 때문에 리더십이 무엇인지 잘 아는 줄 알았습니다.

이후로도 팀은 성장 계획을 세워 꾸준히 독서를 한다고 했다. 독서를 통해 생각과 행동이 바뀐 그는 조직에서 계속 승진했다.

"계급이 올라가면서 제가 배운 것을 토대로 조직 내에 다양한 변화를 일으킬 수 있었습니다. …… 다른 사람들에게 영향을 주고 많은 사람을 돕게 되었습니다."

팀은 배운 것을 토대로 두 가지 습관을 길렀다. 하나는 부하직원이 있는 곳을 직접 찾아가는 것이었다.

"저는 밤마다 이곳저곳의 유치장을 찾아가 부하직원과 이런저런 이야기를 나눴습니다. 그들의 말을 경청하고, 같이 웃고, 가족 이야기를 듣고, 때로는 불만을 들으면서 시간을 보냈습니다."

그 결과 그는 사람들과 소통할 수 있게 되었다. 또 다른 습관은 사람들에게 짧은 글을 써서 자신이 그들을 아끼고 그들의 노력에 고마워한다고 알리는 것이었다. 그는 평가를 할 때도 결점뿐 아니라 긍정적인 면까지 보려고 애썼다고 한다.

"엄청난 사기 진작 효과가 있었습니다."

팀은 계속해서 다음과 같이 썼다.

"연말에 저는 한 걸음 더 나아가 제 근무지에 소속된 모든 사람에게 이메일을 보냈습니다. 물론 내용은 긍정적이었고 모두에게 공개했죠. 그것을 연례행사처럼 실행하자 굉장히 놀라운 결과가 나타났습니다! 병가 신청률이 현저하게 떨어진 겁니다. 제가 맨 처음에 쓴 '고맙다. 나도 알고 있었다' 편지를 동봉합니다."

제4부서 사람들에게

연말을 맞아 그동안 내가 감독직을 수행하는 데 도움을 준 한 사람 한 사람의 행동을 되돌아봤네. 우리 업무의 특성으로 볼 때 모든 구성원이 서로에게 한 일을 아는 것이 좋겠다는 생각이 들었지. 여러분은 올해 내내 나름대로의 방법으로 우리의 성공에 이바지했다. 그간 여러분이 조용히 넘어갔다고 섭섭해했을 모든 사소한 일에 대해 이렇게 말하고 싶다네.

"고맙네. 나도 알고 있었어."

마이클 반스는 근무지 충원을 위해 이틀 휴가를 반납했고 쉬는 날 페인트칠에 자원했지. 더불어 수학 프로젝트에 공헌했고 교관 과정을 시작했고. 고맙네. 나도 알고 있었어.

브루스 리틀은 귀가 잘 들리지 않는데도 병가를 내지 않았고 브리핑 때 나를 보조하며 다른 사람들이 질문하고 싶어 하는 것을 직접 질문했지. 또한 힘든 상황에서도 근면하고 성실하게 복무했다. 고맙네. 나도 알고 있었어.

로즈마리 페이티는 내가 잊고 있던 것을 상기시켜 주고, 전략을 위해 자기 시간을 양보했으며 항상 물심양면으로 나를 도와주었지. 고맙네. 나도 알고 있었네.

켈리 스틸슨은 늘 임무 변동에 긍정적이었고 병가를 낼 만한 상황에서도 성실히 근무했지. 그리고 우리가 야밤에 타이

> 어 교체를 할 때도 타의 추종을 불허하는 기록을 세우는 데 일조했고. 고맙네. 나도 알고 있었어.
> 존 와츠는 내가 이곳으로 부임했을 때 내 부관이 되었고 온갖 비난의 화살을 받아야 함에도 놀라운 인품으로 자기소임을 성실히 수행했지. 고맙네. 나도 알고 있었어.

팀 윌리엄스는 특전사에서 부사관으로 퇴역하고 보안관청에서도 직급이 높았던 만큼 이렇게 말할 수도 있었다.

"나는 20년 넘게 리더 생활을 했다. 그래서 리더가 무엇인지 잘 안다. 나는 사람들의 목숨이 경각에 달린 상황에서도 내 역할을 충실히 수행할 수 있다. 그러니 더는 배울 게 없다. 이제부터 은퇴할 때까지 내 경험에 의지하겠다. 다들 내가 시키는 대로 하는 게 좋을 거다!"

그는 그 반대로 행동했다. 그는 열린 자세로 성장을 받아들였고 계속해서 배우기로 했다. 덕분에 그의 인생, 영향력, 잠재력은 계속해서 발전하고 있다. 그는 성장하면 반드시 역량이 증진된다는 확장의 법칙을 따르는 사람이다.

평생 배우는 사람들에게는 모두 그러한 공통점이 있다. 이에 따라 그들의 역량은 끊임없이 증진된다. 언젠가 젊은 리포터가 아흔다섯 살의 파블로 카살스Pablo Casals에게 물었다.

"카살스 씨는 현재 역대 최고의 첼리스트라는 칭송을 받고 있습니다. 그런데 왜 아흔다섯 살의 나이에도 하루에 여섯 시간씩 연습을 하십니까?"

카살스의 대답이 인상적이다.

"그러면 계속 발전하니까요."

우리는 죽는 날까지 발전할 수 있다. 물론 이것은 성장에 대한 자세가 올바를 때만 가능한 일이다. 우리는 랍비 사무엘 실버Samuel Silver의 말을 믿어야 한다.

"가장 큰 기적은 우리가 내일도 오늘과 똑같은 사람일 필요가 없고, 신이 우리에게 심어놓으신 잠재력을 발휘하면 더 나은 사람이 될 수 있다는 것이다."

The Law of Expansion

'확장의 법칙' 적용하기

---

1. '할 수 없어!'나 '할 수 있을까?'에서 '어떻게 할 수 있을까?'로 생각을 바꾸었는가? 당신 자신을 시험해보자. 일단 꿈을 떠올린 다음 스스로에게 물어보자.

> 만일 실패하지 않는다는 것을 안다면 무엇을 시도해보겠는가?
> 만일 자신에게 한계가 없다면 무엇을 하고 싶은가?
> 만일 돈을 걱정할 필요가 없다면 인생을 어떻게 살아가겠는가?

질문에 천천히 답을 적어보자. 그 답을 보고 본능적으로 일어나는 반응을 살펴보자. '말도 안 돼! 못해. 꿈 깨!'인가, 아니면 '어떻게 하면 되지? 뭘 하면 될까? 변화를 위해 뭘 내려놓아야 하지?'인가? 후자라면 역량을 키울 정신적 준비가 됐다고 봐도 좋다. 전자라면 아직도 할 일이 남았다. 당신이 인생을 확장하기 위해 필요한 변화를 왜 주저하는지 생각해보자.

2. 효과 검사를 통해 자신이 '열심히'보다 '효과'를 중요시하는지 알아보자. 지난 4주 동안의 달력과 할 일 목록을 살펴보자(혹시 하루를 계획하는 일정표가 없다면 일단 그것부터 만들어야 한다). 4주 동안 각각의 활동에 들어간 시간을 계산해보자. 그 각각의 활동에 어느 정도의 시간을 썼어야 옳았는지 생각해보고 A에서 F까지 성적을 매기자. 이제 모든 활동을

범주별로 정리하자.

결과가 어떠한가? 무엇이 효과가 있고 또 무엇이 효과가 없는가? 효율이 떨어지거나 쓸데없이 많이 하게 되는 활동은 무엇인가? 어떤 변화가 필요한가? 요구, 성과, 보상의 기준을 활용해 무엇을 바꿔야 하는지 알아보자.

3. 날마다 중요한 일을 하도록 하는 계획과 체계가 있는가? 우선 날마다 꼭 해야 하는 것이 무엇인지 생각해보자. 다음은 나에게 중요한 것 열두 가지이다.

    올바른 자세를 취한다.
    우선순위를 정하고 따른다.
    건강 지침을 알고 실천한다.
    가족과 대화하고 사랑을 나눈다.
    올바른 생각을 하고 올바른 사고력을 기른다.
    올바른 약속을 하고 지킨다.
    돈을 벌고 잘 관리한다.
    신앙대로 살며 더욱 독실해진다.
    건전한 관계를 형성하고 관리한다.
    베풀 계획을 세우고 베풂의 모범이 된다.
    좋은 가치를 받아들이고 실천한다.
    개선 방안을 찾고 실행한다.

목록을 만들었으면 어떻게 해야 각각의 활동을 날마다 실행할 수 있을지 생각해보자. 그래야만 계속해서 순조롭게 잠재력을 확장해나갈 수 있다.

The 15 INVALUABLE LAWS OF GROWTH

THE LAW OF CONTRIBUTION

| 제 15 장 |

공헌의 법칙

더 많은 사람들과 함께 만드는 더 행복한 세상

단지 성공한 사람이 아니라
가치 있는 사람이 되기 위해 노력하라.
- 아인슈타인

40년 전 성장 여정을 시작할 때만 해도 나는 앞날이 어떻게 펼쳐질지 전혀 몰랐다. 그저 나에게 성장이 필요하고 이를 위해서는 의도성이 있어야 한다는 사실만 알았을 뿐이다.

솔직히 말해 처음에는 성장 동기가 이기적이었다. 오로지 성장해서 성공하겠다는 생각뿐이었다. 머릿속은 온통 이루고 싶은 목표, 세우고 싶은 업적으로 가득했다. 하지만 시간이 흐르면서 인생을 송두리째 바꿔놓을 만한 깨달음, 즉 '내가 성장하면 다른 사람들에게도 성장의 문이 열린다'는 것을 깨달았다.

내가 성장하면 다른 사람들의 삶에 공헌할 수 있다. 다시 말해 단순히 성공만 하는 게 아니라 의미 있는 일을 할 수 있다. 또한 자기계발 과정에서 얻은 것을 다른 사람들에게 나눠줄 수 있다. 나는 성장에서 얻은 자신감으로 다른 사람의 성장을 도울 수 있다고 믿게 되었다. 그리고 거기에서 가장 큰 기쁨과 보람을 찾았다.

이 마지막 장을 읽고 당신이 잠재력을 마음껏 발현할 힘을 얻어 다른 사람도 그렇게 할 수 있도록 도왔으면 좋겠다. 자신에게 없는 것을 다른 사람에게 줄 수는 없는 법이다. 그렇지만 열심히 노력해서 배우거나 얻은 것은 다른 사람에게 전수할 수 있다. '공헌의 법칙'대로 사는 사람은 다른 사람에게 많은 것을 줄 수 있다. 스스로 성장하는 사람은 다른 사람도 성장시킬 수 있기 때문이다.

인생의 흔적 남기기

내가 우선시하는 것은 다른 사람들의 가치를 키우는 일이다. 10대 때 벤저민 프랭클린의 글을 읽으면서 처음 그런 생각을 했다.

"나는 '부자로 죽었다'는 말보다 '쓸모 있게 살았다'는 말을 듣고 싶다."

프랭클린은 말만 그렇게 한 것이 아니라 정말로 그런 삶을 살았다. 예를 들어 일명 프랭클린 난로를 만들었을 때 특허를 신청해 큰돈을 벌 수도 있었지만 자신의 발명품을 세상과 나누기로 했다.

필라델피아 도서관 조합(Library Company of Philadelphia, 프랭클린이 주축이 되어 설립한 도서관—옮긴이)의 존 밴 혼John Van Horne 박사는 다음과 같이 말한다.

"프랭클린이 보여준 자선활동의 핵심은 공동체성입니다. 그는 박애정신으로 사람들을 돕고 사회에 선행을 베풀었습니다. 그에게 자선활동과 박애정신은 일종의 종교였습니다. 인류를 위해 좋은 일을 하는 것이 그에게는 신성한 행위였던 것입니다."

프랭클린은 세상을 보면서 잇속을 챙기려는 생각을 하지 않았다. 오로지 얼마나 많은 사람을 도울 수 있을까를 생각했다. 책을 빌려주는 도서관과 지역 소방서라는 개념이 생긴 것도 프랭클린이 힘을 쓴 덕분이었다. 인쇄업자라는 직업이 생긴 것 역시 그가 아이디어를 독차지하지 않고 나누고자 한 결과다.

10대 시절, 나는 프랭클린이 아침이면 '오늘은 어떤 좋은 일을 할까?', 밤이면 '오늘은 어떤 좋은 일을 했지?'라고 자신에게 물었다는 글을 읽고 머리를 한 대 얻어맞은 기분이었다. 마음속으로 느껴지는 것이 남달랐고 '날마다 의도적으로 다른 사람을 돕고 그것을 점검해야겠구나' 하는 생각을 했다. 나이가 들면서 그 생각은 그냥 좋은 생각을 넘어 강렬한 욕구로 자리 잡았다.

1998년 심장마비가 왔을 때 나는 그 점을 확실히 알게 되었다. 생사가 불투명한 상황이었지만 죽음은 그다지 두렵지 않았다. 고통 속에 누워 있던 내 머릿속엔 오로지 두 가지 생각뿐이었다. 하나는 가까운 사람들에게 내가 그들을 얼마나 사랑하는지 알려주고 싶다는 것이었고, 다른 하나는 아직도 이루고 싶은 일이 많이 남아 있다는 것이었다.

나에게는 여전히 공헌하고 싶은 게 있었다. 쉰한 살에 죽기에는 인생이 아까웠다. 나중에 젊은 경영인 협회 Young Presidents' Organization 의 데이비드 레이에게 거의 모든 경영자가 죽음보다 세상에 공헌하지 못하는 것을 두려워한다는 말을 들으며 나만 유별난 게 아님을 알게 되었다.

좋은 본보기

내게 다른 사람을 돕고자 하는 욕구가 생긴 것은 벤저민 프랭클린 등 훌륭한 리더의 일대기를 읽은 것뿐 아니라, 좋은 본보기를 보여준 부모님의 영향도 컸다. 어머니는 오랫동안 사서로 일했는데 언제부터인가 아버지가 총장으로 있던 대학교에서 젊은 여성들이 힘든 일이 있을 때마다 가장 먼저 어머니에게 달려왔다. 어머니는 많은 사람의 인생에 영향을 주었다. 나는 그런 어머니의 모습을 오랫동안 곁에서 지켜보았다.

아버지 역시 좋은 본보기였다. 나는 아버지가 지역 교회의 목사로서 신도들을 섬기는 모습을 곁에서 지켜봤다. 교구감독으로서 다른 목회자를 섬기며 그들의 가치를 높이는 것도 똑똑히 봤다. 대학교 총장으로 부임하고 난 뒤에는 학생과 교수들의 가치를 높이는 데 주력하시는 것도 보았다. 물론 지금도 다른 사람들을 돕고 계신다.

몇 년 전 아버지는 신설 요양원에 들어갈 준비를 하면서 요양원이 문을 열면 가장 먼저 들어가고 싶다는 뜻을 내비쳤다.

"애야, 이건 중요한 문제다. 난 꼭 1등으로 들어가야 해."

뭐든 앞서 가려고 하는 것이 맥스웰 가문의 특징이긴 하지만, 여기에는 아무래도 다른 뜻이 있는 듯했다.

"아버지, 왜 1등을 하셔야 한다는 겁니까?"

"아마도 나이 든 사람들이 요양원에 많이 들어올 거야(당시 아버지는 80대 후반이었다!). 낯선 환경이니 다들 기가 죽을 테지. 내가 먼저 정착하면 이후에 들어오는 사람들을 친절하게 맞이하고 여기저기 보여주기도 하면서 안심하게 해줄 수 있잖니."

나도 계속 성장하면서 아버지를 닮고 싶다!

❧ 저수지가 아닌 강물이 되자

살아가면서 다른 사람을 돕고 큰 공헌을 하려면 어떻게 해야 할까? 저수지가 아닌 강이 되기 위해 노력해야 한다. 성장을 추구하는 사람들은 대개 자신의 가치를 높이기 위해 성장에 주력한다. 그들은 계속해서 물을 받아들이지만, 받아들이고 계속 고여 있기만 하면 저수지와 다를 바 없다.

그러나 강은 계속해서 '흐른다'. 물이 들어오면 강은 그대로 내보낸다. 우리도 그런 자세로 배우고 성장해야 한다. 그러려면 주면 주는 만큼 받는다는 믿음이 필요하다. 올바른 자세로 성장에 매진할 경우 결핍을 경험하는 일이 절대 없고 오히려 늘 나눠줄 것이 생기게 된다.

최근에 우리 부부는 고든 맥도날드Gordon MacDonald의 강연을 들었다. 그는 우리를 격려해줄 사람을 찾으라고, 그리고 다른 이들을 격려하는 사람이 돼라고 했다. 덧붙여 이렇게 물었다.

누가 당신을 멘토링하고 지혜의 기준점을 제시하는가?
누가 당신을 멘토링해서 더 나은 사람이 되고 싶은 열망을 불러일으키는가?
누가 당신을 자극해서 더 깊이 생각하게 하는가?
누가 당신의 꿈에 힘을 불어넣는가?
누가 당신을 아끼는 마음으로 꾸짖는가?
누가 당신의 실패를 너그럽게 받아주는가?
누가 압박이 심한 상황에서 따로 부탁하지 않아도 당신의 짐을 덜어주는가?
누가 당신의 삶에 즐거움과 웃음을 주는가?
누가 당신이 기죽었을 때 마음을 다잡게 하는가?
누가 당신이 신실하게 종교를 찾도록 하는가?
누가 당신을 조건 없이 사랑하는가?

이러한 질문은 우리가 최고의 모습을 발현할 수 있도록 격려해줄 사람을 찾는 데 큰 도움을 준다. 동시에 우리는 이들 질문을 뒤집어 자신이 다른 사람에게 그런 역할을 할 수 있는지 생각해봐야 한다.

당신은 누구를 멘토링하는가? 압박이 심한 상황에서 따로 부탁받지 않아도 짐을 덜어주는가? 지미 카터 전 대통령은 말했다.

"내 인생은 한 번뿐이고 그것을 의미 있게 살 기회도 한 번뿐이다. …… 내 신념은 언제 어디서든 영향력을 발휘할 일이 있으면 시간이 허락하는 한 그게 무엇이든 최선을 다하라고 요구한다."

⚜ 더 나은 세상을 위해

아무런 대가도 바라지 않고 자신의 시간, 능력, 자원을 내주는 이타적인 행위는 세상을 더욱 살기 좋게 만든다. 세상에는 베푸는 사람이 더 많아져야 한다. 신기하게도 우리가 다른 사람의 욕구와 필요에 초점을 맞추면 우리의 욕구와 필요도 더 많이 채워진다. 반대로 자기가 가진 것을 나누지 않고 쌓아두려고만 하면 자기만의 세상에 홀로 덩그러니 남게 되고 갈수록 만족도 줄어든다. 그러면 자연스럽게 사람들과 멀어지고 굴러들어오는 복도 걷어차게 된다.

이미 너그럽게 베풀고 있는 사람도 한층 더 많이 베풀 수 있다. 이를 위해서는 더 성장하고 발전하는 사람이 되어야 한다. 나아가 다른 사람의 가치를 높이기 위해 의도적으로 노력해야 한다. 다음은 공헌하는 자세를 기르는 데 도움을 주는 몇 가지 요소다.

1. 감사한다

감사할 줄 모르는 사람은 나눌 줄도 모른다. 그런 사람은 다른 사람에게 별로 관심이 없고 늘 자기 자신만 생각한다. 언제나 자신을 도와주고 자신에게 베풀고 자신을 섬길 사람만 찾아다닌다. 심지어 다른 사람이 그런 기대를 채워주지 않으면 왜 그러는지 의아해한다. 이기적인 탓에 씨를 뿌리지도 않고 수확을 못하는지 궁금해하며 불평만 하는 게 감사할 줄 모르는 사람의 특징이다.

어릴 때 아버지는 누구나 다른 사람에게 의지하고 도움을 받는다는 사실을 일깨워주었다. 귀에 못이 박히도록 듣던 말 중 하나가 이

것이다.

"너희는 태어날 때부터 어머니한테 아홉 달이나 먹고 자는 걸 신세진 거다."

이후 성장에 매진하기 시작하면서 다른 사람들이 나를 돕는다는 생각은 더욱 확고해졌다. 1975년 나는 처음으로 지그 지글러의 강연에 가서 이런 말을 들었다.

"다른 사람들이 원하는 것을 얻도록 충분히 도우면 우리도 원하는 것을 무엇이든 얻을 수 있습니다."

이 말은 내 뇌리에 깊이 박혔다. 더불어 그동안 내가 많은 사람에게 도움을 받았고 여전히 도움을 받고 있다는 사실을 분명하게 깨달았다. 내가 읽은 책의 저자, 시간을 내 나를 가르쳐준 리더, 우리 교회의 자원봉사자 등 모두 나에게 도움을 주었다.

세상에 혼자의 힘으로 성공하는 사람은 아무도 없다. 오래 전에 접한 다음의 글에도 그러한 생각이 담겨 있다. 원저자가 누구인지는 모르지만 나는 이 글을 40년간 인용해왔고 또 그대로 살고자 노력했다.

> 희생 없는 성공은 없다. 만약 우리가 희생하지 않고도 성공한다면 그건 우리보다 먼저 가서 희생한 사람이 있었기 때문이다. 만약 우리가 희생하고도 성공을 누리지 못한다면 뒤에 오는 사람이 우리의 희생에서 성공을 거둬들일 것이다.

나는 받을 자격도 없고 얼마 수고하지 않았는데도 받은 게 정말 많다. 누군가가 대신 대가를 지불했기 때문이다. 정말로 감사하다! 어떻게 감사를 표현해야 할까? 날마다 다른 사람들에게 내가 가진 것을 쏟아 부어 그들이 나보다 더 큰 성취를 맛보도록 하면 된다. 당신도 받으면서 살고 있으니 그렇게 하기를 바란다.

2. 사람을 먼저 챙긴다

나이가 드니 사람의 중요성이 더욱 절실히 다가온다. 세상 모든 것은 그야말로 한순간이 아닌가. 가장 중요한 존재는 바로 사람이다. 우리가 죽으면 경력과 취미를 비롯해 우리의 관심사도 함께 죽는다. 그래도 우리가 베푼 것은 남는다. 우리가 다른 사람에게 베풀면 그 사람이 성장해서 또 다른 사람에게 베풀게 된다. 이러한 선순환은 우리가 세상을 떠난 후에도 오랫동안 지속된다.

다른 사람들을 잘 대하면 그들에게만 이익이 되는 것이 아니라 우리도 인생을 더 잘 헤쳐 나가고 배울 수 있다. 조지 워싱턴 카버 George Washington Carver 는 우리가 충분히 공감할 만한 말을 남겼다.

"우리가 인생에서 얼마나 멀리까지 갈 수 있느냐는 젊은이를 얼마나 다정하게 대하느냐, 노인을 얼마나 공경하느냐, 어려운 이를 얼마나 동정하느냐, 약자와 강자를 얼마나 참아내느냐에 달려 있다. 왜냐하면 우리도 언젠가는 그렇게 되기 때문이다."

특히 리더는 사람을 먼저 챙겨야 한다. 리더의 행동이 수많은 사람에게 영향을 미치는 까닭이다. 대다수 조직이 말로는 언제나 사람이 가장 소중한 자산이라고 하지만 많은 리더가 그 말과는 다르게 행동한다. 솔직히 나도 젊었을 때는 리더로서 내 비전이 우선이라고 착각했다. 내가 어딜 가든 무엇을 하든 어떤 부탁을 하든 사람들이 철석같이 믿고 따르도록 하는 게 가장 큰 책무라고 생각했다. 비전을 위해 사람들이 나를 섬겨야 하는 줄로만 알았다. 그러나 사람들에게 동기를 불어넣는 것과 사람들을 조종하는 것은 종이 한 장 차이이기 때문에 그런 자세는 매우 위험하다.

리더가 사람들과 어울리려 할 때 가장 먼저 듣는 질문은 '어디로 이끌 겁니까?'가 아니라, '저를 아끼나요?'다. 이끌고 따르는 관계가 아니라 두 사람이 함께 일할 때도 마찬가지다. 특히 사람들은 자신을 이끄는 사람이 자신에게 관심이 있는지, 그 사람이 믿을 만한지 알고 싶어 한다.

사람들은 리더가 올바른 동기를 품고 있고 사리사욕보다 자신들을 먼저 챙긴다고 믿으면 기꺼이 그의 길벗이 되어준다. 사람들이 바라는 게 바로 그것이다. 그냥 끌려만 다니는 추종자, 리더가 만드는 기계의 소모품이 되고 싶어 하는 사람은 아무도 없.

성공의 척도는 자신을 섬기는 사람의 수가 아니라 자신이 섬기는 사람의 수다. 사람을 인생의 1순위로 삼으면 자연스럽게 그들의 가치를 높이게 된다. 그것을 습관화해야 한다. 사람들을 가치 있는 존재로 소중히 여기는 것이 곧 그들의 가치를 높이는 길이다.

3. 물질의 노예가 되면 안 된다

내 친구 얼 윌슨Earle Wilson은 사람을 세 부류로 나눌 수 있다고 본다. 가진 사람, 못 가진 사람, 가진 것에 대가를 치르지 않은 사람이 그것이다. 안타깝게도 날이 갈수록 세 번째 부류가 늘어나고 있다.

사람들이 소유욕의 노예가 되고 있는 것이다. 미국과 유럽이 심각한 경제난을 겪고 있는 이유 중 하나도 그 때문이다. 사람들은 소비 습관을 바꾸지 않고 자꾸만 돈을 빌려 쓴다.

저술가 리처드 포스터 Richard Foster는 이렇게 썼다.

"우리 문화는 소유에 집착한다. 물건을 손에 넣으면 기분이 좋아질 거라고 생각한다. 이것은 심각한 착각이다."

물건을 소유한다고 해서 진정한 만족을 느낄 수 있는 것은 아니다. 물질적인 것으로 정서적·정신적 욕구를 채우려고 하면 대개는 더 많은 물질을 원하게 된다. 오히려 만족과 거리가 멀어진다. 반대로 정서적·정신적 욕구를 올바르게 채우면 소유물이 많든 적든 만족할 수 있다.

사람은 물질의 노예가 되면 절대로 안 된다. 소유욕을 채우려고 이것저것 끌어 모으는 것은 인생을 허비하는 짓이다. 성경에 보면 물질에 정신과 인생을 빼앗긴 사람의 이야기가 나온다. 이기심 때문에 큰 그림을 못 본 그는 재산을 모으기에만 급급했고 그 부가 영원히 갈 줄 알았다. 그러던 어느 날 갑자기 죽는 바람에 그는 모은 돈을 써보지도 못했고, 또 다른 사람의 인생에 아무것도 베풀지 못했다. 저술가 존 오트버그 John Ortberg는 이런 사람을 풍자하는 재치 있는 글을 썼다.

그는 그릇된 것에 일생을 바쳤다. 그의 우선순위를 정리하면 아마 다음과 같을 것이다.

- 가장 중요한것
1. 엄청나게 수확한다.
2. 곳간을 확장한다.
3. 경제적 안정을 이룬다.
4. 먹는다.
5. 마신다.
6. 즐거워한다.
7. 죽지 않는다.

물론 마지막 항목은 가당치도 않은 일이다. 우리의 영혼은 언젠가는 원래 있던 자리로 돌아가게 되어 있다. 그러면 우리가 묻어둔 것은 누구의 소유가 되는가?[1]

사업으로 백만장자가 된 앤드루 카네기는 1889년 '부의 복음' Gospel of Wealth 이라는 글을 썼다. 여기에서 그는 부유한 사람의 삶을 두 시기로 나눌 수 있다고 했다. 부를 축적하는 시기와 재분배하는 시기가 그것이다. 베푸는 마음을 간직하려면 시간, 관심, 돈, 자원을 나눠주는 습관을 들이는 수밖에 없다. 리처드 포스터는 "돈이나 애지중지하는 것을 그냥 놓아버리기만 해도 우리 내면에서 대단한 일이 일어난다. 탐욕이라는 악마가 죽는 것이다."라고 말했다.

마음을 다른 데 빼앗기고 싶지 않다면 소유욕에 지배당하지 않아야 한다. 중요한 것은 '내가 물질을 소유하느냐, 아니면 물질이 나를 소유하느냐?'다. 공헌하는 사람은 가진 것을 자산으로 활용해 세상을 더 살기 좋은 곳으로 만든다. 이때 많이 가졌느냐 적게 가졌느냐는 전혀 중요하지 않다.

4. 다른 사람에게 삶의 주도권을 내주지 않는다

신혼 시절 우리 부부에게는 재산이라고 할 게 거의 없었다. 그냥 입에 풀칠이나 하는 수준이었다. 그러던 차에 잭과 헬렌이라는 부유한 부부와 친해졌다. 두 사람은 금요일 저녁마다 우리를 좋은 식당에 데려가 후하게 대접했다. 우리 부부는 그런 식당에서 식사할 형편이 아니었기 때문에 나는 금요일 저녁을 손꼽아 기다렸다. 2년 넘게 우리는 그들에게 많은 것을 받았고 무척 감사하게 생각했다.

그렇게 3년쯤 지났을 때 나는 더 큰 교회의 리더 자리를 제안받았다. 크게 도약할 수 있는 절호의 기회였다. 그 자리를 받아들여 떠나겠다는 뜻을 밝혔을 때 잭의 표정이 좋지 않았다. 그의 말이 아직도 귓가에 생생하다.

"존, 그동안 내가 해준 게 얼만데 어떻게 떠날 생각을 할 수가 있나?"

그 순간, 나는 잭이 나를 어떻게 생각해왔는지 깨닫게 되었다. 그가 지금까지 주고받은 것을 셈하고 있었다는 사실을 까맣게 모르고 있었던 것이다. 정신이 번쩍 들었다. 나는 그날 단단히 결심했다. 어떤 관계에서든 받기보다 주는 게 많은 사람이 되겠다고, 절대로 주고받는 것을 셈하지 않겠다고 말이다.

나는 가급적 주는 쪽이 되려고 노력한다. 물론 다른 사람에게 받을 때도 있다. 앞서 말했듯 나는 다른 사람들에게 헤아릴 수 없을 만큼 많은 것을 받았다. 그런데 너무 받기만 하면 다른 사람에게 인생의 주도권을 빼앗길 우려가 있다. 다른 사람에게 지배당하면서 자기 것을 나눠주기란 어려운 일이다.

나는 아무 조건 없이 사람들을 소중히 여기고 싶다. 조건 없이 베푸는 삶은 자신은 물론 자신이 돕는 사람까지도 자유롭게 한다.

5. 성공을 수확이 아니라 파종으로 생각한다

소설가 로버트 루이스 스티븐슨은 "하루의 성공을 판단하는 기준은 무엇을 거둬들였느냐가 아니라 무엇을 뿌렸느냐." 라고 말했다. 하루뿐 아니라 평생도 그렇게 평가해야 한다. 그런데 안타깝게도 많은 사람이 뿌리지는 않고 많이 거두기를 바란다. 그들은 자기 손에 뭔가가 들어오는 날만 기다린다.

여기에는 본능적인 이기심도 한몫한다. 나는 다른 원인도 있다고 본다. 글로리아 진스 커피의 소유주인 내 친구 나비 살레 Nabi Saleh에게 들은 말이다.

"씨앗을 뿌리고 나면 아무 변화도 보이지 않는 시기가 있지. 그렇지만 씨앗은 땅 밑에서 계속 성장하고 있다네."

사람들은 대부분 그 점을 생각하지 못하고 또한 그런 성장을 기대하지도 계획하지도 않는다. 그저 안달하다가 포기해버릴 뿐이다.

밥 버포드의 《하프타임》에는 어느 경영자가 인생살이의 조언을 구하는 이야기가 나온다.

큰 출판사의 사장이던 친구가 어느 날 유명한 스님을 찾아갔다. 그가 인생의 큰 고민거리를 이야기했지만 스님은 아무 말이 없었다. 친구는 조용히 기다렸다. 이윽고 스님이 아름다운 찻잔에 차를 따르기 시작했다. 차가 넘쳐 장판을 타고 친구에게 흘러왔다. 그는 당황한 표정으로 스님에게 무슨 뜻이냐고 물었다. 스님이 대답했다.

"그대의 인생은 차가 넘치는 찻잔과 같소. 새로운 것이 들어갈 여유가 없지요. 더 받아들이지 말고 쏟아버리시오."[2]

당장 성과를 보겠다고 씨를 뿌리는 사람은 대개 결과에 실망하고 마냥 기다리기만 할 뿐 제대로 베풀면서 살지 못한다. 반면 여기저기에 꾸준히 씨를 뿌리는 사람은 때가 되면 열매를 거둔다. 성공하는 사람이 언젠가 수확이 있을 줄 알고 씨 뿌리기에 열중하는 이유가 여기에 있다. 씨를 뿌리기만 하면 열매는 저절로 열린다. 다른 사람의 삶에 변화를 일으키겠다는 의도를 품고 살아가면 인생이 가득 찬다. 절대로 텅 비는 법이 없다. 이를 두고 조지 워싱턴 카버가 남긴 명언이 있다.

"이 세상에 왔다 가는 사람은 누구나 이곳을 왔다 간 이유를 분명하고 타당하게 남겨야 한다."

6. 자기만족이 아니라 자기계발에 집중한다
내 멘토 프레드 스미스는 자기만족에 치중하지 말라고 강조했다.

자기만족은 무엇이 나에게 어떤 보탬이 될지 생각하는 것이다.

자기계발은 무엇의 도움을 받아 어떻게 다른 사람을 도울지 생각하는 것이다.

자기만족에서는 좋은 기분이 핵심이다.

자기계발에서는 좋은 기분이 부수적인 효과다.

이 둘의 가장 큰 차이점은 무엇일까? 바로 동기다. 자기만족은 자기가 가장 좋아하고 칭찬을 가장 많이 받을 만한 일을 하는 것이지만, 자기계발은 자기가 남달리 잘하는 일을 하는 것 다시 말해 자기 본분을 다하는 것이다.

자기만족을 좇는 것은 행복을 좇는 것과 비슷하다. 그런 감정은 절대 지속되지 않으며 상황에 크게 영향을 받는다. 또한 그때그때의 기분에 따라 달라지기도 한다. 반면 자기계발은 기분, 상황, 재정, 인간관계와 상관없이 할 수 있는 일이다.

7. 계속 베풀기 위해 계속 성장한다

적극적으로 배우고 성장하지 않으면 그때부터 시계 바늘이 째깍째깍 움직이기 시작하고, 결국 더 이상 베풀 게 없는 순간이 찾아온다. 계속 베풀고 싶으면 계속 성장해야 한다.

이제 성장할 만큼 성장했으니 지금까지 모은 기술과 지식에서 최대한 뽑아내겠다고 생각하는 사람은 제자리걸음만 하다가 결국 내리막길로 접어든다. 혁신의 자세를 잃으면 틀을 깨는 게 아니라 효율을 향상시킬 궁리만 한다. 또한 비전이 좁아져 성장에 투자하지 않고 오히려 비용을 삭감한다. 아주 소극적인 자세로 이길 생각을 하지 않고 지지 않으려고만 한다.

적극적으로 성장하지 않으면 열정도 사라진다. 누구나 자신이 잘하는 일을 하고 싶어 하지만 어떤 일을 잘하려면 계속해서 실력을 갈고닦아야 한다. 기술이 부족하면 열의도 식고 결국 불만만 남는다. 그러면서 자꾸만 과거의 전성기를 돌아보게 된다. '좋은 시절이었지' 하면서 말이다.

이런 자세로는 금세 밀려나고 만다. 아무도 한물간 사람에게 배우고 싶어 하지 않는다. 그런 처지에서 어떻게 공헌할 수 있겠는가? 나는 가진 것을 다 베풀 때까지 계속 베풀고 싶다. 그러려면 더 이상 성장할 수 없을 때까지 계속 성장해야 한다.

❧ 전설적인 공헌자

2009년 12월 나의 멘토 짐 론이 세상을 떠났다.

아이다호의 농장에서 어린 시절을 보낸 짐은 고등학교를 졸업하고 대학에 진학했지만 1년 만에 그만뒀다.

"1년을 다녔더니 배울 건 다 배웠다는 생각이 들었다."

그는 시어스 백화점에 창고 관리인으로 들어갔으나 그날 벌어 그날을 먹고사는 수준을 벗어나지 못했다. 의욕을 잃은 그는 스물다섯 살이 되면서 보다 나은 길을 찾고자 했다.

어느 날 친구의 초청을 받은 짐은 동기 부여 강사 얼 쇼프Earl Shoaff가 진행하는 세미나에 참석했다. 그가 들려준 말의 요지는 이것이었다.

"일보다 자기 자신에게 더 공을 들여라. 수입은 경제가 아니라 자신의 철학과 직접적인 연관이 있다. 환경이 바뀌길 바란다면 자신부터 바꿔라."[3]

이후 쇼프는 5년 동안 짐을 멘토링하면서 자기계발을 장려하고, 그가 자신과 가족을 위해 더 나은 삶을 일구겠다는 꿈을 좇도록 힘을 실어줬다. 결국 짐은 서른한 살에 백만장자가 되었다. 그는 그렇게 성공을 누리며 조용히 지낼 수도 있었지만, 어느 순간 예기치 못한 전환점이 찾아왔다. 친구가 사람들에게 성공담을 들려달라며 그를 로터리클럽에 초대한 것이다.

그곳에서 그는 '아이다호 촌놈의 베벌리 힐스 입성기'라는 제목으로 자기 이야기를 했다. 사람들의 반응은 굉장히 뜨거웠다. 그러자 다른 곳에서도 그를 초대하기 시작했다. 처음에는 봉사단체와 고등학교, 대학교에서만 강연을 했다. 얼마 지나지 않아 그는 자신이 가르치는 내용을 사람들이 애타게 원한다는 사실을 알게 되었다. 결국 그는 1963년 컨퍼런스 사업을 시작했다.[4]

짐은 40여 년 동안 사람들의 자기계발을 도우면서 20권 넘는 책을 쓰고, 6,000번 넘게 강연을 했으며 약 500만 명의 성장을 이끌었다. 그 와중에도 그는 결코 배우고 성장하기를 멈춘 적이 없었다.

"우리가 다른 사람에게 줄 수 있는 가장 큰 선물은 자기 자신을 계발하는 것이다. 예전에 나는 '당신이 나를 돌봐주면 나도 당신을 돌봐주겠습니다.'라고 말했다. 지금은 '나는 당신을 위해 나를 돌볼 테니 당신은 나를 위해 당신을 돌보십시오.'라고 말한다."

짐의 영향력은 저명한 저술가와 자기계발 전문가 중에서 그를 멘토로 여기는 사람이 얼마나 많은가만 봐도 알 수 있다. 2010년 2월 6일 캘리포니아 주 애너하임에서 열린 그의 추모 행사에 앤서니 로빈스, 레스 브라운, 브라이언 트레이시, 크리스 와이드너Chris Widener, 데니스 웨이틀리, 대런 하디 등 내로라하는 강연자와 멘토들이 연사로 나섰다.⁵

짐이 그토록 많은 사람의 성장을 도울 수 있었던 비결은 무엇일까? 또 그렇게 많은 사람이 저명한 스승과 멘토가 될 수 있게 도와준 비결은 무엇일까? 그것은 바로 끊임없는 자기계발이다. 그는 자신이 성장하면 다른 사람들을 성장시킬 수 있음을 알았다. 한마디로 그는 공헌의 법칙에 따라 살았던 것이다.

1925년 노벨문학상을 받은 작가 조지 버나드 쇼는 인생을 가장 유익하게 살아가는 길은 다른 사람을 섬기는 것임을 잘 알았다.

> 인생의 진정한 기쁨은 자신이 인정하는 위대한 목표를 위해 살아가는 데 있다. 우리는 이기적인 마음으로 세상이 자신을 행복하게 해주지 않는다고 잔뜩 열을 내며 한탄하는, 질병과 원망이 가득한 사람이 아니라 자연의 힘이 되어야 한다. 나는 내 인생이 공동체에 속해 있다고 믿고, 그 공동체를 위해 최선을 다하는 것을 영예로 여긴다. 나는 내 힘을 온전히 다 사용한 후 죽고 싶다. 열심히 노력할수록 더 오래 사는 법이다. 나는 인생이 그 자체로 즐겁다. 인생은 금방 꺼져버리는 촛불이 아니다. 인생은 내가 살아 있는 동안 굳게 움켜쥔 아름다운 횃불이며, 나는 그 불이 찬란

하게 타오르다가 미래 세대에게 전해지기를 바란다.

당신의 인생이 다른 사람과 미래 세대를 위해 찬란하게 타오르기를 바란다면 계속 성장하자. 당신의 성장하는 앞날에 건투를 빈다.

The Law of Contribution

...

'공헌의 법칙' 적용하기

---

1. 인생의 밑바탕에 어떤 욕망이 깔려 있는가? 자기만족인가, 자기계발인가? 노력하는 이유가 기분이 좋기 위해서인가, 최고의 모습을 발현하기 위해서인가? 목표가 성공에 있는가, 의미 있는 인생에 있는가? 성취하려는 이유가 행복해지기 위해서인가, 다른 사람들이 성장하도록 돕는 사람이 되기 위해서인가?

언뜻 별 차이가 없어 보이지만 사실은 큰 차이가 있다. 자기만족을 추구하는 사람은 마음의 평안을 찾을 수 없다. 자신의 발전에 온전히 만족하는 법이 절대로 없기 때문이다. 반면 자기계발을 추구하면 길을 걸으며 끝없이 자극을 받는다. 발전의 한 걸음 한 걸음이 승리의 걸음이며 거기에는 늘 마음을 사로잡고 가슴 벅차게 하는 새로운 도전이 기다리고 있다.

2. 누구에게도 삶의 주도권을 내주지 말자. 인생에서 중요한 사람들의 명단을 만들어보자. 그 각각의 관계에서 자신이 주로 주는 쪽인지 받는 쪽인지, 아니면 관계에 균형이 잡혀 있는지 생각해보자. 주로 받는 쪽이라면 상대에게 지배당하지 않도록 관계를 조정해야 한다. 어떻게 해야 할까? 사람들에게 받는 것보다 더 많이 주려고 노력하되 주고받는 것을 셈하지 않으면 된다. 가족과 친구는 물론 자신을 고용한 사람에게도 그렇게 할 수 있다.

조직생활에서는 받는 임금보다 더 많은 일을 하려고 노력하자. 그러면 상사와 동료에게 귀한 사람으로 대접받을 뿐 아니라 그들의 가치도 높일 수 있다. 나아가 더 크고 좋은 일을 맡게 될 확률이 높다. 지금까지 자신이 늘 베풀어왔다면 얼마든지 그 기회를 잡을 수 있다.

3. 이 책의 마지막 실천 과제는 인생에서 사람을 최우선으로 여기라는 것이다. 당신에게 가장 소중한 목표와 꿈을 3~7개 적어보자. 인생에서 가장 소중한 사람들의 이름도 적어보자. 이제 솔직히 대답하자. 어느 쪽이 우선인가? 사람인가, 자신의 목표와 꿈인가?
사회 초년생 시절 나는 내 이익을 먼저 챙겼다. 그러다가 결혼을 하면서 아내를 먼저 챙겨야 한다는 것을 깨달았다. 그러자 인생의 다른 영역에서도 덜 이기적인 사람이 되는 문이 열렸다. 아이들이 생긴 후에는 무엇보다 그들을 우선시하게 됐다. 내 인생에서는 세월이 흐를수록 사람들이 더욱 중요해졌다. 지금은 내가 하는 모든 일이 다른 사람을 돕고자 하는 욕구에서 비롯된다. 개인적인 성장과 관련된 일도 예외가 아니다. 자신의 이익보다 다른 사람을 우선시하겠다고 결심하자. 가정에서는 자신의 이익보다 가족을 우선시하자. 직장에서는 자신의 승진보다 다른 사람들의 발전을 우선시하자. 자기 자신이 아니라 타인을 돕자. 그러겠다고 굳게 다짐하고 다른 사람에게 자신을 지켜봐달라고 부탁해서 책임감 있게 실천하자. 그리고 때론 우리가 뿌린 씨앗이 더디게 성장한다는 것을 명심하자. 물론 씨앗을 뿌리면 열매를 거두는 날은 '반드시' 온다.

:: 에필로그

마지막으로 세 가지를 꼭 당부하고 싶다.

하루 5분, 그날의 일과를 되돌아보라.
하루 10분, 다음 날의 계획을 세우라.
하루 15분, 마음속의 꿈을 재확인하라.

인생에서
속도는 중요하지 않다.
그대 자신의 속도로 가라.
천천히, 그러나 꾸준히 계속 가라.

:: 감수 및 해설

가능성,
당신이 지닌 가장 위대한 힘

전옥표 박사(위닝경영연구소 대표)

몇 해 전, 한 광고가 신문을 읽던 내 시선을 잡아끌었다. '가능성의 릴레이'라는 SK의 광고였다.

누군가에겐 숨은 그림찾기처럼
또 누군가에게 신기루처럼 느껴지는 것.
그러나 그것은 그 어디에도 분명히 존재하고
믿음 위에서 성장하는 것.
그리고 포기하지 않는다면
반드시 당신 앞에 얼굴을 보이는 것.
지금 아스팔트 위에 피어오른 이 강건한 풀꽃처럼
가능성을 만나라!

갈 곳 없는 청년, 위로가 필요한 시대…… 그 어느 때보다 풀죽은 청년들이 많이 보이는 요즘이다. 자신감 넘치고 영민하던 젊은 친구들이 자신의 능력을 제대로 펼쳐보지도 못한 채 전전긍긍하는 모습은 그저 안타까울 따름이다. 그런 친구들 중 일부가 가끔 내 책을 읽고 난 후 나를 찾아오곤 한다. 반갑고 안쓰러운 마음으로 그들의 이야기를 들어주던 내 머릿속에 문득 이 광고가 다시 떠올랐다.

'가능성을 만나라'.

뚜렷하게 보이지는 않지만 분명히 모든 사람들의 가슴속에 있는 것. 청년들을 스티브 잡스, 마크 주커버그 또는 폴 포츠로도 만들어줄 수 있는 그것, 가능성. 가능성이란 단어를 다시금 생각해보던 바로 그날, 나는 운명인 듯 존 맥스웰의 신작 《사람은 무엇으로 성장하는가》의 감수 의뢰를 받게 되었다.

존 맥스웰은 모두가 알고 있는 대로 전 세계에서 가장 저명한 리더십 전문가다. 지난 30년 동안 500만 명이 넘는 리더를 길러낸 그는 지금까지의 모든 연구 결과를 이 한 권의 책에 응축시켰다. 그러니 이 책을 감히 존 맥스웰 강의의 집대성이라고 부를 수 있으리라. 이 책에는 내 안의 거인을 깨우는 법, 잠들어 있는 '가능성'을 폭발시키는 방법이 오롯이 담겨 있다.

습관이 미래를 만든다

'성장'하지 못하면 미래를 장담할 수 없는 게 오늘날 현실이다. 하지만 세상이 워낙 힘들다 보니 어느 순간부터 현상유지만 해도 잘하는 거라고 생각하는 사람들이 늘어나기 시작했다. 하지만 월급이

동결되었는데 물가 또는 세금이 3퍼센트씩 뛰어오른다면 어떻게 될까? 과연 현상유지에 성공했다고 말할 수 있을까? 우리의 인생도 마찬가지다. 시대가, 세상이 끊임없이 변하고 있는데 나 스스로는 과거에 비해 조금도 달라지지 않았다면? 그것은 당연히 도태다. 현재에 안주하고 그대로 머무른다는 것은 안정이 아니라 자연스레 도태되고 쇠락한다는 걸 의미한다. 가만히 있으면 도태되는 세상에서 성장은 원하든 원치 않든 삶의 필수조건인 셈이다.

물론 이러한 당위성을 잘 알고 있어도 막상 실행하기란 쉽지 않다. 존 맥스웰은 그렇게 고민하며 주저하는 사람들에게 어디서부터, 무엇을, 어떻게 해야 하는지 명쾌하게 알려주고 있다.

존 맥스웰의 《사람은 무엇으로 성장하는가》는 크게 세 가지 특징을 가지고 있다. 첫째, 단순한 방법론이 아니라 인생을 살아가는 데 꼭 알아야 할 원리를 통해 성장의 법칙을 제공한다. 둘째, 습관을 만들 수 있는 구체적인 방법을 제시한다. 일상에서 쉽게 따라할 수 있는 구체적인 방법들이라 누구나 적극적으로 활용할 수 있을 것이다. 셋째, 이미 이 법칙들을 사용해 성과를 얻어낸 다양한 사람들의 사례를 통해 내용을 검증하고 있다. 존 맥스웰은 이미 500만 명이 넘는 리더들을 교육시켰던 사람인만큼 풍부하고 직접적인 성공 사례를 바탕으로 독자들에게 확신과 신뢰를 심어준다.

나는 일찍이 《이기는 습관》에서 어떤 습관을 체질화하느냐에 따라 그 사람의 미래가 달라진다고 이야기한 바 있다. 존 맥스웰은 같은 맥락에서 '성장'을 위해 우리가 어떤 생각과 행동을 습관화해야 하는지 상세하게 알려주고 있다. 마음의 성장은 물론 현실적인 삶의 성장까지 한 사람이 성장하기 위해 어떤 법칙을 적용해야 하는지 모든 길을 보여주는 것이다.

한국적 사례로 짚어보는 존 맥스웰의 성장 법칙

자기계발서를 읽을 때는 책의 내용을 모두 이해하는 것도 중요하지만 그보다 더 중요한 것은 책 내용을 자신의 삶에 직접 적용해보는 것이다. 특히 그 내용이 외국 저자의 것일 때는 한국적 사례와 연관 지어 생각해보는 것이 중요하다. 책이란 한 번 마음가짐을 점검하는 데서 끝나는 게 아니라 실제 실천으로 이어져야 제대로 된 의미가 생기는 것이기 때문이다. 그래서 나는 이번 책을 읽으면서 총 열다섯 가지의 성장 법칙 중 내게 큰 의미로 다가온 몇 가지 법칙들을 그간 경험했던 사례와 연결해 생각하게 되었다. 그 내용들을 이 책의 독자들과 함께 나누고 싶다.

1. 성장은 의도해야 이루어진다

아이가 자라 어른이 되는 것은 지극히 자연스러운 현상이다. 그렇다면 어른은 시간이 지나면서 어떤 존재가 될까?

어른은 어른이 된다. 모습은 청년에서 중년, 장년, 노년으로 바뀌겠지만 어른이라는 큰 범주에서는 벗어나지 않는다. 그런데 외면의 성장은 자신이 의도하지 않아도 세월에 따라 자연스럽게 진행되지만 내면의 성장은 다르다. 의식적으로 노력해야만 가능하다. 발전하겠다는 의지, 지금보다 더 나은 사람이 되고자 하는 꿈, 자신이 정말로 이루고자 하는 것을 실천하려는 노력 등이 진정한 내면의 성장을 이끈다.

예전에 경영현장에서 겪은 일이다. 내가 이끌던 팀에 두 명의 신입사원이 들어왔다. 성실하게 일했던 두 사람은 몇 년이 흐른 뒤 대리가 되었다. 간단하게 이들을 A대리와 B대리라고 해보자. A대리의 꿈은 직장을 10년 정도 더 다닌 후에 회사의 가장 큰 대리점 사장이 되는 것이었다. 그는 그 꿈을 위해 돈을 모으고 현장에서 대리점 사장들이 물건을 어떻게 관리하고 마케팅은 어떻게 하는지 계속 공부했다. B대리의 꿈은 하루하루를 충실하게 사는 것이었다. 회사에 해가 될 만한 행동은 하지 않으면서 최대한 길게 직장생활을 하는 것이 꿈이었던 그는 굳이 스트레스 받게 사장을 꿈꾸냐며 A대리를 비아냥거렸다.

모두 다 성실하다는 평가를 받던 두 사람, 그런데 어느 순간부터 이들이 지닌 꿈의 차이가 일하는 태도와 결과에 반영되기 시작했다. 신입사원 때야 지시 받은 일을 하는 처지라 그 차이는 크게 드러나지 않았다. 하지만 스스로 주도적으로 진행하는 일이 늘어나면서 두 사람의 차이가 두드러지기 시작한 것이다. 대리점 경영의 꿈을 키워온 A대리는 현장 일을 자원하고 회사와 대리점 간의 관계개선을 위한 아이디어를 내고 개선 제안서를 만들었다. B대리는 주어진 업무를 성실히 하면서 안정된 직장생활을 이어갔다. A대리가 회사에서 없어서는 안 될 귀중한 인재가 되기까지는 오랜 시간이 필요치 않았다. 그가 내놓는 개선안은 회사가 성장하기 위해 꼭 필요한 내용이었기 때문이다. B대리는 맡은 바 업무를 충실히 이행했지만 그것 말고는 별 다른 게 없다는 이유로 계속 승진이 누락됐고 어느 순간 다른 자리를 알아보겠다며 회사를 떠났다.

두 사람의 차이는 무엇이었을까? 두 사람 모두 성실하고 열심히 일했다. 그런데 한 사람은 뚜렷한 목표가 있었고, 다른 한 사람에게는 그것이 없었다. 성장은 결코 저절로 이뤄지지 않는다. 이것이 바로 존 맥스웰이 말하는 '의도성의 법칙'이다. 목적지를 모르는 배는 망망대해에서 갈팡질팡할 수밖에 없듯이 자신의 의도대로 성장하기 위해서는 명확한 목표가 필요하다.

A대리와 B대리의 이야기를 통해 우리는 인생의 큰 그림을 그리면서 사는 것이 얼마나 중요한지 깨닫게 된다. 스스로에게 강한 자극을 주지 않는다면, 어느 순간 다른 사람으로부터 고통스러운 자극을 받게 되는 것이다.

2. 멈춰야 비로소 보이는 것들이 있다

세상은 정말 급박하게 바뀌고 있다. 자고 나면 새로운 것들이 생겨나다 보니 시대의 변화를 따라잡기란 결코 만만치 않다. 경쟁구도 또한 갈수록 빠르게 강화되고 이는 결국 개개인에게 큰 스트레스로 다가온다. 그러나 정신없고 바쁠수록 나는 혼자만의 시간을 만들기 위해 애를 쓴다. 바쁜 일상에서 잠시 벗어나 내 생활을 들여다보면 그 전에는 들리지 않던 이야기들이 귓가에 전해지고, 보이지 않던 것들이 보이기 때문이다. 존 맥스웰은 이를 '되돌아보기의 법칙'이라 칭했다.

사실 일은 빨리 하는 것이 중요한 게 아니라 제대로 된 성과가 나오도록 하는 것이 중요하다. 그리고 제대로 일하기 위해서는 중간중간 생각을 가다듬을 시간을 가져야만 한다. 삼성의 이건희 회장은 회사의 운명을 좌우할 만큼 중요한 의사결정을 해야 할 때는 몇날 며칠 동안 명상에 잠긴다고 한다. 이때는 외부 사람도 만나지 않고 보고도 받지 않으며 전화도 일체 차단한다. 모든 것을 멈춘 상태에서 미래를 그려보는 것이다. 이는 마이크로소프트의 빌 게이츠도 마찬가지다. 그는 일 년 중 일주일을 생각 주간으로 정해둔다. 그 기간에는 하던 일을 모두 멈추고 시골별장으로 가 모든 이와의 연락을 두절한 채 미래 사업을 구상한다.

나 또한 마찬가지다. 평소에는 강의와 컨설팅, 자문 등으로 앞만 보며 달려야 하는 바쁜 나날을 보내다가 6개월마다 일주일씩의 휴식시간을 갖는다. 이 시기는 내게 재충전 시간인 동시에 그간의 짤막짤막한 생각 단상들을 연결해 정리하는 아주 중요한 창의의 시간이기도 하다.

꼭 이렇게 정기적으로 정해놓지 않고 매일매일 자신을 되돌아보는 방법도 있다. 농심의 전 회장이자 현재 서울대학교 융합과학기술원에서 학생들을 가르치는 손욱 교수가 좋은 예다. 손 교수는 매일 감사하는 일 다섯 가지를 일기에 적으며 자신을 돌아보는 시간을 갖는다. 포스코 ICT는 이러한 '5감사운동'을 실시해 기업문화의 혁신을 이뤄냈다. 포스코 ICT의 허남석 사장을 포함한 전 직원들은 하루도 빠지지 않고 감사 노트를 만들었다. 매일 아침 업무 시작 전에 감사할 일 다섯 가지를 적으며 자신을 되돌아볼 시간을 갖는다. 이 운동을 실시한 후 회사 내 불평불만이 현저히 줄었고 서로 감사하는 마음과 긍정적인 자세를 갖추게 되었으며 이는 다시 다양하고 창의적인 아이디어로 이어졌다고 한다. 이 아이디어들이 기업의 경영혁신으로 연결된 것은 자연스럽고 당연한 결과인 것이다. 나는 포스코 ICT의 경영컨설팅을 하면서 창의적으로 성과를 도출하고자 하는 직원들의 열의와 조직문화에 감탄을 금치 못했었다.

3. 끈기와 뚝심이야말로 성장의 핵심이다

'끈기의 법칙'이라는 것이 있다. 이 법칙은 무슨 일을 하든지 꾸준히, 일관성을 가지고 하는 것을 말한다. 소설가 김연수는 하루도 빠짐없이 200자 원고지 10매씩을 채운다고 한다. 그는 자신이 아마 이전보다 더 좋은 사람이 되었다면 그것은 매일 글을 계속 써왔기 때문일 거라고 덧붙였다. 좋은 아이디어가 안 떠오른다며 술집에서 술을 마시거나 훌쩍 여행을 떠나거나 또는 유유자적하게 시간을 보내는 작가들도 많지만 사실 진정한 대가들은 알고 있다. 창의적 아이디어는 관련 분야에 대한 성실하고 꾸준한 탐구에서 나온다는 사실을.

좋은 습관을 만드는 것도 중요하지만 꾸준히 하는 것, 그게 바로 끈기의 법칙이다. 현대의 고故 정주영 회장은 아무리 바빠도 가족들과 함께하는 아침식사는 결코 거르지 않았다고 한다. 앨빈 토플러는 매일 아침 대여섯 종의 신문을 읽으며 하루를 시작한다고 한다. 또 빌 클린턴은 대학생 시절부터 인물노트를 만들어 그가 만나는 모든 사람의 특징을 기록하고 그들의 이름을 외워왔는데 대선 캠프에서 잡무를 하는 대학생 자원봉사자조차도 이름을 불렀던 일화는 아주 유명하다.

　나에게는 좋은 아이디어가 떠오르면 무조건 메모를 하는 습관이 있다. 업무를 볼 때나 이동 중은 물론이고 심지어는 잠을 자기 위해 누웠다가도 생각이 떠오르면 벌떡 일어나 노트에 메모를 한다. '생각이 나면 바로 적는 것'이 내가 지닌 대표적인 좋은 습관이다. 그런 메모 습관 덕분에 지금껏 나의 많은 책들의 기초가 만들어졌다. 그 책들은 감사하게도 베스트셀러가 되었고 나는 더 큰 도전을 꿈꿀 수 있게 되었다. 이것이 좋은 습관을 꾸준히 하는 것의 힘이라고 생각한다.

4. 자신을 좀 더 좋은 환경 속에 내려놓아야 한다
지금 자신과 가장 친한 친구 다섯 사람을 떠올려보자. 그 다섯 사람을 하나로 합하면 어떤 사람이 될지 곰곰이 생각해보자. 결론이 나왔는가? "당신과 가장 친한 친구 다섯 명을 합하면, 바로 당신의 모습이 된다."는 말이 있다. 이는 내가 누굴 만나는지가 나를 결정한다는 뜻이다. 사람은 환경의 동물이다. 가정에서, 직장에서 누굴 만나 어떻게 성장하느냐에 따라 미래의 모습이 달라진다. 이게 바로 존 맥스웰이 이 책에서 말하고자 하는 '환경의 법칙'이다.

　예전에 한 젊은 친구와 이런저런 이야기를 하다가 그 친구가 우울증 때문에 고통을 겪고 있다는 사실을 알게 되었다. 좋은 환경에서 자랐고, 학벌도 좋았지만 너무 치열한 경쟁을 겪으며 살다보니 압박감과 스트레스로 인해 본인 스스로가 자괴감과 자기 한계를 느끼게 된 것이다. 30대 중반이었던 그는 미혼이었는데 이성 관계에서도 문제가 있는 것 같았다. 내막을 들어보니 부모님은 1등주의를 신봉하셨고, 주위에는 부자에다 잘나가는 친구들이 많았다. 또 스펙이 좋은 여성을 만나야 잘 산다는 생각도 확고했다. 이런저런 이야기를 나누다가 나는 그 친구에게 환경을 바꿔보는 게 어떻겠냐고 제안했다. 자주 어울리던 기존 친구들을 만나지 말고, 부모님으로부터도 독립해 나와 살라고 말했다. 그리고 자신을 위로해주고 격려해줄 수 있는 사람들을 만나라고 권했다. 그게 당장 힘들다면 그런 내용의 책이라도 찾아서 읽으라고 권유했다. 그리고 가능하다면 도움이 필요한 사람들을 만나 봉사 활동을 해보라고 했다. 사람은 누군가에게 대접받기보다 스스로 누군가를 돌봐주고 대접함으로써 에너지를 얻을 수 있기 때문이다.

그리고 몇 달 후, 그 친구는 놀랍게도 아주 밝은 모습으로 나를 찾아와 고맙다는 인사를 전했다. "태도를 바꾸었더니 사람들이 저를 다르게 평가하고 주변에 조금씩 사람들이 모여들기 시작하는 거예요. 그리고 불평불만을 줄이자 다른 사람들에게 배울 점이 많다는 것을 알게 되었어요."

좋은 환경은 굳이 여러 번 강조하지 않아도 아주 중요하다. 좋은 환경을 만난다는 것은 좋은 태도를 만든다는 것이고, 태도의 변화는 결국 그 사람의 성공까지 좌우하게 된다. 자신이 지금 어떤 환경에 놓여 있는지, 주위에 있는 사람들은 좋은 사람인지 그리고 나는 그 사람들에게 좋은 사람인지 한번 곰곰이 생각해볼 일이다.

5. 인생에는 적당한 포기도 필요하다

존 맥스웰은 '내려놓음의 법칙'에서 원하는 것을 위해서는 이미 가지고 있는 것을 내려놓을 수 있어야 한다고 말한다. 예를 들어 요리사가 되고 싶은 대기업 부장이 있다고 해보자. 그는 레스토랑을 열어 주방장이 되고 싶다. 대기업 부장과 레스토랑 주방장, 두 가지 일을 동시에 할 수 있을까? 당연히 불가능하다. 요리사가 되기 위해서는 남들이 부러운 시선으로 바라보는 대기업 부장 자리를 박차고 나올 수 있어야 한다. 이것이 바로 내려놓음의 법칙이다.

나는 이것을 강점과 약점의 측면에서도 바라보고 싶다. 학창시절을 떠올려보자. 어느 날 선생님께서 당신에게 국어는 잘하지만 수학은 많이 부족하다고 말했다. 그렇다면 방과 후에 서점에 들른 당신은 어떤 문제집을 살 것인가? 당연히 수학 문제집을 살 것이다. 그러면 다음번 시험에서 당신은 수학 공부에 집중하느라 국어 공부는 평소보다 소홀한 탓에, 국어 성적이 조금 떨어지고 수학 점수는 조금 더 오르게 될 것이다. 당신의 약점이던 수학은 성적이 조금 올랐지만 최상은 아닐 것이고, 국어는 최고로 잘하던 과목에서 조금 잘하는 과목으로 바뀌었을지도 모른다. 이것이 과연 당신에게 최선인 선택일까? 모든 것을 다 잘한다는 것은 애초부터 불가능에 가까운 일이다. 우리는 약점은 버리고 강점을 취해야 한다. 못하는 것을 계속 붙잡고 있으며 시간 낭비하지 말고 잘하는 것을 더욱더 잘하기 위해서 최선을 다하는 것이 현명한 선택일 수 있다.

모든 성공과 성장은 강한 것을 더욱 강하게 만들었을 때 이루어진다. 가령 김연아 선수가 박태환 선수처럼 수영까지도 잘하려고 한다면 피겨 분야에서의 1등 자리는 유지할 수 없을 것이다. 그래서 우리가 간절히 얻고자 하는 것이 있을 때는 그 간절함을 위하여 손에 쥔 다른 것들을 포기하는 전략이 필요하다.

다만 적당한 포기가 가능하려면 무엇보다 스스로의 강점과 약점이 무엇인지 정확하게 파악하고 있어야 한다. 자신이 잘하는 것에 모든 힘을 집중하는 것, 그게 바로 성공하는 사람들의 특징이다.

6. 롤모델은 무조건 직접 만나라

종종 나를 찾아와 다짜고짜 다음과 같은 요청을 해오는 사람들이 있다. "어떻게 하면 유명 강사가 될 수 있을까요? 자기계발서도 내고 강연을 하면서 사람들에게 꿈을 북돋아 주는 것이 제 꿈입니다. 저의 멘토가 되어 주세요."

처음에는 이 사람들이 왜 이러나 하며 당황스러웠는데, 자주 겪다 보니 그런 사람들의 공통점을 발견하게 되었다. 그들은 첫째, 자신이 뭘 좋아하고 앞으로 어떤 길을 가고 싶은지를 발견했다. 둘째, 그 길을 나아가는 데 도움을 줄 사람을 찾아냈다. 셋째, 그 사람을 직접 만나 자문을 구했다. 여기서 가장 중요한 것은 바로 셋째, 자신에게 도움을 줄 만한 사람을 찾아가 직접 만나 대화를 나누는, '실천'을 했다는 것이다.

이 책에서 존 맥스웰은 '본보기의 법칙'을 이야기하고 있다. 홀로 성공을 일궈내는 경우는 흔치 않으며 성공한 사람들의 발자취를 따르고 스스로의 모습을 투영해본 사람들만이 성공을 거둘 수 있다는 것이다. 사막 한가운데에 홀로 남겨졌다면 스스로의 판단을 따라 무작정 걷기보다 별빛의 안내를 따르고, 지나간 사람들의 흔적을 쫓는 게 훨씬 안전하고 신뢰할 수 있는 방법인 것처럼 말이다.

어느 날, 내 책을 읽었다는 다섯 명의 여고생들이 연구소로 찾아왔다. 그들이 내게 건넨 질문의 핵심은 '어떻게 하면 성공할 수 있을까요?'였다. 나는 그들에게 앞으로 무엇이 되고 싶은지를 물었다. 아이들은 각각 교사, 의사, 간호사, 경영컨설턴트 그리고 정치가가 되고 싶다고 했다. 교사가 되고 싶다는 학생에게 어떤 교사가 되고 싶냐고 묻자 그 학생은 잠시 머뭇거리다 '좋은 교사'가 되고 싶다고 대답했다. 정치가가 되고 싶다는 학생에게 이 세상의 수많은 정치가들 가운데 누구를 닮고 싶냐고 물었더니 아직 정하지 못했다고 했다. 나는 아이들에게 '너희가 원하는 분야에서 성공한 사람들을 찾아 열심히 조사해라. 신문기사나 책을 통해 가장 닮고 싶은 세 사람을 골라라. 그 사람들이 아직 살아있다면 전화나 이메일을 통해 연락을 취하고, 이미 돌아가셨다면 기사나 책을 통해 그분의 행적을 살펴라. 너희들이 닮고 싶어 하는 사람들이 어떻게 생각하고, 말하고, 행동했는지를 들여다보고 그 사람들을 따라 해라. 그것이 꿈을 이룰 수 있는 첫걸음이 될 거다.'라고 말했다. 성장은 제대로 따라하는 것에서부터 시작하기 때문이다.

원하는 곳에 먼저 도착한 사람을 찾아가라. 직장 선배건, 기업의 경영자건, 대학 교수이건 간에 자신의 인생관과 꿈에 대해 조언해 줄 수 있는 사람이라면 예의를 갖춰 만나뵙기를 청하는 것은 좋은 방법이다. 프랑스의 유명 작가 앙드레 말로는 '오랫동안 꿈을 그리는 사람은 마침내 그 꿈을 닮아간다'라고 말했다. 꿈이 될 만한 사람을 찾아, 그 사람에게 도움을 청하고 그 사람의 방법을 따라하다 보면 어느 순간 꿈에 그리던 모습이 되어 있는 자신을 발견하게 될 것이다.

가능성, 당신이 가진 가장 위대한 힘

가능성은 얄궂게도 그냥 우리 앞에 나타나지 않는다. 우리의 내부에 꽁꽁 숨은 채 우리가 꺼내주기만을 기다리고 있다. '지금까지의 내가 아닌, 어제까지와는 다른 내가 될 수 있을까?'라는 의문을 갖고 있다면 존 맥스웰의 이야기에 귀를 기울여보라고 권하고 싶다.

당신이 갖고 있는 질문에 대한 답은 의외로 간단하다. 지금까지와 다른 삶을 살고 싶다면, 다르게 살 수 있는 방법들을 실천하면 된다. 지금보다 더 나은 사람이 되기 위해서, 자신도 모르는 더 큰 나를 가슴속에서 꺼내기 위해 존 맥스웰이 말하는 열다섯 가지 법칙들을 사용해보는 것은 어떨까?

존 맥스웰은 성장에 대한 강한 의지를 갖고 매진하는 것이 중요하다고 했고, 좋은 환경 속으로 자신을 이끌며, 조언과 응원을 아끼지 않을 멘토를 찾으라고 이야기했다. 그리고 삶의 중간중간 자신을 되돌아보는 시간을 만들며, 한번 목표를 정한 후에는 꼼꼼한 계획을 통해 꾸준히 실천해가라고 조언했다. 또한 실패와 고통을 극복하고 자신이 이룬 것들을 통해 다른 사람의 삶도 되돌아볼 수 있는 삶을 살라는 당부를 남겼다.

당신의 안에는 이 모든 것을 다 해낼 수 있는 무한한 힘이 있다. 흔한 비유지만 인생은 긴 마라톤이며 우리 모두는 아직 3부 능선도 넘지 못했다. 그대 안의 가능성, 그걸 찾아 길을 떠나라.

그대의 눈부신 인생에 건투를 빈다.

위닝경영연구소
Winning bussiness institute

위닝경영연구소는 최고의 경영 컨설턴트인 전옥표 박사가 대표로 있는 경영연구소로 기업, 교회, 민간 단체 등을 위한 다양한 교육 컨설팅 프로그램을 제공하고 있습니다.
위닝경영연구소는 독점적 제휴를 통해 존 맥스웰의 《사람은 무엇으로 성장하는가》를 기반으로 한 '성장의 노하우' 교육 프로그램을 운영합니다.

기업체 교육 문의 : www.winninghabit.co.kr / 031-8016-2013

감수 및 해설

:: 주석

제1장. 의도성의 법칙

1. Jennifer Reed, "The Time for Action is Now!" 《Success》, 2011년 4월 19일, http://www.successmagazine.com/the-timefor-action-is-now/PARAMS/article/1316/channel/22#, 2011년 7월 11일 접속.

제2장. 인지의 법칙

1. William Beecher Scoville, Brenda Milner, "Loss of Recent Memory after Bilateral Hippocampal Lesions", 《Journal of Neurology, Neurosurgery, and Psychiatry》, 1957, 11-21p.
2. 작자 및 출처 불명.

제3장. 거울의 법칙

1. Johnnetta McSwain, 《Rising Above the Scars》 (Atlanta: Dream Wright Publications, 2010), 14p.
2. 《The Road Beyond Abuse》, Georgia Public Broadcasting, YouTube.com/watch?v=iABNie9fFTk, 2011년 7월 15일 접속.
3. Johnnetta McSwain, 《Rising Above the Scars》 (Atlanta: Dream Wright Publications, 2010), 104-105p.
4. 《The Road Beyond Abuse》.
5. McSwain, 《Rising Above the Scars》, 129p.
6. 《The Road Beyond Abuse》, Georgia Public Broadcasting, YouTube.com/watch?v=iABNie9fFTk, 2011년 7월 15일 접속.
7. 《The Road Beyond Abuse》.
8. John Assaraf, Murray Smith, 《The Answer: Grow Any Business, Achieve

Financial Freedom, and Live an Extraordinary Life》 (New York: Atria Books, 2008), 50p.
9. Jack Canfield, Janet Switzer, 《The Success Principles: How to Get from Where You are to Where You Want to Be》 (New York: Harper Paperbacks, 2006), 244-245p.
10. Kevin Hall, 《Aspire: Discovering Your Purpose Through the Power of Words》 (New York: William Morrow, 2010), 58p.

제4장. 되돌아보기의 법칙

1. "Re: Experience is the best teacher", The Phrase Finder, http://www.phrases.org.uk/bulletin_board/21/messages/1174.html, 2011년 10월 6일 접속.

제5장. 끈기의 법칙

1. Jack Welch, Suzy Welch, 《Winning: The Answers》 (New York: Harper-Collins, 2006), 185-186p. 역서: 《잭 웰치 승자의 조건》 (청림출판, 2007).
2. 《Houston Chronicle》, 2000년 12월 24일, 15B.
3. "John Williams", 위키백과, http://en.wikipedia.org/wiki/John_Williams, 2011년 8월 19일 접속.
4. James C. McKinley, Jr., "John Williams Lets His Muses Carry Him Along", 《New York Times》, 2011년 8월 19일, http://artsbeat.blogs.nytimes.com/2011/08/19/john-williams-lets-his-muses-carry-him-along/, 2011년 8월 19일 접속.
5. 상동.
6. 상동.
7. James C. McKinley, Jr., "Musical Titan Honors His Heroes", 《New York Times》, 2011년 8월 18일, http://www.nytimes.com/2011/08/19/arts/design/john-williams-honors-copland-bernstein-and-koussevitzky.html?_r=1, 2011년 8월 19일 접속.

제6장. 환경의 법칙

1. 잠언 13:20.

제7장. 계획의 법칙

1. Kevin Hall, 《Aspire》 (New York: William Morrow, 2009), 31p.
2. Harvey Penick, Bud Shrake, 《The Game for a Lifetime: More Lessons and Teachings》 (New York: Simon and Schuster, 1996), 200p.
3. 상동, 207p.
4. Harvey Penick, Bud Shrake, 《Harvey Penick's Little Red Book: Lessons and Teachings from a Lifetime of Golf》 (New York: Simon and Schuster, 1996), 21p. 역서: 《하비 페닉의 리틀 레드북》 (W미디어, 2010).
5. 상동, 22p.

제8장. 고통의 법칙

1. "What We Know About the Health Effects of 9·11", NYC.gov, http://www.nyc.gov/html/doh/wtc/html/know/mental.shtml, 2011년 10월 3일 접속.
2. Cheryl McGuinness, Lois Rabey, 《Beauty Beyond the Ashes: Choosing Hope After Crisis》 (Colorado Springs: Howard Publishing, 2004), 209p.
3. 상동, 190p.
4. 상동, 64p.
5. Joey Cresta, "Cheryl McGuinness Hutchins: God Provided Strength to Overcome 9·11 Heartbreak", Seacoast Online, 2011년 9월 11일, http://www.seacoastonline.com/articles/20110911-NEWS-109110324, 2011년 10월 10일 접속.

제9장. 사다리의 법칙

1. James M. Kouzes, Barry Z. Posner, 《The Leadership Challenge》, 4판 (New York: Josey-Bass, 2007), 28-30p. 역서: 《리더》 (크레듀, 2008).
2. Kouzes, Posner, 《The Leadership Challenge》, 32p.

3. Bill Thrall, Bruce McNicol, Ken McElrath, 《The Ascent of a Leader: How Ordinary Relationships Develop Extraordinary Character and Influence》 (New York: Jossey-Bass, 1999), 17p. 역서: 《리더십 사다리》 (푸른솔, 2003).
4. 잠언 23:7.
5. 마태복음 7:12, 《메시지》.
6. Jack Welch, Suzy Welch, 《Winning: The Answers: Confronting 74 of the Toughest Questions in Business Today》 (New York: Harper Collins, 2006), 197p.

제10장. 고무줄의 법칙
1. 인용, Craig Ruff, "Help, Please", Dome Magazine, 2010년 7월 16일, http://domemagazine.com/craigsgrist/cr0710, 2011년 10월 25일 접속.
2. 인용, Dan Poynter, "Book Industry Statistics", Dan Poynter's ParaPublishing.com, http://parapublishing.com/sites/para/resources/statistics.cfm, 2011년 10월 25일 접속.
3. Edmund Gaudet, "Are You Average?" 《The Examinor》, 1993년 1월, http://www.theexaminer.org/volume8/number1/average.htm, 2012년 1월 30일 접속.

제11장. 내려놓음의 법칙
1. Herman Cain, 《This is Herman Cain! My Journey to the White House》 (New York: Threshold Editions, 2011), 45p.
2. 상동, 49-50p.
3. 상동, 50p.
4. 상동, 51p.
5. 상동, 58p.
6. 창세기 25:29-34, 《메시지》.
7. Richard J. Leider, David A. Shapiro, 《Repacking Your Bags: Lighten Your

Load for the Rest of Your Life》 (San Francisco: Berrett-Koehler, 2002), 29p. 역서: 《인생의 절반쯤 왔을 때 깨닫게 되는 것들》 (위즈덤하우스, 2011).
8. 인용, Leo Calvin Rosten, 《Leo Rosten's Treasury of Jewish Quotations》 (New York: McGraw-Hill, 1988).

제12장. 호기심의 법칙

1. Jerry Hirshberg, 《The Creative Priority: Driving Innovative Business in the Real World》 (New York: Harper Business, 1998), 16p.
2. Roger von Oech, 《A Whack on the Side of the Head》 (New York: Warner Books, 1983), 58p. 역서: 《Creative Thinking》 (에코리브르, 2002).
3. Brian Klemmer, 《The Compassionate Samurai》 (Carlsbad, CA: Hay House, 2008), 157p.
4. James Gleick, 《Genius: The Life and Science of Richrd Feynman》 (New York: Vintage, 1993), 30. 역서: 《천재: 리처드 파인만의 삶과 과학》 (승산, 2005).
5. Gleick, 《Genius》, 36p.
6. Richard P. Feynman, Ralph Leighton, Edward Hutchings, 《"Surely You're Joking, Mr. Feynman!" Adventures of a Curious Character》 (New York: W.W. Norton and Company, 1985), 86. 역서: 《파인만 씨 농담도 잘하시네 1》 (사이언스북스, 2000).
7. Feynman, 《"Surely You're Joking"》, 21p.
8. Feynman, 《"Surely You're Joking"》, 72p.
9. Feynman, 《"Surely You're Joking"》, 317p.
10. Feynman, 《"Surely You're Joking"》, 275p.
11. Feynman, 《"Surely You're Joking"》, 173p.
12. Feynman, 《"Surely You're Joking"》, 174p.

제13장. 본보기의 법칙

1. Jim Collins, "Lessons from a Student of Life", 《Businessweek》, 2005년 9월 28일, http://www.businessweek.com/print/magazine/content/05_

48/b3961007.htm?chan=gl, 2011년 11월 21일 접속.
2. Kevin Hall, 《Aspire: Discovering Your Purpose Through the Power of Words》 (New York: William Morrow, 2002), 165-166p.
3. Andy Stanley, 《The Next Generation Leader》 (Colorado Springs: Multnomah, 2003), 104-106. 역서: 《넥스트: 미래를 만드는 리더들의 핵심 자질》 (국제제자훈련원, 2004).

제14장. 확장의 법칙

1. Robert J. Kriegel, Louis Patler, 《If It Ain't Broke······Break It!》 (New York: Warner Books, 1991), 44p.
2. Price Pritchett, 《You2: A High-Velocity Formula for Multiplying Your Personal Effectiveness in Quantum Leaps》 (Dallas: Pritchett, 2007), 16p.
3. Pritchett, 《You2》, 26p.
4. Kevin Hall, 《Aspire: Developing Your Purpose Through the Power of Words》 (New York: William Morrow, 2009), 114-115p.

제15장. 공헌의 법칙

1. John Ortberg, 《When the Game Is Over, It All Goes Back in the Box》 (Grand Rapids: Zondervan, 2007), 26p. 역서: 《인생게임》 (사랑플러스, 2008).
2. Bob Buford, 《Halftime: Changing Your Game Plan from Success to Significance》 (Grand Rapids: Zondervan, 1994), 126p. 역서: 《하프타임: 승부는 후반전에 결정난다》 (국제제자훈련원, 2009).
3. Erin Casey, "Jim Rohn: The Passing of a Personal-Development Legend", 《Success》, http://www.successmagazine.com/jim-rohn-personal-development-legend/PARAMS/article/982#, 2011년 12월 2일 접속.
4. "Jim Rohn's Biography", JimRohn.com, http://www.jimrohn.com/index.php?main_page=page&id=1177, 2011년 12월 2일 접속.
5. "Celebrating the Life and Legacy of Jim Rohn", JimRohn.com, http://tribute.jimrohn.com/, 2011년 12월 2일 접속.